Gestaltung effizienter interner Kapitalmärkte in Konglomeraten

CONTROLLING UND MANAGEMENT

Herausgegeben von
Prof. Dr. Thomas Reichmann
und Prof. Dr. Martin K. Welge

Band 36

PETER LANG

Frankfurt am Main · Berlin · Bern · Bruxelles · New York · Oxford · Wien

CHRISTIAN FUNK

GESTALTUNG EFFIZIENTER INTERNER KAPITALMÄRKTE IN KONGLOMERATEN

PETER LANG
Internationaler Verlag der Wissenschaften

Bibliografische Information der Deutschen Nationalbibliothek
Die Deutsche Nationalbibliothek verzeichnet diese Publikation
in der Deutschen Nationalbibliografie; detaillierte bibliografische
Daten sind im Internet über <http://www.d-nb.de> abrufbar.

Zugl.: Dortmund, Univ., Diss., 2007

Gedruckt auf alterungsbeständigem,
säurefreiem Papier.

D 290
ISSN 1610-160X
ISBN 978-3-631-57826-1

© Peter Lang GmbH
Internationaler Verlag der Wissenschaften
Frankfurt am Main 2008
Alle Rechte vorbehalten.

Printed in Germany 1 2 3 4 5 7

www.peterlang.de

Meiner Familie

Geleitwort

Es gilt als unstrittig, dass Konglomerate aufgrund ihres Diversifikationsgrades durchschnittlich eine niedrigere Börsenbewertung aufweisen als auf Basis der Summe der Einzelwerte der Geschäftsbereiche zu erwarten wäre (conglomerate discount). Die vorliegenden empirischen Befunde weisen aber eine hohe Varianz auf: es existieren diversifizierte Unternehmungen mit Bewertungsabschlägen, aber auch solche mit einem deutlichen Premium. Die Erforschung der Frage, welche Treiber für einen Discount oder ein Premium verantwortlich sind, hat als einen wesentlichen Einflussfaktor den Effizienzgrad der geschäftsbereichsübergreifenden Kapitalallokation (interner Kapitalmarkt) identifiziert. An diesem Treiber des Discounts (Premiums) setzt die vorliegende Arbeit an.

Die Studie verfolgt drei Ziele:

1. Entwicklung eines konzeptionellen Bezugrahmens zur Gestaltung interner Kapitalmärkte;
2. Bestandsaufnahme der betrieblichen Praxis interner Kapitalmärkte in deutschen Konglomeraten sowie Gewinnung von Erfahrungswissen aus der Sicht der Unternehmenspraxis;
3. Ableitung thesenartiger Handlungsempfehlungen zur Gestaltung effizienter interner Kapitalmärkte.

In dem theoretischen Teil werden auf der Basis der Principal-Agent-Theorie und des Wertbeitragsmanagements fünf Hebel für die Gestaltung effizienter interner Kapitalmärkte abgeleitet. Besonders hervorzuheben sind die Ausführungen zum Winner-Picking-Prozess, die eine hohe Eigenleistung des Verfassers darstellen und für die weitere Forschung sehr anregend sind. Diese Gestaltungshebel werden dann in einer empirischen Untersuchung, die auf leitfadengestützten Interviews von CFOs deutscher Dax-30 Unternehmen basiert, überprüft. Auf diese Weise gelingt es dem Verfasser, einen fundierten Einblick in die Praxis interner Kapitalmärkte zu vermitteln. Die auf der Basis der empirischen Untersuchung formulierten Gestaltungsempfehlungen sind für die Unternehmenspraxis von hoher Relevanz. Die Arbeit ist daher von hohem wissenschaftlichen und praktischen Wert. Ich wünsche dem Werk daher eine möglichst weite Verbreitung.

Univ.- Prof. Dr. Martin K. Welge

Vorwort

Ich möchte mich an dieser Stelle bei denjenigen Personen herzlich bedanken, die maßgeblich zum Gelingen meiner Promotion beigetragen haben.

Der erste Dank gebührt meinem Doktorvater, Herrn Univ.-Prof. Dr. Martin K. Welge, der mir die Möglichkeit gegeben hat, an seinem Lehrstuhl als externer Doktorand zu promovieren. Er hat mir zahlreiche wertvolle Hinweise gegeben und mich immer wieder mit seinen schnellen Reaktionszeiten beeindruckt. Für die unkomplizierte Übernahme des Zweitgutachtens möchte ich mich bei Herrn Prof. Dr. Hoffjan bedanken.

Großer Dank gilt auch meinen zahlreichen "Sparringspartnern". Zu nennen ist hier das Doktorandenkolloquium des Lehrstuhls für Unternehmensführung, insbesondere meine beiden Kollegen Emmanuel Pitsoulis und Rolf Tappe. Ich habe unsere gemeinsamen Diskussionen immer als sehr wertvoll empfunden.

Der empirische Teil der vorliegenden Arbeit wäre ohne die Auskunftsbereitschaft zahlreicher Gesprächspartner der Unternehmspraxis in dieser Form nicht zustandegekommen. Ihnen allen dafür ein herzliches Dankeschön!

Auch mein Arbeitgeber, The Boston Consulting Group (BCG), hat durch eine äußerst flexible Arbeitszeitregelung sowie seine finanzielle Unterstützung maßgeblich zum Gelingen dieser Arbeit beigetragen. Herrn Alexander Roos aus der Corporate Development Practice Area möchte ich darüber hinaus für seine unkomplizierte Hilfe und wertvolle Diskussionen danken.

Ein besonderer Dank gilt meinen Eltern. Sie haben mich von Kindesbeinen an immer liebevoll unterstützt und mit der Förderung meiner Ausbildung die Fundamente für die vorliegende Arbeit gelegt.

Last but not least gebührt meiner Frau Isabelle ein Dank für ihr großartiges Verständnis in Bezug auf den notwendigen Zeitbedarf für die Erstellung einer Dissertation, für ihre immerwährende Unterstützung und Motivation sowie für die gewissenhafte Durchsicht und Korrektur dieser Arbeit.

Christian Funk

Inhaltsübersicht

Inhaltsverzeichnis

Abbildungsverzeichnis

Tabellenverzeichnis

Abkürzungsverzeichnis

Abb.	Abbildung
AK	Arbeitskreis
AktG	Aktiengesetz
APM	Arbitrage Pricing Model
BCG	The Boston Consulting Group
CAPM	Capital Asset Pricing Model
CEO	Chief Executive Officer (Vorstandsvorsitzender)
CFO	Chief Financial Officer (Finanzvorstand)
CFROI	Cashflow Return on Investment
c. p.	ceteris paribus
CVA	Cash Value Added
DCF	Discounted Cashflow
EBIT	Earnings before interest and taxes (Gewinn vor Zinsen und Steuern)
EBT	Earnings before taxes (Gewinn vor Steuern)
EVA	Economic Value Added
FCF	Free Cashflow
FN	Fußnote
GE	Geldeinheit
GF	Geschäftsfeld
GuV	Gewinn- und Verlustrechnung
IK	Investiertes Kapital
IKM	Interner Kapitalmarkt
IRR	Internal Rate of Return (Interner Zinsfuß)
ITBR	Internal Total Business Return
ITSR	Internal Total Shareholder Return
Kap.	Kapitel
KES	Konzernentwicklungsszenario
NPV	Net Present Value (Netto-Gegenwartswert)
PA	Principal-Agent
PE	Private Equity
PIMS	Profit Impact of Market Strategies
PV	Present Value (Gegenwartswert)
ROA	Return on Assets
ROCE	Return on Capital Employed
ROI	Return on Investment

ROE   Return on Equity
RONA   Return on Net Assets
Tab.   Tabelle
TBR   Total Business Return
WACC   Weighted average cost of capital (Gesamtkapitalkostensatz)

1 Einleitung

1.1 Einführung in die Problemstellung

In der betriebswirtschaftlichen Literatur gilt mittlerweile als unstrittig, dass Konglomerate[1] aufgrund ihrer diversifizierten Unternehmensstruktur durchschnittlich eine geringere Börsenbewertung aufweisen als auf Basis der Summe der Werte ihrer Geschäftsbereiche rechnerisch zu erwarten wäre (Conglomerate Discount).[2] Die Höhe dieser Unterbewertung wird je nach Studie, Untersuchungszeitraum und geographischem Fokus mit 5-60% angegeben.[3]

Bei detaillierterer Betrachtung der empirischen Evidenz des Conglomerate Discounts fällt auf, dass die jeweiligen Studienergebnisse eine hohe Varianz aufweisen. So stellt bspw. BECKMANN (2006) fest, dass der Conglomerate Discount in Deutschland durchschnittlich 21% beträgt, dabei aber auch etwa 30% der Konglomerate mit einer Prämie an der Börse gehandelt werden.[4] Angesichts der hohen Varianz der Untersuchungsergebnisse weicht daher in der neueren betriebswirtschaftlichen Forschung die lange Zeit dominierende Fragestellung nach der *Existenz eines pauschalen Discounts* der differenzierteren Frage, *aus welchen Gründen* einige Konglomerate mit einer Prämie und andere mit einem Discount belegt sind.

Im Rahmen der Verfolgung dieser neuen Forschungsfrage konnten mehrere Autoren als einen der wesentlichen Treiber des Conglomerate Discounts den *Effizienzgrad der geschäftsbereichsübergreifenden Kapitalallokation* (interner Kapitalmarkt)[5] identifizieren. Ihren Ergebnissen zufolge werden diejenigen Konglomerate, denen es gelingt ihre Finanzmittel auf die renditestärksten Geschäftsbereiche zu allozieren (effiziente Kapitalallokation) mit einer Prämie belohnt. Demgegenüber müssen Konglomerate, die von dieser effizienten Kapitalallokation abweichen, einen Discount in ihrer Börsenbewertung hinnehmen.[6]

---

[1]   Als Konglomerate werden in der Literatur üblicherweise Unternehmen mit mehreren unverwandten Geschäftsbereichen bezeichnet. Vgl. tiefergehend Kap. 2.1.2.

[2]   Vgl. Beckmann (2006), S. 32.

[3]   Vgl. die Übersicht über empirische Studien zum Conglomerate Discount in Ibid., S. 30f.

[4]   Vgl. Ibid., S. 183.

[5]   Die Bezeichnung "interner Kapital*markt*" ist von der Literatur unglücklich gewählt. Gemeint ist nämlich nicht ein Markt im mikroökonomischen Sinne, sondern eine hierarchische Weisung der Unternehmenszentrale. Vgl. Kap. 2.1.3.1.

[6]   Vgl. Kap. 2.3.3.

Die Beschäftigung mit internen Kapitalmärkten erfreut sich aufgrund dieser For-
schungsergebnisse einem stark wachsenden Interesse. Bemerkenswert ist in diesem Zusammenhang jedoch, dass der Literatur das Thema nicht ganz unvertraut
ist. So lässt sich die Wortschöpfung "interner Kapitalmarkt" und die damit zu-
sammenhängende Diskussion bis in die späten 1960er Jahre u. a. auf Arbeiten
von ALCHIAN (1969), WESTON (1970) und WILLIAMSON (1975) zurückverfolgen.
Auch die populäre "BCG-Portfoliomatrix" aus den frühen 1970er Jahren behandelt in ihrem Kern die geschäftsbereichsübergreifende Allokation von Kapital.[7]

Mittlerweile haben sich im Schrifttum zwei Gruppen von Ansätzen zur Erklärung der Funktion bzw. der Fehlfunktion interner Kapitalmärkte herausgebildet,
die dort plakativ als "The Bright Side of Internal Capital Markets" und "The
Dark Side of Internal Capital Markets" bezeichnet werden. Aus Sicht der
"Bright Side" kann ein Konglomerat aufgrund seines internen Kapitalmarkts eine höhere Menge an Fremdkapital einwerben und vorhandene Finanzmittel besser auf die Geschäftsbereiche verteilen als der externe Kapitalmarkt. Demhingegen treten aus Sicht der *"Dark Side"* bei der Verteilung von Kapital in Konglomeraten verschiedene Konflikte zwischen den Beteiligten des internen Kapitalmarktes auf, die in einer Wertvernichtung resultieren.[8]

Im Zusammenhang mit den bestehenden theoretischen Erklärungsansätzen ist
kritisch anzumerken, dass die Modelle sich vornehmlich einer *monokausalen
Erklärung der Funktion bzw. der Fehlfunktion* interner Kapitalmärkte widmen
und ein die bisherigen Ansätze *integrierendes Modell* bislang nicht existiert.
Weiterhin bestehen nur geringe Möglichkeiten, aus den vorliegenden Erklä-
rungsmodellen systematisch *praxistaugliche Gestaltungsempfehlungen* abzuleiten.[9]

Auch auf empirischer Seite ist ein Forschungsdefizit festzustellen. Dieses besteht vor allem darin, dass sich bislang durchgeführte Arbeiten mit der Feststellung einer *durchschnittlichen Effizienz bzw. Ineffizienz* interner Kapitalmärkte
begnügen bzw. den *Zusammenhang* zwischen dem Effizienzgrad des internen

---

[7] So wird im Zusammenhang mit der BCG-Portfoliomatrix empfohlen, dass Unternehmen
ein Portfolio unterschiedlicher Geschäftsbereiche unterhalten sollten, in denen der Cashflow von profitablen, aber nur noch langsam wachsenden Geschäftsfeldern (Cash-Kühe)
dazu verwendet werden soll, den Cashflowbedarf stark wachsender Geschäftsbereiche zu
decken. Vgl. Bolton/Scharfstein (1998), S. 109. Zur BCG-Portfoliomatrix vgl. vertiefend
Kap. 4.1.1.1.1.
[8] Vgl. Kap. 2.2.
[9] Vgl. Kap. 2.2.3.

Kapitalmarktes und dem Conglomerate Discount untersuchen. Eine systematische Bestandsaufnahme der *betrieblichen Praxis* interner Kapitalmärkte oder eine Untersuchung *effizienter Gestaltungsmuster* wurde bislang nicht durchgeführt. Aus deutscher Sicht ist zudem bedauerlich, dass sich mit einer Ausnahme bislang keine Untersuchung den internen Kapitalmärkten deutscher Konglomerate widmet.[10]

Der Forschungsstand in Bezug auf die Gestaltung interner Kapitalmärkte ist somit sowohl auf theoretischer als auch auf empirischer Seite als unbefriedigend einzustufen. Aus Sicht der Praxis ist dies insbesondere deswegen bedauerlich, weil die Gestaltung effizienter interner Kapitalmärkte in Anbetracht der hohen Varianz des Conglomerate Discounts ein enormes (Börsen)wertsteigerungspotenzial für Konglomerate verspricht. Weiterhin sehen sich Konglomerate heute einem enormen Kapitalmarktdruck ausgesetzt,[11] der sie bisweilen zwingt, ihre diversifizierte Unternehmensstruktur aufzugeben.[12] Bei einer entsprechend effizienten Ausgestaltung ihrer internen Kapitalmärkte könnte es diesen Konglomeraten jedoch gelingen, den Kapitalmarkt von der Sinnhaftigkeit und Überlegenheit ihrer diversifizierten Struktur zu überzeugen, so dass diese nicht mehr pauschal vom Kapitalmarkt in Frage gestellt wird.

1.2 Zielsetzung der Arbeit

Die vorliegende Arbeit hat es sich zum Ziel gesetzt, die identifizierten Forschungslücken aufzugreifen und weiterführende Erkenntnisse zur Gestaltung effizienter interner Kapitalmärkte in Konglomeraten zu gewinnen (Globalziel). Das geographische Interesse richtet sich dabei auf Deutschland.

Das Globalziel der Arbeit lässt sich in folgende drei Teilziele ausdifferenzieren:

---

[10] Vgl. Kap. 2.3.5. Die einzige Studie, die interne Kapitalmärkte deutscher Konglomerate untersucht, ist die bereits zitierte Arbeit von Beckmann (2006).

[11] Ein Beleg hiefür sind die seit Jahren zahlreich in der Wirtschaftspresse bzw. von Analystenseite geäußerten Forderungen, Konglomerate aufzuspalten um dadurch Wert für deren Aktionäre zu generieren. Für eine Auswahl entsprechender Äußerungen vgl. Beckmann (2006), S. 2f.

[12] Bspw. stellt die Unternehmensberatung BCG in einer aktuellen Studie einen Trend zur Fokussierung bei Konglomeraten fest, den sie u. a. auf den hohen Kapitalmarktdruck zurückführt. Vgl. Boston Consulting Group (2006a), S. 17f.

1. **Theoretisches Ziel:** Entwicklung eines forschungsleitenden konzeptionellen Bezugsrahmens[13] zur Gestaltung interner Kapitalmärkte, der die bestehenden Ansätze im Schrifttum integriert, sowie Ableitung konkreter Thesen zur effizienten Gestaltung interner Kapitalmärkte

2. **Empirisches Ziel:** Bestandsaufnahme der betrieblichen Praxis interner Kapitalmärkte in deutschen Konglomeraten sowie Gewinnung von Erfahrungswissen und Einschätzungen aus Sicht der Unternehmenspraxis

3. **Praxeologisches Ziel:** Ableitung thesenartiger Handlungsempfehlungen zur Gestaltung effizienter interner Kapitalmärkte.

1.3 Wissenschaftstheoretische Einordnung

Die vorliegende Arbeit versteht Betriebswirtschaftslehre als angewandte Wissenschaft.[14] Dies bedeutet, dass im Zentrum der wissenschaftlichen Bemühungen Probleme der praktisch handelnden Menschen stehen, für deren Lösung bislang kein befriedigendes Wissen zur Verfügung steht.[15] Zur weiteren Konkretisierung des Begriffs ist eine Zerlegung in drei Bereiche verbreitet, die logisch nicht miteinander verbunden sind: Entdeckungs-, Begründungs- und Verwendungszusammenhang.[16]

Der *Entdeckungszusammenhang* bezieht sich auf die Entstehung von Theorieideen. Angestrebt wird die Entdeckung von relevanten, aber bisher nicht erkannten Problemen und/oder von Verfahren der Problemlösung.[17] Der *Begründungszusammenhang* liegt im Aufgabenbereich der Wissenschaftslogik. Hier werden Theorien kritisch überprüft, also auf Widerspruchsfreiheit untersucht und falsifiziert.[18] Im *Verwendungszusammenhang* schließlich geht es um die Anwendung der Theorien auf Probleme der Unternehmenspraxis.[19] Aufgrund der Tatsache, dass die Gestaltung interner Kapitalmärkte in Konglomeraten bislang nur wenig untersucht worden ist, widmet sich die vorliegende Arbeit vorwiegend dem Entdeckungszusammenhang.

---

[13] Zum Begriff des "Konzeptionellen Bezugsrahmens" vgl. Grochla (1978), S. 61; Kretschmann (1990), S. 113ff. sowie die Ausführungen im folgenden Kapitel.

[14] Zu verschiedenen Definitionsmöglichkeiten des Wissenschaftsbegriffs vgl. Ulrich/Hill (1979), S. 161ff. Zur Abgrenzung des Begriffs "angewandte Wissenschaft" vgl. Ulrich (1981), S. 3ff.

[15] Vgl. Ulrich (1981), S. 5.

[16] Vgl. Behrens (1993), Sp. 4769f.

[17] Vgl. Chmielewicz (1993), S. 87.

[18] Vgl. Behrens (1993), Sp. 4770.

[19] Vgl. Ibid., Sp. 4770.

Die Ausrichtung der Arbeit auf den Entdeckungszusammenhang hat Konsequenzen für die Funktion empirischer Daten. Anders als im Begründungszusammenhang, bei dem empirische Daten zur Überprüfung bereits existierender Theorien herangezogen werden, dienen empirische Daten im Entdeckungszusammenhang der Konstruktion und Weiterentwicklung von Theorien (explorative Forschungsstrategie).[20]

Die Erhebung empirischer Daten für explorative Zwecke muss stets systematisch erfolgen. Dies impliziert, dass der Forscher unter Zugrundelegung eines konzeptionellen Bezugsrahmens an die Realität herantreten muss und nicht etwa aus einer erfahrungsinteressierten Einstellung des alltäglichen Lebens heraus theoretisch unreflektiert Realitätsbetrachtungen vornehmen darf.[21] Für den empirischen Teil dieser Arbeit ist daher zu beachten, dass vor der Datenerhebung ein konzeptioneller Bezugsrahmen entwickelt werden muss, der die weiteren Forschungsbemühungen strukturiert (Bezugsrahmenforschung).[22] An den Bezugsrahmen ist dabei der Anspruch zu stellen, ein möglichst hohes heuristisches Potenzial zu besitzen, d.h. als Erfassungsmodell der Realität möglichst viele alternative Vorschläge zu enthalten, wie man sich die Realität vorstellen könnte.[23]

Es sei an dieser Stelle explizit darauf hingewiesen, dass die mittels der explorativen Forschungsstrategie erhaltenen Ergebnisse nicht ohne weiteres auf den Verwendungszusammenhang übertragen werden können.[24] Wenn daher im Rahmen dieser Arbeit Handlungsempfehlungen für die Unternehmenspraxis abgeleitet werden, so ist zu betonen, dass diese einen thesenartigen Charakter besitzen. Ihre Überprüfung im Rahmen des Begründungszusammenhangs steht nämlich noch aus und wird späteren Forschungsbemühungen vorbehalten sein. Alle Handlungsempfehlungen an die Praxis werden daher in dieser Arbeit konsequent mit dem Attribut "thesenartig" gekennzeichnet, um Missverständnisse im Vorhinein zu vermeiden.

---

[20] Vgl. Kubicek (1977), S. 12f.; Wollnik (1977), S. 42f.
[21] Vgl. Wollnik (1977), S. 44f.
[22] Zur Bezugsrahmenforschung vgl. Grochla (1978), S. 53ff.; Kretschmann (1990), S. 112ff. Kritisch zur Bezugsrahmenforschung vgl. Martin (1989), S. 221ff.
[23] Vgl. Wollnik (1977), S. 45.
[24] Vgl. Martin (1989), S. 224; Behrens (1993), Sp. 4770.

1.4 Aufbau der Arbeit

Der Aufbau der vorliegenden Arbeit (vgl. Abb. 1) orientiert sich im Wesentlichen am gewählten Forschungsprozess.

Nach dieser Einleitung werden in Kapitel 2 zunächst zentrale Begriffe definiert und abgegrenzt. Dies erscheint notwendig, weil sich in vielen Fällen noch keine einheitlichen Definitionen im Schrifttum herausgebildet haben und die Arbeit auf einem konsistenten Begriffsverständnis aufgebaut werden soll. Hieran anschließend wird ein umfassender Theorie- und Empirieüberblick zu internen Kapitalmärkten gegeben. Die begrifflichen, theoretischen und empirischen Überlegungen dieses Kapitels münden schließlich in der Ableitung eines konzeptionellen Bezugsrahmens, der die weiteren Forschungsbemühungen strukturiert.

Im sich anschließenden Kapitel 3 werden zwei für die Problemstellung der Arbeit besonders relevante Theoriebereiche behandelt: Die Principal-Agent-Theorie und das Konzept des Wertmanagements. Beide Themen sind grundlegend für die vorliegende Arbeit und werden in ihrem Verlauf immer wieder berührt. Eine vorgezogene Diskussion bietet sich an dieser Stelle daher an, um die Lesbarkeit der Arbeit zu verbessern und um unnötige Wiederholungen zu vermeiden.

Kapitel 4 widmet sich der Gestaltung interner Kapitalmärkte und stellt den theoretischen Schwerpunkt der Arbeit dar. Entlang von fünf identifizierten Gestaltungshebeln werden Thesen zur Gestaltung effizienter interner Kapitalmärkte aus dem Schrifttum abgeleitet, durch eigene konzeptionelle Überlegungen ergänzt und abschließend in einer Zusammenfassung verdichtet.

Nach dem Abschluss der theoretischen Überlegungen wird im darauf folgenden Kapitel 5 das empirische Forschungsdesign der Arbeit entwickelt. Dabei wird u. a. dargelegt, aus welchen Überlegungen heraus die Datenerhebung mittels leitfadengestützter Experteninterviews erfolgt, welche konkreten internen Kapitalmärkte vor dem Hintergrund des Forschungsziels relevant sind, wie die Erhebung durchgeführt wird und auf welche Art und Weise die Auswertung der Daten erfolgt.

Das sich an diese empirischen Vorüberlegungen anschließende Kapitel 6 beinhaltet den empirischen Hauptteil der Arbeit. Entlang der fünf identifizierten Gestaltungshebel werden zunächst die Ergebnisse der Experteninterviews dargestellt und diese anschließend mit den im theoretischen Teil der Arbeit entwickelten Gestaltungsthesen konfrontiert. Dabei wird eine Abwägung zwischen theoretischer Effektivität der Gestaltungsthesen und ihrer Praxistauglichkeit vorgenommen. Kapitelabschließend werden der Praxis thesenartige Handlungsempfehlungen zur weiteren Optimierung der Gestaltung interner Kapitalmärkte gegeben.[25]

Die Arbeit schließt in Kapitel 7 mit einer Zusammenfassung ihrer zentralen Ergebnisse und einem Ausblick auf den weiteren Forschungsbedarf.

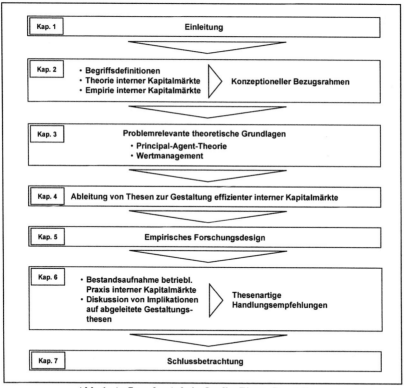

Abb. 1: Aufbau der Arbeit. Quelle: Eigene Darstellung.

---

[25] Vgl. zu diesem Vorgehen Grochla (1978), S. 61ff.

2 Aktueller Forschungsstand und konzeptioneller Bezugsrahmen

In diesem Kapitel werden zunächst die zentralen Begriffe der Arbeit definiert. Dies erscheint erforderlich, weil die Verwendung der Begriffe im Schrifttum nicht einheitlich bzw. ohne die notwendige inhaltliche Präzisierung erfolgt. Darauf aufbauend wird der Stand der Forschung bezüglich Theorie und Empirie interner Kapitalmärkte dargestellt. Das Kapitel schließt mit der Entwicklung des konzeptionellen Bezugsrahmens der Arbeit.

2.1 Definition und Abgrenzung zentraler Begriffe der Arbeit

2.1.1 Geschäftsbereich

Ein *Geschäftsbereich* ist in der vorliegenden Arbeit definiert als ...

> ... eine eindeutig von anderen Unternehmensteilen abgrenzbare Unternehmenseinheit, die eine Marktaufgabe mit einer eigenständigen Produkt-Markt-Kombination wahrnimmt und dabei Erfolgsziele verfolgt.[1]

Der Begriff des Geschäftsbereichs wird im weiteren synonym mit den Begriffen *Segment, Geschäftsfeld, Sparte* oder *Division* verwendet.

2.1.2 Konglomerat

Bislang hat sich in der Literatur keine allgemeingültige Definition des Begriffs *Konglomerat* herausgebildet. Insbesondere die Grenzlinie zwischen Konglomeraten und Unternehmen mit mehreren Geschäftsbereichen (diversifizierte Unternehmen) wird selten klar gezogen.[2] Zunächst soll daher ein Überblick über verschiedene Definitionsmöglichkeiten gegeben werden.[3] Anschließend wird auf dieser Basis eine eigene Definition entwickelt und mögliche Organisationsformen von Konglomeraten betrachtet.

Ein im Schrifttum verbreitetes Abgrenzungskriterium für Konglomerate im Verhältnis zu diversifizierten Unternehmen stellt der Verwandtschaftsgrad der Ge-

---

[1] Vgl. Welge/Al-Laham (2003), S. 331ff. und die dort angegebene Literatur. Diese Definition basiert auf einer Innensicht der Segmente und grenzt sich damit von einer Außensegmentierung ab, die auf anderen Kriterien beruht. Vgl. Welge/Al-Laham (2003), S. 333.

[2] Vgl. Bühner (1995), S. 300.

[3] Aufgrund der Vielzahl der im Schrifttum existierenden Definitionen muss sich die vorliegende Arbeit auf eine Auswahl beschränken. Diese orientiert sich an Ibid., S. 299f.

schäftsbereiche dar. Dabei spricht man von *verwandten* Geschäftsbereichen (engl.: related business segments), wenn erfolgskritische Kompetenzen des Unternehmens in mehreren Geschäftsbereichen genutzt werden können. Sind hingegen für jeden Geschäftsbereich spezifische Kompetenzen notwendig, werden die Bereiche entsprechend als *unverwandt* bezeichnet (engl.: unrelated business segments).[4] Nach dieser Lesart ist damit ein Konglomerat der Spezialfall eines diversifizierten Unternehmens und zeichnet sich durch einen geringen Grad an Verwandtschaft der Segmente untereinander aus. LEONTIADES unternimmt mittels des Kriteriums des Verwandtschaftsgrades folgenden Versuch einer Abgrenzung:

> "Instead of striving for the economies offered by combining businesses in the same or related industries, companies expanded by entering the most promising fields, regardless of any relationship to the present business."[5]

RUMELT ergänzt die Abgrenzung über den Verwandtschaftsgrad um eine quantitative Komponente. Er bezeichnet als Konglomerat alle Organisationen, in denen keine Produktgruppe mehr als 70% zum Gesamtumsatz beiträgt und die Zusammensetzung der Geschäftsfelder ohne Berücksichtigung bestehender Märkte oder Fähigkeiten erfolgt ist.[6]

WESTON/MANSINGHKA stellen hingegen nicht auf den Verwandtschaftsgrad der Geschäftsbereiche ab, sondern nutzen zur Abgrenzung die beiden Kriterien "Anzahl der Geschäftsbereiche" und "Ausmaß des Unternehmenswachstums durch externe Akquisitionen".[7]

Eine wiederum andere Definition wird in der amerikanischen Wirtschaftspresse genutzt. Dort wird ein Unternehmen dann als Konglomerat bezeichnet, wenn es in mindestens vier verschiedenen Wirtschaftszweigen tätig ist und dabei kein Bereich mehr als 50% zum Gesamtumsatz beiträgt.[8]

Unter Berücksichtigung der spezifischen Verhältnisse der Bundesrepublik Deutschland unternimmt BÜHNER schließlich folgenden Abgrenzungsversuch:

---

[4]　Vgl. Beckmann (2006), S. 15.
[5]　Leontiades (1980), S. 8.
[6]　Vgl. Dundas/Richardson (1982), S. 289.
[7]　Weston/Mansinghka (1971), S. 921.
[8]　Vgl. Bühner (1995), S. 301.

"Ein Konglomerat ist in unterschiedlichen, nicht miteinander verwandten Wirtschaftszweigen tätig, so dass zwischen den einzelnen Geschäftsfeldern keine gemeinsame Nutzung von Kernfähigkeiten in der Produktion besteht. Im Gegensatz zu verwandt diversifizierten Unternehmen kann das Management in den einzelnen Geschäftsfeldern keine informierten Entscheidungen über Produkte oder Technologien treffen (...) Die für andere Diversifikationsformen maßgebliche Synergieerzielung spielt eine untergeordnete Rolle. Synergien beschränken sich auf den Finanzbereich und den finanziellen Verbund zwischen den Geschäftsbereichen."[9]

In Anlehnung an die Definition von BÜHNER versteht die vorliegende Arbeit unter dem Begriff *Konglomerat* ...

... ein Unternehmen, das sich aus einer hierarchisch übergeordneten Unternehmenszentrale ohne eigenem Marktauftritt sowie mindestens zwei unverwandten, rechtlich selbständigen und weitgehend eigenständig geführten Geschäftsbereichen zusammensetzt. Die Unternehmenszentrale gibt die Strategie für das Gesamtunternehmen vor und legt die Finanzausstattung der Geschäftsbereiche fest. Sie ist aufgrund ihrer Marktferne nicht in der Lage, informierte Entscheidungen auf Geschäftsfeldebene zu treffen. Zwischen den Geschäftsbereichen existieren - außer im Finanzbereich - keine wesentlichen Synergien oder Abhängigkeiten.

Diese Definition ergänzt die vorangegangenen um das Element der Unternehmenszentrale. Dies erscheint zweckmäßig, weil von der Unternehmenszentrale im Zusammenhang mit dem internen Kapitalmarkt wichtige Aufgaben wahrgenommen werden. Weiterhin bringt diese Abgrenzung zwei bedeutsame Vorteile mit sich. Zum einen orientiert sie sich an den impliziten Vorstellungen der Literatur über interne Kapitalmärkte und ermöglicht damit eine Nutzung der dort gewonnen Erkenntnisse. Zum anderen erlaubt sie die Annahme, dass zwischen den Segmenten Synergien oder Abhängigkeiten lediglich in vernachlässigbarem Ausmaß vorhanden sind. Eine Veränderung der Kapitalausstattung eines Geschäftsbereichs hat somit keinerlei Auswirkungen in anderen Geschäftsbereichen zur Folge.

Bezüglich ihrer Organisationsform können Konglomerate unterschiedlich aufgebaut sein. Die Stellung und Bedeutung der Geschäftsbereiche und der Zentrale bildet dabei die Grundlage für eine Unterscheidung in Stammhausorganisation und Holdingorganisation.[10]

---

[9]   Ibid., S. 302. Zum Aspekt der "Marktferne" vgl. bspw. Bernardo/Cai/Luo (2004), S. 739f., Wulf (2005), S. 2; Ewert/Wagenhofer (2005), S. 406f.
[10] Vgl. Schmidt (1990), S. 49.

Bei einer *Stammhausorganisation* übernimmt ein besonders bedeutender Geschäftsbereich die Aufgaben der Zentrale. Die übrigen Geschäftsbereiche haben lediglich unterstützende oder ergänzende Aufgaben.[11] Aufgrund der oben getroffenen Definition des Konglomeratbegriffs wird die Stammhausorganisation von der weiteren Betrachtung in dieser Arbeit ausgeschlossen.

Bei einer *Holdingorganisation* (vgl. Abb. 2) ergeben sich zwei wesentliche Organisationsvarianten. Bei einer *Finanzholding* beschränkt sich die Zentrale auf die Zusammenstellung und Verwaltung eines Beteiligungsportfolios, ohne jedoch in die Führung der einzelnen Geschäftsbereiche einzugreifen. In einer *Managementholding* hingegen befasst sich die Zentrale mit der strategischen Ausrichtung der Unternehmensgruppe und nimmt so Führungsaufgaben wahr.[12] Aufgrund der im Zusammenhang mit internen Kapitalmärkten von der Zentrale wahrzunehmenden Aufgaben liegt der vorliegenden Arbeit die Vorstellung eines Konglomerates als Managementholding zugrunde. Eine Diskussion der Finanzholding findet im weiteren nicht statt.

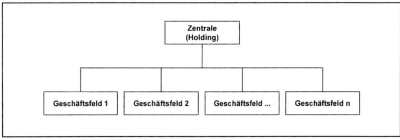

Abb. 2: Holding-Organisation. Quelle: Eigene Darstellung.

Managementholdings können in der Praxis in zahlreichen Facetten auftreten. Nach BÜHNER lassen sich diese auf die folgenden drei Grundtypen reduzieren:[13]

- **Gemischt-integrierte Management-Holding:** In der Unternehmenszentrale sind Zentralbereiche[14] und Unternehmensleitung zusammengefasst. Die Zentralvorstände besitzen funktionale und/oder Geschäftsbereichs-

---

[11] Vgl. Ibid., S. 53.
[12] Vgl. Bühner (1995), S. 418.
[13] Vgl. Ibid., S. 420ff.
[14] Zentralbereiche haben die Aufgabe, die Linie führungsmäßig zu unterstützen und sicherzustellen, dass im gesamtunternehmerischen Interesse gehandelt wird. Zu ihren wesentlichen Aufgaben vgl. Ibid., S. 410.

verantwortung. Durch die Einbeziehung der Geschäftsbereichsvorstände ergibt sich ein starker Einfluss der Geschäftsbereiche auf die Arbeit der Zentrale.

• **Funktional-integrierte Management-Holding:** In der Unternehmenszentrale sind Zentralbereiche und Unternehmensleitung zusammengefasst. Die Zentralvorstände besitzen ausschließlich funktionale Zuständigkeiten. Der Einfluss der Geschäftsbereiche auf die Arbeit der Zentrale ist gering.

• **Schlanke Management-Holding:** Die Unternehmenszentrale umfasst nur den Zentralvorstand. Er muss für seine Arbeit bei Bedarf auf Zentralbereiche der Tochtergesellschaften zurückgreifen.

2.1.3 Interner Kapitalmarkt

2.1.3.1 Begriffsdefinition

Der Begriff des internen Kapitalmarktes (englisch: "Internal Capital Market") wurde von WILLIAMSON geprägt.[15] Nach seiner ursprünglichen Definition bezeichnet ein interner Kapitalmarkt den Prozess der unternehmensinternen Allokation von Kapital in einem Unternehmen mit mehreren Geschäftsfeldern.[16]

Die Bezeichnung der unternehmensinternen Kapitalallokation als einen internen Kapital*markt* ist missverständlich. Denn es handelt sich in der WILLIAMSON'-schen Vorstellung nicht um einen Markt im mikroökonomischen Sinn, bei dem ein Ausgleich von Kapitalangebot und Kapitalnachfrage über einen Preismechanismus erfolgt, sondern um eine hierarchische Weisung durch die Unternehmenszentrale.[17] Dennoch ist es theoretisch vorstellbar, WILLIAMSON's Definition wörtlich zu verstehen und die interne Kapitalallokation über einen Preismechanismus durchzuführen, also einen "echten" internen Kapitalmarkt aufzubauen.

---

[15] Vgl. Buermeyer (2000), S. 103f.; Beckmann (2006), S. 18.

[16] Vgl. Williamson (1975), S. 145. Eine eher instrumentale Definition nimmt Spremann (1998), S. 341f. vor: "Ein interner Kapitalmarkt (IKM) ist als Summe von durchaus wenig strukturierten und frei aufbringbaren Massnahmen zu verstehen, einschliesslich der internen Kommunikation auch nicht quantifizierbarer Aspekte, die den Vergleich von Projekten und Subeinheiten fördern können – insbesondere den Leistungsvergleich im Hinblick auf die wertorientierte Zielsetzung der Unternehmung –, so dass mit diesen Informationen die Allokation von Ressourcen (Personal, Kapital, Zeit) auf Projekte und Subeinheiten unterstützt wird."

[17] Vgl. Wagner (2001), S.3; Völker/Kasper (2004), S. 33f.; Beckmann (2006), S. 18.

KLEIN strukturiert die diesbezüglichen Überlegungen und unterscheidet drei theoretisch mögliche Organisationsformen eines internen Kapitalmarktes:[18]

- **Hierarchische Allokation:** Sie entspricht einer zentralen Allokationsentscheidung durch die Zentrale unter Verwendung sämtlicher Informationen, die *nicht* aus dem Einflussbereich der Segmentmanager stammen.
- **Budgetierung:** Auch hier wird die Allokationsentscheidung durch die Zentrale getroffen, jedoch berücksichtigt diese die in den Segmenten dezentral vorliegenden Informationen in der Hoffnung, so eine qualitativ bessere Allokationsentscheidung treffen zu können.
- **"Echter" interner Markt:** Bei der dritten Variante kommt die endgültige Allokation vollständig dezentral zustande. Dies erfolgt, indem die Segmentmanager nach einer zufälligen Anfangsallokation die Ressource Kapital untereinander auf einem internen Marktplatz für Kapital handeln.

Eine im KLEIN'schen Sinne *hierarchische Allokation* von Kapital kann aufgrund der in Konglomeraten vorherrschenden Komplexität und der Marktferne der Zentrale nicht sinnvoll sein. Zu groß wäre das Risiko, dezentral vorliegende Informationen mit wesentlichem Einfluss auf die Entwicklung des Gesamtunternehmens zu ignorieren.[19]

Im Zuge des Erfolgs unternehmensinterner Märkte in anderen Bereichen[20] wird vereinzelt gefordert, das Marktprinzip auch auf interne Kapitalmärkte anzuwenden, also *"echte" interne Kapitalmärkte* zu schaffen.[21] Eine Betrachtung des relevanten Schrifttums stimmt bezüglich der Erfolgsaussichten eines solchen Vorhabens jedoch pessimistisch. Zwar sind für den Spezialfall der Risikokapitalallokation in Banken einige Erfolge zu verzeichnen.[22] Eine Anwendung "echter" interner Märkte zur Kapitalallokation in Konglomeraten wird jedoch als nachteilig[23] und praxisfern[24] beurteilt.

---

[18] Vgl. Klein (1999), S. 36.
[19] Vgl. Gocke (1993), S. 51f.
[20] Vgl. Lehmann (2002), S. 12. Beispielhaft seien die folgenden Bereiche erwähnt: Allokation gemeinsam genutzter IT-Ressourcen (Kräkel (1993)), Allokation von Forschungsbudgets (Völker/Kasper (2004)), Optimale Logistik- und Transportplanung (Gomber (1996)), kostenminimale Emissionsreduktion in der Chemieindustrie (Malone (2004)), Bestimmung optimaler Produktionspläne in der Elektroindustrie (Malone (2004)).
[21] Vgl. Klein (1999), Wagner (2001), S. 10; Beckmann (2006), S. 188.
[22] Vgl. Gerken (1994); Sandbiller (1998); Klein (1999); Dittmar (2001).
[23] So modelliert Klein (1999), S. 42ff. mathematisch einen "echten" internen Kapitalmarkt und kommt zu dem Schluss, dass im Falle von Realinvestitionen ein "echter" interner Kapitalmarkt einer Budgetierungslösung unterlegen ist (S. 51). Auf weniger formalem Wege

Somit verbleibt als letzte Möglichkeit der Organisation interner Kapitalmärkte die *Budgetierung*. In der KLEIN'schen Diktion also die zentrale Allokationsentscheidung durch die Unternehmenszentrale unter Nutzung der dezentral in den Bereichen vorliegenden Informationen. Dieses Verständnis eines internen Kapitalmarktes soll auch die Basis der vorliegenden Arbeit bilden.

Nach der Klärung der Begriffskomponente "Markt" soll nun eine präzisere Definition der Begriffskomponente "Kapital" erfolgen. Denn auch hier existieren im Schrifttum Abweichungen darüber, was genau über den Mechanismus des internen *Kapital*marktes alloziert werden soll. Für WILLIAMSON besteht "Kapital" aus den erwirtschafteten Cashflows der Geschäftsbereiche:

> "... cash flows in the M-form firm are not automatically returned to their sources, but instead are exposed to an internal competition (...) In many respects, this assignment of cash flows to high yield uses is the most fundamental attribute of the M-form enterprise ..."[25]

Auch ALCHIAN verfolgt mit der Gleichsetzung von "Kapital" und "Investment Funds" ähnliche Vorstellungen:

> "The investment funds (capital) market *within* General Electric is fiercely competitive and operates with greater speed to clear the market and to make information more available to both lenders and borrowers than in the external 'normal' markets."[26]

Neueren Arbeiten liegt hingegen ein breiteres Verständnis zugrunde. Es umfasst nicht mehr nur den Wettbewerb um generierte Cashflows, sondern auch einen ständigen internen Konkurrenzkampf um die *bestehenden Assets* der Geschäftsbereiche:

> "For example, the cash flow generated by one division's activities may be taken and spent on investment in another division, where the returns are higher. Or alternatively, one divi-

---

kann die Nachteiligkeit "echter" interner Kapitalmärkte auch mit dem Konzept der "Design-Attributes" von Milgrom/Roberts (1992) begründet werden (S. 91 und 454f.). Gocke (1993), S. 16 hält eine dezentrale Lösung wegen externer Effekte für nachteilig.

[24]   Frese/Lehmann (2000), S. 225 nehmen Bezug auf die Erfahrungen der Mitgliedsunternehmen des Arbeitskreises "Organisation" der Schmalenbach-Gesellschaft und stellen fest: "Bei internen Auktionen von (monetären) Ressourcen zur Durchführung von Investitionen in den Unternehmensbereichen, wie sie in der Literatur vereinzelt vorgeschlagen werden, dürfte es sich eher um theoretisch idealisierte Lösungsansätze als um praktisch relevante Gestaltungsoptionen handeln."

[25]   Williamson (1975), S. 147f.

[26]   Alchian (1969), S. 349f.

sion's assets may be used as collateral to raise financing that is then diverted to the other division."[27]

Diese Erweiterung erscheint sinnvoll, da es der Zentrale grundsätzlich möglich ist, einzelne Geschäftsbereiche zu Gunsten anderer zu verkleinern oder gar ganz zu veräußern. Die vorliegende Arbeit stützt sich daher auf das erweiterte Verständnis von "Kapital" im Sinne von "erwirtschaftete Cashflows plus bestehende Aktiva der Geschäftsbereiche".

Zusammenfassend wird der Begriff *interner Kapitalmarkt* in dieser Arbeit somit wie folgt definiert als ...

... Prozess der unternehmensinternen Allokation erwirtschafteter Cashflows und bestehender Aktiva auf die Geschäftsbereiche eines Konglomerates durch hierarchische Weisung der Zentrale und unter Berücksichtigung der dezentral in den Geschäftsbereichen vorliegenden Informationen.

2.1.3.2 Beteiligte am internen Kapitalmarkt und ihre Aufgaben

In einem internen Kapitalmarkt der vorliegenden Definition sind drei Beteiligte zu unterscheiden: Die Unternehmensleitung (Zentrale), die Leiter der Geschäftsbereiche sowie die unternehmensexternen Investoren.[28]

Die Rolle der *Zentrale* ist es, eine kritische Haltung zu den operativen Entscheidungen der Geschäftsbereiche einzunehmen und eine "zugunsten unternehmensweiter Überlegungen verschobene Zielstruktur"[29] zu verfolgen. Im Einzelnen übernimmt sie folgende Aufgaben:[30]

1. Bestimmung abgrenzbarer wirtschaftlicher Aktivitäten
2. Gewährleistung eines quasi-autonomen Status der Geschäftsbereiche
3. Überwachung der Effizienz der Geschäftsbereiche
4. Gestaltung von Anreizsystemen
5. Renditeorientierte Allokation von Kapital
6. Strategische Planung.

---

[27] Stein (1997), S. 111.
[28] Vgl. Wagner (2001), S. 2.
[29] Buermeyer (2000), S. 104.
[30] Vgl. Williamson (1975), S. 149.

Aufgabe der *Geschäftsbereichsleiter* ist die operative Führung der Geschäftsbereiche sowie das Einbringen ihres spezifischen Marktwissens in die Entwicklung von Geschäftsbereichsstrategien und in das Entscheidungskalkül der Zentrale zur Kapitalallokation. Die *unternehmensexternen Investoren* stellen der Zentrale Finanzmittel zur freien internen Verteilung zur Verfügung und erwarten im Gegenzug eine angemessene Verzinsung auf ihr eingesetztes Kapital.

2.1.3.3 Abgrenzung zum externen Kapitalmarkt

Aus den bisherigen Überlegungen wird deutlich, dass fundamentale Unterschiede bestehen, wenn ein Geschäftsbereich seine Aktivitäten als Einzelunternehmen über den externen Kapitalmarkt oder als Teil eines Konglomerates über einen internen Kapitalmarkt finanziert:[31]

- Im Falle interner Kapitalmärkte kann jedes Geschäftsfeld ausschließlich über die Unternehmenszentrale Finanzmittel erhalten. Unabhängige fokussierte Unternehmen hingegen können aus einer Vielzahl externer Finanzquellen (z. B. Ausgabe neuer Aktien oder Anleihen, Bankdarlehen, etc.) wählen.
- Im Unterschied zu externen Finanzierern besitzt die Unternehmenszentrale eines Konglomerates sog. residuale Kontrollrechte,[32] d.h. das Recht, alleine über die Nutzung der Unternehmensaktiva zu bestimmen.
- Die Unternehmenszentrale hat im Gegensatz zu externen Finanzierern aufgrund ihrer residualen Kontrollrechte die Möglichkeit, einzelne Geschäftsfelder von der Durchführung von Strategien abzuhalten und die freiwerdenden Finanzmittel anderen Geschäftsfeldern zukommen zu lassen.

2.1.3.4 Wertbeitrag und Effizienz interner Kapitalmärkte

Nach der Vorstellung der Definition interner Kapitalmärkte, der an ihnen Beteiligten und ihrer Abgrenzung zu externen Kapitalmärkten, soll nun der Frage nachgegangen werden, worin der Wertbeitrag interner Kapitalmärkte besteht.

Für die weiteren Überlegungen ist es dazu zunächst erforderlich, die Annahme zu treffen, dass der externe Kapitalmarkt nicht vollständig effizient funktioniert.

---

[31] Vgl. zu den folgenden Ausführungen auch Stein (2003), S. 135ff.
[32] Vgl. Gertner/Scharfstein/Stein (1994).

Dies kann sowohl in der *Struktur* des Marktes als auch in der *Effizienz der Informationsverarbeitung* begründet liegen.[33] Strukturstörend wirkt sich beispielsweise das Vorhandensein von Transaktionskosten,[34] Monopolmacht[35] und Steuern aus, so dass ein Ausgleich von Angebot und Nachfrage auf dem externen Kapitalmarkt nicht immer zustande kommt. Auch kann nicht von einer strengen Informationseffizienz des Marktes ausgegangen werden,[36] bei der die Investoren von allen *existierenden* Informationen Kenntnis haben. Vielmehr ist von einer halbstrengen Form der Informationseffizienz auszugehen, bei der die Investoren lediglich über alle *öffentlichen* Informationen zu einem Unternehmen verfügen.[37]

Erst mit der angenommenen Ineffizienz des externen Kapitalmarktes kann sich in Unternehmen die Situation ergeben, dass die zur Durchführung aller renditepositiven Strategien notwendigen Finanzmittel nicht in ausreichender Höhe vom externen Kapitalmarkt zur Verfügung gestellt werden (*Kapitalknappheit*).[38] Der potenzielle Vorteil interner Kapitalmärkte ist es nun, dass die vorhandenen knappen Finanzmittel auf die renditestärksten Strategien *aller Geschäftsbereiche des Konglomerates* alloziert werden können. Wäre ein einzelner Geschäftsbereich des Konglomerats hingegen als fokussiertes Einzelunternehmen organisiert, könnte dessen Führung lediglich die renditestärksten Strategien *des einen Geschäftsbereichs* finanzieren.

Das folgende Beispiel soll die grundsätzliche Funktionsweise und den Wertbeitrag interner Kapitalmärkte anhand eines einfachen Modells verdeutlichen (vgl. Abb. 3).

Zunächst werden zwei fokussierte Unternehmen U_1 und U_2 betrachtet, die auf unterschiedlichen Geschäftsfeldern (GF_1 bzw. GF_2) operieren. Beide Unternehmen besitzen unterschiedliche Strategieoptionen, deren durch die Unternehmensleitung sicher vorhersagbare Rendite in der Abbildung dargestellt ist. Dabei wird vereinfachend angenommen, dass sämtliche Investitionsprojekte zur Durchführung jeweils Finanzmittel von 1 Geldeinheit (GE) erfordern. Beide Unternehmen bekommen aufgrund von Ineffizienzen des externen Kapitalmarkts

---

[33] Vgl. Beckmann (2006), S. 22.
[34] Als Transaktionskosten werden "costs of negotiating and carrying out transactions" bezeichnet. Vgl. Milgrom/Roberts (1992), S. 49.
[35] Vgl. Maug (2001), S. 18.
[36] Vgl. zur Informationseffizienz externer Kapitalmärkte Brealey/Meyers (2003), S. 347ff.
[37] Vgl. Fechtel (2001), S. 28f. Für eine empirische Überprüfung des Effizienzgrades des deutschen Kapitalmarktes vgl. Möller (1983).
[38] Vgl. Porter (1987), S. 51f.; Maug (2001), S. 20.

von den Investoren jedoch statt der für die Durchführung aller Strategien benötigten 4 GE nur 2 GE zur Verfügung gestellt. In beiden Unternehmen ist somit eine Kapitalknappheit zu konstatieren, da bei Vorhandensein weiterer Finanzmittel zusätzliche renditepositive Strategien durchgeführt werden könnten. Unter der Annahme gewinnmaximierenden Verhaltens entscheiden sich beide Unternehmen zur Durchführung der beiden jeweils renditestärksten Strategien. Dabei generiert U_1 0,1+0,09=0,19 GE und U_2 0,07+0,02=0,09 GE Rendite. Insgesamt werden 0,28 GE durch beide Unternehmen erwirtschaftet.

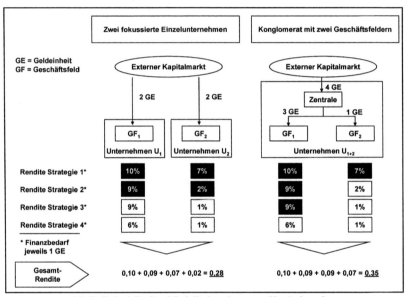

Abb. 3: Beispielhaftes Modell eines internen Kapitalmarktes.
Quelle: Eigene Darstellung.

Anders als im Fall der beiden fokussierten Unternehmen ist im Falle des Konglomerats U_{1+2} den beiden Geschäftsfeldern GF_1 und GF_2 der direkte Zugang zum externen Kapitalmarkt versperrt. Nur die Zentrale tritt am externen Kapitalmarkt auf und erhält aufgrund der identischen Strategieoptionen ebenfalls 4 GE. Unter Annahme gewinnmaximierenden Verhaltens wird die Zentrale die Finanzmittel jedoch nicht symmetrisch auf beide Geschäftsfelder verteilen, sondern aufgrund der höheren Profitabilität der Strategieoptionen von GF_1 dort 3 GE und in GF_2 1 GE investieren. Damit generiert GF_1 eine Rendite von 0,1+0,09+0,09=0,28 GE und GF_2 eine Rendite von 0,07 GE. Beide Geschäftsfelder zusammen erwirtschaften 0,35 GE. Dies entspricht einem Renditezuwachs gegenüber den beiden fokussierten Unternehmen von 0,07 GE, der auf die Umverteilung durch den internen Kapitalmarkt zurückzuführen ist.

Das Beispiel zeigt, dass die Unternehmenszentrale die bestehende Kapital-knappheit mit Hilfe des internen Kapitalmarktes zwar nicht aufheben, jedoch das zur Verfügung stehende Kapital *effizienter* als der externe Kapitalmarkt ein-setzen kann.[39] Verallgemeinernd kann festgestellt werden, dass sich der *Wertbei-trag* interner Kapitalmärkte aus der Umverteilung von Finanzmitteln von relativ zu ihren Renditemöglichkeiten *zu hoch* kapitalisierten Geschäftsbereichen auf im Verhältnis *zu niedrig* kapitalisierte Geschäftsbereiche ergibt. Die notwendige Voraussetzung für einen Wertbeitrag bilden Finanzierungsrestriktionen auf der Ebene des Gesamtunternehmens.[40] Von diesen wird angesichts der Ergebnisse empirischer Studien und Aussagen aus der Unternehmenspraxis in der vorlie-genden Arbeit ausgegangen.[41]

2.1.4 Unternehmensziel, Wertsteigerung und Rendite

Die Frage, welche Ziele ein Unternehmen verfolgen sollte, ist für Anteilseigner (Shareholder) sowie für sämtliche Gruppen, die am Unternehmenswirken Inter-esse haben (Stakeholder),[42] von zentraler Bedeutung.[43] Die Diskussion hierüber wird kontrovers und teilweise auch emotional geführt.[44]

Die Frage ist deswegen so bedeutsam, weil die Zielvorstellungen der Stakehol-der potenziell konfliktgeladen sind. Beispielsweise besteht eine grundsätzliche Spannung zwischen dem Streben der Mitarbeiter nach hohen Löhnen und dem der Investoren nach hoher Rendite. Die Frage nach den Unternehmenszielen ist daher immer auch eine Frage danach, welchen Anspruchsgruppen die Unter-nehmung mit ihren Aktivitäten Rechnung tragen sollte.[45] Vor der inhaltlichen Beschäftigung mit internen Kapitalmärkten ist daher zu klären, zu welchen Un-

---

[39]   Vgl. Stein (1997), S. 113.
[40]   Ähnlich auch Buermeyer (2000), S. 97.
[41]   Vgl. Bosse (2000), S. 33 und die dort angegebene Literatur.
[42]   Folgende Stakeholder gelten als relevant: Eigentümer/Aktionäre, Aufsichtsrat, Manage-ment, Mitarbeiter, Gewerkschaften, Fremdkapitalgeber, Kunden, Lieferanten, Wettbewer-ber, Gesellschaft/Öffentlichkeit, Medien, Anwaltsgruppen des Ökosystems, Staat. Vgl. bspw. Fechtel (2001), S. 45f.; Riedel (2000), S. 129.
[43]   Vgl. Töpfer/Duchmann (2006), S. 3.
[44]   Jüngstes Beispiel für die Emotionalität der Diskussion ist die durch den damaligen SPD-Parteivorsitzenden Müntefering mit einer Rede am 13.04.2005 ausgelöste "Kapitalismus-debatte" in Deutschland. Vgl. Ibid., S. 11ff.
[45]   Vgl. Ibid., S. 5.

ternehmenszielen mit ihrer Gestaltung beigetragen werden soll. Dies soll im Folgenden geschehen.

Für ein Unternehmen besteht die grundlegende, für das Überleben des Unternehmens entscheidende Zielsetzung darin, einen *Mehrwert* (economic rent) zu schaffen. Dies bedeutet, dass das Unternehmen von seinen Kunden höhere Zahlungen für die mit den Ressourcen des Unternehmens hergestellten Produkte bzw. Dienstleistungen erhalten muss, als diejenigen, die für den Ressourcenerwerb angefallen sind. Der Mehrwert entspricht somit der Wertschöpfung des Unternehmens und kann als erwirtschafteter Überschuss nach Zahlungen an alle Stakeholder (z. B. für Löhne, Steuern, Vorprodukte, etc.) außer den Anteilseignern aufgefasst werden (*Brutto-Mehrwert*).

Da Eigenkapitalgeber nur dann ihr Kapital in ein Unternehmen investieren (bzw. weiter investiert bleiben), wenn sie hierfür eine Verzinsung ihres Eigenkapitals in einer Höhe erhalten, die mindestens derjenigen von Konkurrenzangeboten gleichkommt (Mindestverzinsung), kann daraus ein ökonomischer Anspruch der Eigenkapitalgeber auf Zahlung dieser Mindestverzinsung abgeleitet werden. Nach Zahlung der Mindestverzinsung an die Eigenkapitalgeber aus dem Brutto-Mehrwert verbleibt der *Netto-Mehrwert* resp. die *Überverzinsung* (vgl. Abb. 4).[46]

Die zentrale Streitfrage der Diskussion ist nun, wem eine ggf. erzielte Überverzinsung zusteht. Zwei Sichtweisen hierzu sollen an dieser Stelle vorgestellt werden. Nach den Vertretern des *Shareholder-Value-Ansatzes* sollte die Überverzinsung im Interesse einer Maximierung der Eigenkapitalverzinsung einzig den Eigenkapitalgebern zustehen.[47] Dies wird im Wesentlichen mit den jüngeren Entwicklungen auf den Finanz- und Kapitalmärkten begründet:[48]

- **Zunehmender Wettbewerb um Kapital:** Immer mehr Kapitalnachfrager stehen miteinander in einem globalen Wettbewerb um Kapital. Diese zunehmende Wettbewerbsintensität macht eine stärkere Ausrichtung der Unternehmen an den Interessen der Eigentümer notwendig.
- **Veränderung der Eigentümerstrukturen:** An den Kapitalmärkten ist eine steigende Bedeutung institutioneller und internationaler Investoren

---

[46] Vgl. Ibid., S. 5f.
[47] Vgl. Bühner (1990), S. 221f.; Copeland/Koller/Murrin (1993), S. 42ff. sowie Rappaport (1999), S. 1ff.
[48] Vgl. zu den folgenden Punkten Riedel (2000), S. 107ff.

zu beobachten. Diese Investorengruppe ist selbst einem hohem Leistungs-
druck ausgesetzt und übt daher auch einen stärkeren Performancedruck
auf die Unternehmen aus als traditionelle Anleger.

- **Besinnungswandel der Investoren:** Neben den institutionellen Investoren agieren auch immer mehr Privatinvestoren renditeorientiert.

- **Dynamisierung des Marktes für Unternehmungskontrolle:** Die Gefahr
  von feindlichen Übernahmen durch Konkurrenten oder sog. Raider steigt
  für renditeschwache Unternehmen an.

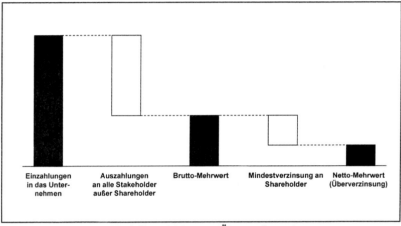

Abb. 4: Netto-Mehrwert (Überverzinsung).
Quelle: Eigene Darstellung.

Die *Kritiker* des Shareholder-Value-Ansatzes monieren insbesondere die aus-
schließliche Verteilung der Überverzinsung an die Eigenkapitalgeber. Sie argu-
mentieren, dass auch alle anderen Stakeholder, insbesondere Führungskräfte und
Mitarbeiter, durch ihre Leistungen zur Erwirtschaftung der Überverzinsung beigetragen haben. Sie leiten hieraus einen Anspruch aller Stakeholder – und nicht
nur der Shareholder – auf einen Anteil an der Überverzinsung ab.[49]

Eine abschließende Klärung der Frage, wie die Überverzinsung durch das Unternehmen verteilt werden sollte, ist aufgrund des normativen Charakters der
Frage an dieser Stelle nicht möglich und auch nicht zielführend. Vielmehr ist
festzustellen, dass unabhängig von der Verteilungsfrage eine Überverzinsung

---

[49] Vgl. Töpfer/Duchmann (2006), S. 6ff., die darauf hinweisen, dass eine Beteiligung der übrigen Stakeholder an der Überverzinsung auch im Interesse der Shareholder ist. Vgl. weiterhin Riedel (2000), S. 132f.

zunächst erwirtschaftet werden muss. Im Interesse *aller* Stakeholder ist es daher, eine möglichst hohe Überverzinsung zu erzielen. Das *Unternehmensziel* wird daher im Rahmen der vorliegenden Arbeit definiert als ...

... Wertsteigerung des Unternehmens im Sinne einer Maximierung der Überverzinsung.[50]

Mit Hilfe der getroffenen Definition des Unternehmensziels kann nun auch der bislang recht unpräzise gebliebene Begriff der *Rendite* genauer gefasst werden. Unter Rendite wird im weiteren verstanden eine ...

... Überverzinsung pro investierter Kapitaleinheit.

2.1.5 Zusammenfassung

Die dargelegten Begriffsdefinitionen lassen sich wie folgt zusammenfassen:

- **Geschäftsbereich:** Eindeutig von anderen Unternehmensteilen abgrenzbare Unternehmenseinheit, die eine Marktaufgabe mit einer eigenständigen Produkt-Markt-Kombination wahrnimmt und dabei Erfolgsziele verfolgt.

- **Konglomerat:** Unternehmen, das sich aus einer hierarchisch übergeordneten Unternehmenszentrale ohne eigenem Marktauftritt sowie mindestens zwei unverwandten, rechtlich selbständigen und weitgehend eigenständig geführten Geschäftsbereichen zusammensetzt. Die Unternehmenszentrale gibt die Strategie für das Gesamtunternehmen vor und legt die Finanzausstattung der Geschäftsbereiche fest. Sie ist aufgrund ihrer Marktferne nicht in der Lage, informierte Entscheidungen auf Geschäftsfeldebene zu treffen. Zwischen den Geschäftsbereichen existieren – außer im Finanzbereich – keine wesentlichen Synergien oder Abhängigkeiten.

- **Interner Kapitalmarkt:** Prozess der unternehmensinternen Allokation erwirtschafteter Cashflows und bestehender Aktiva auf die Geschäftsbereiche eines Konglomerates durch hierarchische Weisung der Zentrale und unter Berücksichtigung der dezentral in den Geschäftsbereichen vorliegenden Informationen.

- **Rendite:** Überverzinsung pro investierter Kapitaleinheit.

---

[50] Vgl. kritisch zur Anwendung des Shareholder-Value-Konzeptes in Konzernen Maug (2001), S. 20ff.

Nachdem die zentralen Begriffe der Arbeit definiert sind, kann nun die Darstellung des aktuellen Standes der Forschung über die Theorie und Empirie interner Kapitalmärkte erfolgen.

2.2 Theorie interner Kapitalmärkte

Bislang entwickelte theoretische Ansätze zu internen Kapitalmärkten sind überwiegend aus dem Ziel heraus zu verstehen, den empirisch beobachtbaren Effekt des *Conglomerate Discount* zu erklären.[51] Unter Conglomerate Discount wird ein Bewertungsabschlag auf den Aktienwert eines Konglomerates verstanden, der auf dessen breit diversifizierte Geschäftsstruktur zurückzuführen ist.[52] Durch die Wirkung interner Kapitalmärkte können Auf- oder Abschläge in der Bewertung von Konglomeraten erklärt werden.

Die Bedeutung der Entwicklung einer entsprechenden Theorie geht dabei über das reine Verständnis interner Kapitalmärkte hinaus, da die derartige Analyse von Konglomeraten als Paradigmenwechsel in der Literatur bezeichnet werden kann:

"Dem bisherigen Verständnis eines Unternehmens in der Finanzierungstheorie als Entscheidungseinheit in Form eines einzelnen Investitionsobjektes mit einem einzigen Eigentümer-Manager-Konflikt steht nun das Verständnis eines Unternehmens als komplexe Organisation mit einer Vielzahl von unterschiedlichen Projekten, von handelnden Individuen und ihren divergierenden Interessen gegenüber, die sich nicht nur dem externen sondern auch dem internen Kapitalmarkt gegenüberstehen."[53]

In der Literatur haben sich unter den beiden plakativen Begriffen "The *Bright Side* of Internal Capital Markets" und "The *Dark Side* of Internal Capital Markets" zwei Gruppen von Erklärungsansätzen herausgebildet, die eine Wertsteigerung bzw. eine Wertvernichtung durch interne Kapitalmärkte erklären können.[54]

- **The Bright Side of Internal Capital Markets:** Wertsteigernd kann sich ein interner Kapitalmarkt auf zwei Arten auswirken. Erstens, wenn es durch ihn gelingt *mehr* externes Kapital einzuwerben als dies vergleichbaren fokussierten Unternehmen möglich ist ("More-Money"-Effect) oder zweitens, wenn es durch ihn gelingt, das vorhandene Kapital *besser* im

---

[51] Vgl. Wagner (2001), S.3.
[52] Vgl. Beckmann (2006), S. 2.
[53] Wagner (2001), S. 4.
[54] Beide Begriffe gehen zurück auf Stein (2003), S. 138.

Vergleich zum externen Kapitalmarkt auf die Geschäftsbereiche zu verteilen ("Smarter-Money"-Effect).[55]

- **The Dark Side of Internal Capital Markets:** Treten Agency-Konflikte auf,[56] besteht die Gefahr, dass durch den internen Kapitalmarkt Wert vernichtet wird. Die Wertvernichtung kann dabei auf zwei Arten zum Tragen kommen. Zum einen als sog. *sozialistische Quersubventionierung*, bei der renditeschwache Geschäftsbereiche auf Kosten von renditestarken subventioniert werden. Zum anderen als *generalisierte Ressourcenineffizienz*, bei der quer über das Unternehmen hinweg Effizienzverluste zu verzeichnen sind.[57]

2.2.1 The Bright Side of Internal Capital Markets

2.2.1.1 "More-Money"-Effekt

LEWELLEN (1971) zeigt modelltheoretisch, dass es Konglomeraten grundsätzlich möglich ist, *mehr* Fremdkapital einzuwerben als dies vergleichbare fokussierte Unternehmen realisieren können. Seiner Argumentation zufolge liegt dieser Effekt darin begründet, dass die Geschäftsfelder eines Konglomerates Einnahmeströme aufweisen, die nicht stark miteinander korrelieren. Durch die geringe Korrelation der Segment-Einnahmeströme sinkt die Varianz des Gesamtunternehmenseinkommens und damit das Konkursrisiko des Konglomerates im Vergleich zu fokussierten Einzelunternehmen. Das reduzierte Konkursrisiko belohnen externe Finanzierer schließlich mit einem höheren Fremdkapitalvolumen *(Coinsurance-Effekt)*.[58]

LEWELLEN argumentiert weiter, dass unter der Annahme unvollkommener externer Kapitalmärkte und einer daraus resultierenden Kapitalknappheitssituation ein Konglomerat dadurch Wert schaffen kann, dass es aufgrund seines zusätzlichen Fremdkapitalvolumens *mehr Investitionsprojekte* durchführen kann als vergleichbare fokussierte Unternehmen. Die Wertsteigerung durch den Coinsurance-Effekt liegt somit in der Möglichkeit von Konglomeraten begründet, eine be-

---

[55] Vgl. Ibid., S. 138.
[56] Unter einem Agency-Konflikt wird ein Interessenkonflikt zwischen einem beauftragenden Prinzipal und einem beauftragten Agenten verstanden. Eine genaue Definition erfolgt später in Kapitel 3.1 dieser Arbeit.
[57] Vgl. Scharfstein/Stein (2000), S. 2537ff.
[58] Vgl. Lewellen (1971), S. 533f.

stehende Kapitalknappheitssituation durch die Aufnahme zusätzlichen Fremdkapitals zu reduzieren.

2.2.1.2 "Smarter-Money"-Effekt

Der "Smarter-Money"-Effekt beschreibt die Möglichkeit interner Kapitalmärkte
unter bestimmten Umständen zu einem *effizienteren* Allokationsergebnis zu
kommen, als dies über den externen Kapitalmarkt möglich ist. Diese Argumen-
tationslinie lässt sich in der Literatur u. a. auf ALCHIAN (1969), WESTON (1970),
WILLIAMSON (1975) und DONALDSON (1984) zurückführen. Ausgangspunkt der
moderneren Literatur ist die Arbeit von STEIN (1997), der als erster einen internen Kapitalmarkt modelltheoretisch untersucht. Er nimmt in seinem Modell eine
generelle Kapitalknappheit im Unternehmenssektor aufgrund von Informationsasymmetrien und Zielkonflikten[59] zwischen Investoren und Managern an.[60]

Seiner Argumentation zufolge kann die Zentrale eines Konglomerates das gege-
bene Kapital besser auf die Geschäftsbereiche verteilen als externe Investoren
auf entsprechend fokussierte Unternehmen. Zwei Gründe sind hierfür maßgeblich: Zum einen besitzt die Zentrale einen hohen Anreiz zur Überwachung der
Geschäftsbereiche (*Monitoring*), weil sie in vollem Umfang von den erwirtschafteten Gewinnen der Divisionen profitiert. Sie kann außerdem als hierarchisch den Bereichen übergeordnete Instanz einen Einblick in deren Aktivitäten
erzwingen.[61] Sie wird daher eine bessere Einschätzung über die zukünftig zu erwartenden Renditen der Geschäftsbereiche treffen können als externe Investoren. Zum zweiten besitzt die Zentrale – anders als z. B. eine Bank – die Möglichkeit, ihr Wissen über die zukünftig zu erwartenden Rentabilitäten der Geschäftsbereiche so zu nutzen, dass sie Kapital aus renditeschwachen Divisionen
abziehen und renditestärkeren zur Verfügung stellen kann (*Winner-Picking*).
Auch für die Umverteilung von Kapital besteht für die Zentrale ein starker Anreiz, weil sie vollständig von den Umverteilungsgewinnen profitiert. Im Ergebnis ist durch "Monitoring" und "Winner-Picking" eine effizientere Verteilung
knappen Kapitals über den internen Kapitalmarkt relativ zum externen Kapitalmarkt möglich.

STEIN argumentiert weiter, dass aufgrund der beschränkten Informationsverar-
beitungskapazität der Zentrale nicht zu viele Divisionen in einem Konglomerat

---

[59] Vgl. zu beiden Begriffen die Ausführungen in Kapitel 3.1.1 dieser Arbeit.
[60] Vgl. im Folgenden Stein (1997), S. 111ff.
[61] Vgl. Williamson (1975), S. 146.

zusammengefasst werden sollten, da ansonsten die Effizienz des Monitoring leidet und renditestarke und renditeschwache Bereichsstrategien nicht mehr ausreichend genau unterschieden werden können. Da der Zentrale ein renditeorientiertes Ranking der Bereichsstrategien dann leichter fallen wird, wenn die Geschäftsbereiche in verwandten Branchen tätig sind, argumentiert er, dass mit sinkendem Verwandtschaftsgrad der Divisionen der Wertbeitrag interner Kapitalmärkte abnimmt. Eine weitere wichtige Implikation seines Ansatzes besteht darin, dass mit zunehmender Vollkommenheit des externen Kapitalmarktes die Kapitalknappheitssituation im Unternehmenssektor geringer wird und damit der mögliche Wertbeitrag interner Kapitalmärkte sinkt.[62]

Die Arbeit von LIEBESKIND (2000) arbeitet weitere Bedingungen heraus, unter denen ein interner Kapitalmarkt relativ zum externen Kapitalmarkt Erfolg verspricht. Hierzu gehören die Existenz von Geschäftsgeheimnissen, ein niedriges Informationsniveau externer Kapitalgeber sowie eine besondere Abhängigkeit der Bereichsstrategien von einem stetigen Finanzmittelzufluss. Die Vorteile des internen Kapitalmarktes sinken ihren Überlegungen zufolge in dem Maße, in dem sich die Ineffizienzen des externen Kapitalmarktes und damit die Kapitalknappheit des Gesamtunternehmens reduzieren.[63]

2.2.2 The Dark Side of Internal Capital Markets

Beim Auftreten von Agency-Konflikten[64] besteht die Gefahr, dass durch den internen Kapitalmarkt Wert vernichtet wird. In der Literatur werden zwei relevante Konfliktebenen unterschieden:[65]

1. Konfliktebene: Investoren/Zentralmanagement
2. Konfliktebene: Zentralmanagement/Geschäftsbereichsmanagement.

2.2.2.1 Erste Konfliktebene: Investoren/Zentralmanagement

Ein Agency-Konflikt zwischen Investoren und Managern kann grundsätzlich in jedem Unternehmen auftreten und ist nicht auf Konglomerate beschränkt. Den-

---

[62] Vgl. Stein (1997), S. 129. Hubbard/Palia (1999) erklären mit diesem Argument den Boom konglomerater Firmenzusammenschlüsse in den 1960ern und die später in den 1980ern folgende Gegenbewegung einer stärkeren Fokussierung von Konglomeraten.
[63] Vgl. Liebeskind (2000), S. 72.
[64] Vgl. FN 56.
[65] Vgl. Stein (2003), S. 138 und Bolton/Scharfstein (1998), S. 108.

noch können MATSUSAKA/NANDA (2002) und INDERST/MÜLLER (2003) modell-theoretisch zeigen, dass ein solcher Konflikt in Konglomeraten verschärfte Konsequenzen nach sich ziehen kann.

Diese Verschärfung kann damit begründet werden, dass externe Finanzierer im Falle eines Konfliktes mit dem Management eines fokussierten Unternehmens Druck dahingehend ausüben können, dass sie notwendig werdende zusätzliche Finanzmittel verweigern. Im Falle von Konflikten mit einem Konglomerat ist ihnen diese Möglichkeit jedoch beschnitten, da die Zentralmanager mit Hilfe des internen Kapitalmarktes in gewissem Umfang selbständig Finanzmittel für ihre Zwecke freimachen können. Da anzunehmen ist, dass externe Finanzierer ein solches Verhalten antizipieren, werden sie bereits im Vorfeld weniger geneigt sein ihr Kapital zur Verfügung zu stellen, weil sie befürchten müssen, dass diese Mittel zur Erfüllung privater Ziele des Zentralmanagements verwendet werden. Bei Auftreten von Agency-Konflikten zwischen Investoren und Managern kann daher die Kapitalknappheit in Konglomeraten im Vergleich zu fokussierten Unternehmen ausgeprägter ausfallen. Dies hat eine Reduzierung der durch das Konglomerat maximal erwirtschaftbaren Überverzinsung zur Konsequenz.[66]

2.2.2.2.2 Zweite Konfliktebene: Zentralmanagement/Geschäftsbereichsmanagement

Konflikte zwischen Zentralmanagern und Geschäftsbereichsmanagern treten in zwei Ausprägungen auf. Zum einen kann es durch *Verteilungskämpfe der Geschäftsbereiche untereinander* um von der Zentrale verwaltetes Kapital zu generalisierten Ineffizienzen und sozialistischen Quersubventionen kommen.[67] Zum anderen können im Rahmen des internen Kapitalmarktes *verringerte Leistungsanreize* für die Bereichsmanager entstehen, was sich in einer generalisierten Ineffizienz manifestiert.

2.2.2.2.1 Verteilungskämpfe der Geschäftsbereiche

Auf MILGROM (1988) und MILGROM/ROBERTS (1988) geht das Konzept der *Influence Cost* zurück. Damit bezeichnen sie Kosten, die dem Unternehmen dadurch entstehen, dass Mitarbeiter oder Abteilungen Zeit, Mühe und Kreativität

---

aufwenden, um die Entscheidungen anderer im Unternehmen so zu beeinflussen, dass sie selbst daraus private Vorteile ziehen. Neben der reinen Verschwendung von Arbeitszeit auf diese *Influence Activities* können weitere Kosten durch Fehlentscheidungen entstehen, die auf die Beeinflussungen zurückzuführen sind. Ergreift das Unternehmen organisatorische Maßnahmen, um Influence Activities zu verhindern oder zu kontrollieren, können auch hierdurch Kosten verursacht werden.[68]

BOLTON/SCHARFSTEIN (1998) sehen in Influence Activities den Hauptgrund dafür, warum interne Kapitalmärkte nicht immer wie beabsichtigt funktionieren:

> "The real question is how well will internal capital markets work when there is internal politicking for resources? We believe that corporate politics may be the ultimate reason that internal capital markets do not work so well."[69]

Auf Basis des Konzeptes der Influence Costs entwickeln MEYER/MILGROM/ ROBERTS (1992) ein formales Modell eines internen Kapitalmarktes. Sie stellen fest, dass allein durch die Möglichkeit der Zentrale zur Reallokation von Kapital zwischen den Geschäftsbereichen den Leitern der Divisionen mit relativ schlechten Geschäftsaussichten ein Anreiz gegeben wird, wertvernichtende Influence Activities aufzunehmen. Dieses Ergebnis stellen sie anschaulich am Beispiel eines hypothetischen Zusammenschlusses zwischen einer Investmentbank und einer Business School dar:

> "Thus, for example, if an investment bank and a business school were to merge, the finance professors could spend huge amounts of their own time – and that of their bosses – arguing that they are as good as the 'rocket scientists' in the bank, that their teaching and research are as important as the bankers' work, and that they should be paid comparably to the bankers. The professors can, of course, make the same arguments without a merger, but – in sharp contrast to the CEO of the merged entity – the dean of the independent business school does not have the power to transfer money from the bankers' paychecks to the professors. Thus, the incentives to attempt such influence are relatively muted by the separation of the two organizations."[70]

Da aufgrund der Modellannahmen in MEYER/MILGROM/ROBERTS (1992) die Zentrale sämtliche Influence Activities der Geschäftsbereichsleiter als solche erkennt und daher keine Fehlentscheidungen bzgl. der Allokation von Kapital trifft, kann mit dem Modell nur eine generelle Ineffizienz interner Kapitalmärkte

---

[68] Vgl. Milgrom/Roberts (1999), S. 80.
[69] Bolton/Scharfstein (1998), S. 109.
[70] Meyer/Milgrom/Roberts (1992), S. 16.

aufgrund verschwendeter Ressourcen, nicht jedoch die empirisch häufig zu beo-
bachtende Tendenz zu sozialistischen Quersubventionen erklärt werden.[71]

Auch WULF (2005) modelliert im Ergebnis ineffiziente Kapitalallokationen, die
durch Influence Activities der Geschäftsbereichsmanager hervorgerufen werden.
Manager von Kerndivisionen haben dabei aufgrund ihrer Machtposition im Unternehmen annahmegemäß die Fähigkeit, Signale aus Randdivisionen zu ihren
Gunsten zu manipulieren. Hierdurch treten ineffiziente Quersubventionen im internen Kapitalmarkt auf. Diese Ineffizienzen sind umso größer, je einflussrei-
cher die Manager und je geringer die privaten Kosten ihrer Einflussnahme sind,
je weniger die Vergütung der Divisionsmanager an den Gesamtunternehmenser-
folg gekoppelt ist und je größer die Unsicherheit der Zentrale über die Investitionsmöglichkeiten der Divisionen ist (z. B. weil vorwiegend subjektive Empfehlungen der Geschäftsbereichsmanager zum Treffen von Allokationsentscheidun-
gen notwendig sind).

Eine weitere Arbeit, die die Erklärung sozialistischer Quersubventionierungen
zum Ziel hat, ist die von RAJAN/SERVAES/ZINGALES (2000). Sie modellieren
hierzu das Kapitalallokationsproblem als ein politisches Ringen zwischen Divisionen (internal power struggles), über die die Zentrale nur eingeschränkt Macht
besitzt. Die Autoren treffen dabei zwei wesentliche Annahmen: Erstens kann die
Zentrale zwar ex ante Kapital zwischen den Geschäftsbereichen umverteilen,
sich aber nicht glaubhaft an eine Verteilung zukünftiger Überschüsse binden.
Zweitens werden am Ende einer Periode die erwirtschafteten Überschüsse auf
Basis von Verhandlungen zwischen den Divisionen verteilt, wobei die Divisionen ex ante durch die Wahl ihrer Investition beeinflussen können, wie groß ihr
eigener Anteil an den erwirtschafteten Überschüssen sein wird.

Konkret modellieren sie zwei Geschäftsbereichsmanager, die eine autonome
Wahl zwischen einer *effizienten* und einer *defensiven* Investition treffen müssen.
Letztere hat eine geringere Rendite als erstere, dafür sind die daraus erwirtschafteten Überschüsse besser gegen "Wilderei" aus der anderen Division geschützt.
Aus Divisionssicht kann die Wahl der effizienten Investition dann suboptimal
sein, wenn die Division befürchten muss, dass ihr nach Abschluss der ex-post-
Verhandlungen über die Verteilung der erwirtschafteten Überschüsse ein gerin-
gerer Betrag bleibt, als im Falle einer Durchführung der "defensiven" Investition. Dies ist immer dann der Fall, wenn sich die beiden Geschäftsbereiche sehr

---

[71]   Vgl. Rajan/Servaes/Zingales (2000), S. 37 und Stein (2003), S. 140.

stark in der Höhe ihrer erwarteten Überschüsse unterscheiden und die weniger ertragreiche Division eine starke ex-post-Verhandlungsmacht besitzt.

Um diese Anreizproblematik zugunsten der effizienten Investitionen aufzulösen, subventioniert die Zentrale im Modell nun die ertragsschwächere Division ex ante, damit sich die erwarteten zukünftigen Überschüsse beider Divisionen angleichen. Im Ergebnis interpretiert das Modell damit Quersubventionierungen zwischen den Divisionen als *gewollte* Ineffizienz, um bei stark unterschiedlicher Ressourcenausstattung oder Investitionsmöglichkeiten Anreize für optimale Investitionsentscheidungen auf Divisionsebene zu setzen.[72]

2.2.2.2.2 Reduzierte Leistungsanreize

Speziell mit der Verzerrung von Leistungsanreizen für die Geschäftsbereiche ex ante aufgrund möglicher Umverteilungen durch den internen Kapitalmarkt beschäftigt sich ein Literaturstrang, der auf GERTNER/SCHARFSTEIN/STEIN (1994) zurückgeführt werden kann. Hierzu gehören die Beiträge von BRUSCO/PANUNZI (2005), GAUTIER/HEIDER (2005), INDERST/LAUX (2005) und STEIN (2002). Mit diesen Ansätzen ist es möglich, eine generelle Nachteiligkeit von Konglomeraten gegenüber fokussierten Unternehmen zu erklären. Sozialistische Quersubventionen sind damit hingegen nicht zu begründen.

GERTNER/SCHARFSTEIN/STEIN (1994) stellen fest, dass in einem diversifizierten Unternehmen die Leistungsanreize für die Geschäftsbereichsmanager geringer als in vergleichbaren fokussierten Unternehmen ausgeprägt sind. Sie gehen dabei davon aus, dass zwischen Zentrale und Bereichsmanagern ein Agency-Konflikt dergestalt besteht, dass die Bereichsmanager private Vorteile aus den von ihnen generierten Gewinnen ziehen. Da die Divisionsmanager nun ständig befürchten müssen, dass sie erwirtschaftete Gewinne ex post von der Zentrale "enteignet" bekommen, reduziert sich für sie der Anreiz, ihre Leistung ex ante überhaupt zu erbringen.[73]

BRUSCO/PANUNZI (2005) konkretisieren das Ergebnis von GERTNER/SCHARF-STEIN/STEIN und stellen mit Hilfe ihres Modells eines internen Kapitalmarktes fest, dass die Leistungsanreize nur für Divisionen mit schwachen Renditeaus-

---

[72] Vgl. Rajan/Servaes/Zingales (2000), S. 37ff.
[73] Vgl. Gertner/Scharfstein/Stein (1994), S. 2 und S. 9f.

sichten reduziert werden. Der Anreiz für Geschäftsbereiche mit hohen Renditeaussichten bleibt in ihrem Modell unverändert.[74]

GAUTIER/HEIDER (2005) widersprechen dem Ergebnis von BRUSCO/PANUNZI
und können zeigen, dass die Zentrale einen Teil der Erträge aus der Kapitalreallokation dazu nutzen kann, Managern von Geschäftsbereichen mit schwacher
Renditeperspektive (*Loser*) ausreichende monetäre Ersatzanreize zu bieten, die
den Verlust privater Vorteile aufgrund des Kapitalabzugs aus ihrem Bereich
kompensieren können. Demgegenüber ist es der Zentrale nicht möglich, ein
Trittbrettfahren der Divisionen mit guten Renditeaussichten (*Winner*) auf Kosten
der erwirtschafteten Gewinne der Loser zu verhindern. Dies liegt darin begründet, dass die Zentrale sich nicht glaubhaft selbst binden kann, den Winnern trotz
einer schlechten Leistung in der Vergangenheit am Ende nicht doch noch Kapital zur Verfügung zu stellen, da sie sich mit einem solchen Verhalten selbst
schlechter stellen würde.

INDERST/LAUX (2005) beschäftigen sich in einem weiteren Modell interner Kapitalmärkte mit den Anreizen zur *Generierung neuer Renditestrategien* bei ge-
gebener Kapitalausstattung. Sie stellen fest, dass effizientes Winner-Picking bei
stark unterschiedlicher finanzieller Ausstattung oder unterschiedlichem Wach-
stumspotenzial der Divisionen die Anreize zur Generierung neuer Renditestrategien reduziert. Sie leiten aus diesem Ergebnis die Empfehlung ab, dass Divisionen aus etablierten und solche aus stark wachsenden Branchen nicht unter dem
Dach eines gemeinsamen internen Kapitalmarktes zusammengefasst werden
sollten.

STEIN (2002) schließlich untersucht am Beispiel der Kreditindustrie die Anreize
zur *Generierung von Informationen* über mögliche Investitionsmöglichkeiten.
Dabei nimmt er an, dass zum Treffen einer Allokationsentscheidung durch die
Zentrale Informationen notwendig sind, die nur in den Geschäftsbereichen generiert werden können. Er findet heraus, dass wenn die auf Bereichsebene generierten Informationen glaubwürdig an die Zentrale weitergeleitet werden können
(harte Informationen), für die Bereichsmanager ein hoher Anreiz besteht, sich
die notwendigen Informationen zu erarbeiten. Sind die auf Bereichsebene generierten Informationen jedoch schwierig in einer glaubwürdigen Form an die Zentral zu übermitteln (weiche Informationen), müssen die Divisionsmanager befürchten, aufgrund des subjektiven Charakters ihrer Informationen kein Kapital

---

[74] Bezüglich der Beschaffung externen Kapitals kommt De Motta (2003) zu ähnlichen Ergebnissen.

zugeteilt zu bekommen. Dies reduziert ihren Anreiz zur Generierung der Information ex ante.

2.2.2.3 Konflikte auf beiden Ebenen

Die bislang einzige Arbeit, die die beiden aufgezeigten Konfliktebenen in einem Modell interner Kapitalmärkte zusammenführt, ist die von SCHARFSTEIN/STEIN (2000). Die Autoren nehmen – vergleichbar mit den Influence Activities in MILGROM/ROBERTS (1992) – an, dass Geschäftsbereichsleiter wertvernichtende Aktivitäten durchführen können, die ihre persönliche Verhandlungsmacht bei Gehaltsverhandlungen mit der Zentrale verbessern. Hierfür sind nach ihrer Argumentation die Manager renditeschwacher Divisionen aufgrund der geringeren Opportunitätskosten besonders anfällig.

In ihrem Modell ist das Zentralmanagement als Agent der Eigentümer modelliert. Für dieses ist es unter den getroffenen Annahmen attraktiver, Geschäftsbereichsleitern mit hoher Verhandlungsmacht anstatt eines höheren Gehaltes, eine großzügigere Kapitalausstattung ihres Geschäftsbereichs anzubieten und ihnen auf diese Weise private Vorteile zukommen zu lassen. Im Ergebnis kommt es dadurch zu einer Quersubventionierung der renditeschwachen Geschäftsfelder auf Kosten der renditestarken. Dies umso mehr, je unterschiedlicher die Geschäftsbereiche bezüglich ihrer Renditeaussichten sind und je geringer der Anreiz der Zentrale zur Durchsetzung von Eigentümerinteressen ist – z. B. weil eine aktienkursgebundene Vergütungskomponente für die Zentralmanager nicht vorgesehen ist.

2.2.3 Kritik und Zusammenfassung

Kapitelabschließend gibt Tab. 1 einen Überblick über die in dieser Arbeit vorgestellten theoretischen Beiträge zu internen Kapitalmärkten. Dabei ist kritisch anzumerken, dass sich die vorgestellten Arbeiten vornehmlich mit monokausalen theoretischen Erklärungen der Funktionsweise interner Kapitalmärkte beschäftigen und ein die bisherigen Ansätze integrierendes Modell bislang nicht existiert. Auch ist die aus praktischer Sicht relevante Frage nach der Gestaltung effizienter interner Kapitalmärkte von theoretischer Seite aus bislang nicht gezielt gestellt worden.

Zusammenfassend lassen sich als Ergebnis der Betrachtung der relevanten theoretischen Literatur über interne Kapitalmärkte folgende Punkte festhalten:

- Durch einen internen Kapitalmarkt in Konglomeraten kann aufgrund des *Coinsurance-Effektes* eine Abschwächung der Kapitalknappheit relativ zu fokussierten Unternehmen erreicht werden.
- Durch *Winner-Picking* und *Monitoring* kann ein interner Kapitalmarkt zu einem effizienteren Allokationsergebnis kommen als der externe Kapitalmarkt.
- Wesentlich für das Verständnis von Fehlfunktionen des internen Kapitalmarktes sind *Agency-Konflikte auf zwei Konfliktebenen*: Erstens zwischen Investoren und Zentralmanagement sowie zweitens zwischen Zentralmanagement und Geschäftsbereichsmanagement. Im einzelnen können folgende Konflikte herausgearbeitet werden:
  - – Verstärkte Auswirkungen des Interessenkonfliktes zwischen Investoren und Zentralmanagement (erste Konfliktebene)
  - – Reduzierte Leistungsanreize für Bereichsmanager aufgrund der Möglichkeit von Umverteilungen durch die Zentrale (zweite Konfliktebene)
  - – Influence Cost aufgrund der Möglichkeit von Umverteilung durch die Zentrale (zweite Konfliktebene).
- Fehlfunktionen des internen Kapitalmarktes können als *generalisierte Ineffizienz* oder als *sozialistische Quersubvention* auftreten.

2.3   Empirische Befunde zu internen Kapitalmärkten

Ziel dieses Kapitels ist die Darstellung des aktuellen Standes der empirischen Forschung zu internen Kapitalmärkten. Zunächst wird dabei die Frage nach der *Existenz* interner Kapitalmärkte gestellt. Hieran anschließend wird der Blick auf Beiträge zur Bestimmung der *Effizienz* der internen Kapitalallokation gelenkt. Danach sollen Arbeiten dargestellt werden, die den Zusammenhang zwischen der Allokationseffizienz interner Kapitalmärkte und der Beobachtbarkeit eines *Conglomerate Discounts* untersuchen. Abschließend werden zwei Beiträge präsentiert, die Aussagen über die praktische Relevanz des *Coinsurance-Effektes* zulassen.

2.3.1 Studien zur Existenz interner Kapitalmärkte

Die grundlegende empirische Fragestellung ist zunächst die, ob interne Kapitalmärkte in Konglomeraten tatsächlich *existieren*, also eine Umverteilung von Finanzmitteln zwischen Geschäftsbereichen erfolgt.

Autor(en)	Jahr	Zugrundegelegter Mechanismus
"More-Money"-Effekt		
1 Lewellen	1971	Coinsurance
"Smarter-Money"-Effekt		
1 Stein	1997	Monitoring, Winner-Picking
2 Liebeskind	2000	Monitoring, Winner-Picking
Erste Konfliktebene: Investoren/Zentralmanagement		
1 Matsusaka/Nanda	2002	Reduzierter Einfluss des externen Kapitalmarkts
2 Inderst/Müller	2003	Reduzierter Einfluss des externen Kapitalmarkts
Zweite Konfliktebene: Zentralmanagement/Geschäftsbereichsmanagement		
1 Meyer/Milgrom/Roberts	1992	Influence Activites
2 Gertner/Scharfstein/Stein	1994	Reduzierter Leistungsanreiz
3 Rajan/Servaes/Zingales	2000	Politisches Ringen der Divisionen
4 Stein	2002	Reduzierter Anreiz zur Generierung von Informationen
5 Brusco/Panunzi	2005	Reduzierter Leistungsanreiz
6 Gautier/Heider	2005	Reduzierter Leistungsanreiz
7 Inderst/Laux	2005	Reduzierter Anreiz zur Generierung neuer Renditestrategien
8 Wulf	2005	Influence Activites
Konflikte auf beiden Ebenen		
1 Scharfstein/Stein	2000	Reduzierter Einfluss des externen Kapitalmarktes in Verbindung mit Influence Activities der Bereichsmanager

Tab. 1: Übersicht über theoretische Beiträge zu internen Kapitalmärkten.
Quelle: Eigene Darstellung.

Als erster widmete sich LAMONT (1997) dieser Fragestellung. In seiner Studie untersucht er die Auswirkungen des massiven Ölpreisrückgangs im Jahre 1986 auf das Investitionsverhalten von 26 diversifizierten US-Unternehmen der Ölindustrie. Seinen Beobachtungen zufolge sinken nach dem Ölpreisrückgang die Investitionen nicht nur in den Öl- sondern auch in den Nicht-Öl-Geschäftsbereichen der Konglomerate. Selbst in Geschäftsbereichen, die von einem geringen Ölpreis tendenziell profitieren (bspw. Petrochemie, die Öl als Ausgangsprodukt benötigt), beobachtet er Investitionskürzungen. Er wertet dies als deutliches Anzeichen dafür, dass Transfers zwischen den Geschäftsbereichen eines Konglomerates existieren.

Eine weitere frühe Untersuchung, die sich mit der Existenz interner Kapital-märkte befasst, ist die von HOUSTON/JAMES/MARCUS (1997). Die Autoren unter-suchen 237 US-amerikanische Bank-Holdings und deren Tochtergesellschaften im Zeitraum zwischen 1986 und 1989. Sie können zeigen, dass das Wachstum des Kreditvolumens der Tochtergesellschaften stärker mit dem Cashflow der Holding-Bank als mit ihrem eigenen Cashflow korreliert. Sie interpretieren dies als Beleg für die Existenz interner Kapitalmärkte in den von ihnen untersuchten Holdinggesellschaften.

Die in den beiden dargestellten Beiträgen aufgezeigten Ergebnisse wurden in späteren Arbeiten[75] regelmäßig bestätigt, so dass die *Existenz* interner Kapital-märkte im Schrifttum heute als unstrittig gilt:

"The bottom line is that it seems very hard to argue with the simple statement that the in-ternal capital market actively reallocates funds across divisions."[76]

In der Folgezeit schwenkte der Forschungsschwerpunkt somit auf die Frage hin, inwieweit die Allokation über den internen Kapitalmarkt in der Praxis auch *effi-zient* erfolgt.

2.3.2 Studien zur Allokationseffizienz interner Kapitalmärkte

Eine der ersten Studien, die sich neben der Frage nach der *Existenz* interner Ka-pitalmärkte auch mit der Frage ihrer *Effizienz* beschäftigt, ist die von SHIN/STULZ (1998). Ihre Arbeit untersucht zum einen, inwieweit das Investiti-onsvolumen eines bestimmten Segmentes mit dem Cashflow der übrigen Seg-mente korreliert (*Existenz* interner Kapitalmärkte) und zum anderen, inwieweit die Investitionen eines Geschäftsbereichs bei Veränderung des Cashflows der übrigen Segmente abhängig sind von der relativen Attraktivität *seiner* Investiti-onsmöglichkeiten gegenüber derjenigen der *übrigen* Segmente (*Effizienz* inter-ner Kapitalmärkte).

Für ihre Untersuchung analysieren die Autoren die Segmentberichte von insge-samt 2631 diversifizierten US-Unternehmen im Zeitraum zwischen 1980 und 1992. Als Schätzer für die Attraktivität der Investitionsmöglichkeiten eines

---

[75] Vgl. die im folgenden Kapitel dargestellten Arbeiten.
[76] Stein (2003), S. 146.

Segmentes verwenden sie den Median des Tobin's q[77] einer Gruppe vergleichbarer fokussierter Unternehmen.

In Bezug auf die Frage nach der *Existenz* interner Kapitalmärkte finden die Autoren heraus, dass das Investitionsvolumen der Geschäftsbereiche eines diversifizierten Unternehmens vom Cashflow der übrigen Bereiche signifikant abhängt. Sie werten dies als Beleg für die Existenz interner Kapitalmärkte. Bezüglich der Frage nach der *Effizienz* interner Kapitalmärkte stellen sie fest, dass die Sensitivität der Investitionen eines Segments zum Cashflow der übrigen Segmente nicht davon abhängig ist, ob die Investitionsmöglichkeiten des betrachteten Segments eine höhere Attraktivität aufweisen als diejenigen der übrigen Segmente. Nach Interpretation der Autoren deutet dies auf eine Ineffizienz interner Kapitalmärkte aufgrund von Quersubventionen hin.

Auch SCHARFSTEIN (1998) untersucht die Effizienz interner Kapitalmärkte. Er analysiert hierzu die Segmentberichte von 165 unverwandten US-Unternehmen im Jahr 1979. Vergleichbar mit der Methodik von SHIN/STULZ (1998) schätzt er die Attraktivität der Investitionsmöglichkeiten eines Segments mit einem Segment-Tobin's q, den er aus dem Median der Tobin's q einer Gruppe vergleichbarer fokussierter Unternehmen gewinnt. Anders als SHIN/STULZ betrachtet er aber nicht die Sensitivität der Segmentinvestitionen in Abhängigkeit vom Cashflow und die Abhängigkeit dieser Sensitivität von der Attraktivität der Investitionsmöglichkeiten eines Geschäftsbereichs, sondern untersucht direkt die Abhängigkeit der Investitionshöhe eines Segmentes von der Attraktivität seiner Investitionsmöglichkeiten. Diese Abhängigkeit vergleicht er anschließend mit der von fokussierten Unternehmen. Im Rahmen seiner Untersuchungen stellt SCHARFSTEIN fest, dass Geschäftsbereiche mit *attraktiven* Investitionsmöglichkeiten *weniger* als vergleichbare fokussierte Unternehmen investieren und umgekehrt Bereiche mit *schlechten* Investitionsmöglichkeiten relativ zu fokussierten Unternehmen der selben Branche ein *höheres* Investitionsvolumen aufweisen. Diesen Effekt beobachtet er besonders bei kleinen Geschäftsbereichen und bei Konglomeraten, bei denen das Zentralmanagement nur einen geringen Anteil der Aktien hält. Er wertet dies als Beleg für das Auftreten von Agency-Konflikten zwischen Investoren und Zentralmanagement und als Beweis sozialistischer Quersubventionen und damit der Ineffizienz interner Kapitalmärkte.

---

[77] Als Tobin's q wird das Verhältnis des Gesamtwertes eines Unternehmens zum geschätzten Reproduktionswert des Vermögens bezeichnet. Die Kennzahl misst somit den Wertbeitrag des immateriellen Vermögens am Unternehmensgesamtwert. Vgl. Beckmann (2006), S. 25f. sowie tiefgehend Lang/Stulz (1994).

Eine weitere Studie, die sich der Effizienz der internen Kapitalallokation in Konglomeraten widmet, stammt von RAJAN/SERVAES/ZINGALES (2000). Im Rahmen dieser Studie testen die Autoren das von ihnen in der selben Arbeit aufgestellte theoretische Modell eines internen Kapitalmarktes[78] anhand einer Analyse von 156.598 Segmentdatensätzen diversifizierter US-Unternehmen im Zeitraum von 1980 bis 1993. Die Attraktivität der Investitionsaussichten eines Geschäftsfeldes operationalisieren sie vergleichbar mit dem Vorgehen von SHIN/STULZ (1998) und SCHARFSTEIN (1998).

Die Autoren können feststellen, dass bei *geringer* Unterschiedlichkeit der asset-gewichteten Investitionsaussichten der Geschäftsbereiche *effiziente* Kapitaltransfers von Segmenten mit weniger attraktiven zu solchen mit positiven Investitionsaussichten stattfinden. Existieren in einem Konglomerat jedoch *große* Unterschiede bezüglich der asset-gewichteten Investitionsaussichten der Geschäftsbereiche, beobachten sie *ineffiziente* Transfers von Bereichen mit positiven zu Segmenten mit schlechten Investitionsaussichten.[79] RAJAN/SERVAES/ZINGALES werten dies als Bestätigung ihres theoretischen Modells und als Beleg dafür, dass das Ausmaß politischer Konflikte innerhalb des Konglomerates maßgeblich die Effizienz des internen Kapitalmarktes determiniert.

CHEVALIER (2004) betrachtet die Ergebnisse der bisherigen Arbeiten mit Skepsis und vermutet einen Selektionsfehler bezüglich der in den Studien untersuchten Unternehmen. Dieser entsteht ihrer Argumentation zufolge durch die implizite Annahme der bisherigen Literatur, dass Geschäftsbereiche von Konglomeraten hinsichtlich der Attraktivität ihrer Investitionsaussichten mit fokussierten Unternehmen vergleichbar sind. Um ihre Skepsis empirisch zu fundieren, untersucht sie eine Stichprobe von 215 US-Firmen, die zwischen 1980 und 1995 diversifizierende Akquisitionen durchgeführt haben. Dabei stellt sie die von der bisherigen Literatur als ineffiziente Quersubventionen identifizierten Investitionsmuster bereits *vor* dem Unternehmenszusammenschluss in den beteiligten (noch fokussierten) Unternehmen fest. Da vor der Akquisition ein interner Kapitalmarkt jedoch noch gar nicht bestanden haben kann, schließt sie daraus, dass systematische Unterschiede in den Investitionsaussichten von Konglomeraten und fokussierten Unternehmen bestehen. Ihrer Interpretation zufolge verlieren hierdurch die Ergebnisse der bisherigen Literatur ihre Aussagekraft.

---

[78] Für eine Beschreibung ihres Modells vgl. die Ausführungen in Kap. 2.2.2.2.1.
[79] Den beobachteten Effekt setzen die Autoren auch in Bezug zum festgestellten Conglomerate Discount der Unternehmen. Vgl. hierzu die weiteren Ausführungen in Kap. 2.3.3.

Ebenfalls kritisch beschäftigt sich WHITED (2001) mit dem bestehenden Schrifttum. Sie widmet sich dabei insbesondere der Problematik der Messung der Attraktivität der Investitionsaussichten eines Geschäftsbereichs anhand von Tobin's q.

Sie argumentiert, dass aufgrund des bei Konglomeraten beobachtbaren Conglomerate Discounts der Median des Tobin's q vergleichbarer fokussierter Unternehmen keinen geeigneten Schätzer für die Segment-Tobin's q darstellt, weil er im Durchschnitt *über* dem tatsächlichen Segment-Tobin's q liegt. Sie konstruiert mit dem "adjusted q" einen eigenen Schätzer für den Segment-Tobin's q, der den Messfehler korrigieren soll.

Im Rahmen der empirischen Überprüfung ihrer Argumentation analysiert die Autorin die Segmentdaten von ca. 600 US-Konglomeraten im Zeitraum zwischen 1993 und 1998. Unter Anwendung der etablierten Analyseverfahren – insbesondere der Bestimmung der Attraktivität der Investitionsaussichten eines Geschäftsfeldes anhand des Medians des Tobin's q vergleichbarer fokussierter Unternehmen – kann sie die Ergebnisse des bisherigen Schrifttums replizieren. Bei Verwendung ihres messfehlerkorrigierten "adjusted q" verschwinden die zuvor beobachteten Effekte jedoch. Sie folgt daraus, dass die Ergebnisse der bisherigen Literatur im Wesentlichen auf Messfehlerartefakte zurückzuführen sind.

Ein alternativer Ansatz zur Beantwortung der Frage nach der Effizienz interner Kapitalmärkte ist der, sog. *Spinoffs* von Geschäftsfeldern zu analysieren. Bei einem Spinoff verselbständigt die Muttergesellschaft eines ihrer Geschäftsfelder rechtlich als eigenständige Aktiengesellschaft und reicht die Aktien des neuen Unternehmens an die Aktionäre der Muttergesellschaft weiter. Mittels der Analyse von Spinoffs wird es möglich, das Investitionsverhalten ein und desselben Geschäftsfeldes in zwei verschiedenen Umgebungen (interner und externer Kapitalmarkt) zu analysieren. Damit kann der Kritik Rechnung getragen werden, dass die Geschäftsbereiche eines Konglomerates nichtbeobachtbare Unterschiede zu fokussierten Unternehmen aufweisen und daher ihr Investitionsverhalten nicht mit demjenigen von fokussierten Unternehmen verglichen werden sollte.[80] Auf der anderen Seite entsteht bei Spinoffstudien jedoch auch ein Selektionsproblem, das darin begründet liegt, dass Spinoffs tendenziell in solchen Konglomeraten durchgeführt werden, in denen bereits vor der Abspaltung Ineffizienzen auf dem internen Kapitalmarkt aufgetreten sind.[81] Dies schränkt die

---

[80] Vgl. Whited (2001); Campello (2002).
[81] Hierauf machen die Autoren der entsprechenden Studien auch aufmerksam. Vgl. bspw. Gertner/Powers/Scharfstein (2002), S. 4.

Übertragbarkeit der für eine Stichprobe gewonnenen Ergebnisse auf die Grundgesamtheit aller Konglomerate ggf. ein. Die Arbeiten von GERTNER/POWERS/
SCHARFSTEIN (2002), DITTMAR/SHIVDASANI (2003) und AHN/DENIS (2004) beschäftigen sich mit den Folgen einer Abspaltung von Geschäftsbereichen und
sollen daher im Folgenden näher vorgestellt werden.

GERTNER/POWERS/SCHARFSTEIN (2002) untersuchen eine Stichprobe von 160
Spinoffs von US-Unternehmen zwischen 1981 und 1996. Sie können feststellen,
dass nach einem Spinoff die Investitionen von abgespalteten Geschäftsfeldern
deutlich sensitiver in Bezug auf die Attraktivität der Investitionsaussichten (gemessen an Tobin's q) werden. Der Effekt ist besonders ausgeprägt bei Spinoffs
von unverwandten Geschäftsbereichen und solchen, die der Aktienmarkt positiv
beurteilt. Sie interpretieren ihre Ergebnisse als Beleg dafür, dass Spinoffs die Effizienz der internen Kapitalallokation verbessern.

DITTMAR/SHIVDASANI (2003) betrachten im Gegensatz zu GERTNER/POWERS/
SCHARFSTEIN (2002) nicht Veränderungen des Investitionsverhaltens bei den im
Zuge eines Spinoffs *abgespaltenen* Geschäftsbereichen, sondern Veränderungen
des Investitionsverhaltens bei den im Konzern *verbleibenden* Bereichen nach
Abspaltung eines Segmentes durch Verkauf. Hierzu untersuchen sie Geschäfts-
bereichsveräußerungen von 235 US-Unternehmen im Zeitraum von 1983-1994.
Die Autoren können zeigen, dass im Konzern verbleibende Segmente, die relativ
zu vergleichbaren fokussierten Unternehmen vor der Desinvestition *zu wenig*
investierten, ihre Investitionen nach der Desinvestition *steigern* können. Umgekehrt *reduzieren* verbleibende Segmente, die im Vergleich mit fokussierten Unternehmen vor der Desinvestition *zu viel* investierten, ihr Investitionsvolumen.
Sie schließen aus ihren Ergebnissen, dass Desinvestitionen die Effizienz der internen Kapitalallokation verbessern können und dass in den von ihnen untersuchten Unternehmen vor der Desinvestition Ineffizienzen auf den internen Kapitalmärkten existiert haben müssen.[82]

Auch AHN/DENIS (2004) erforschen in ihrer Studie Spinoffs, betrachten dabei
aber nicht nur die abgespaltenen Geschäftsbereiche bzw. nicht nur die verbleibenden Geschäftsbereiche, sondern *sämtliche* Geschäftsbereiche vor und nach
einem Spinoff. Die Autoren untersuchen hierzu 106 Spinoffs von US-
Konglomeraten zwischen den Jahren 1981 und 1996. Sie beobachten, dass vor
dem Spinoff in Geschäftsbereichen mit hohem Tobin's q (= attraktive Investiti-

---

[82] Den beobachteten Effekt setzen die Autoren auch in Bezug zum festgestellten Conglomerate Discount der Unternehmen. Vgl. hierzu die weiteren Ausführungen in Kap. 2.3.3.

onsaussichten) weniger als in vergleichbaren fokussierten Unternehmen investiert wird. Nach dem Spinoff steigert sich das Investitionsvolumen in den attraktiven Geschäftsbereichen jedoch signifikant. Weiterhin untersuchen sie die Veränderung der Effizienz des internen Kapitalmarktes, die sie u. a. mit der Methodik von RAJAN/SERVAES/ZINGALES (2000) messen. Sie können dabei feststellen, dass in den Unternehmen der Stichprobe vor dem Spinoff signifikante Ineffizienzen bestehen und diese drei Jahre nach dem Spinoff signifikant abgebaut werden können. Diesen Effekt beobachten sie insbesondere bei Unternehmen, die vor dem Spinoff eine hohe Abweichung im Tobin's q ihrer Segmente aufweisen.[83] Ihre Ergebnisse interpretieren AHN/DENIS als Beleg für die Ineffizienz der internen Kapitalallokation in Konglomeraten.

Anders als die bereits genannten Studien, deren Analyseobjekte die Geschäftsbereiche von Konglomeraten darstellen, wählen die Arbeiten von KHANNA/TICE (2001), MAKSIMOVIC/PHILLIPS (2002) und SCHOAR (2002) standortbezogene Daten als Grundlage ihrer Analyse.

KHANNA/TICE (2001) beschäftigen sich mit der Änderung des Investitionsverhaltens von Discounthandelsunternehmen zwischen 1975 und 1996 aufgrund des Eintrittes von Wal-Mart in den lokalen Markt. Sie finden heraus, dass fokussierte Discounter und solche, die Teil eines Handelskonglomerates sind, *vor* dem Markteintritt von Wal-Mart keine Unterschiede bezüglich Größe, geographischer Verteilung und Verschuldung aufweisen, jedoch die Discountsegmente der Handelskonglomerate eine signifikant höhere Produktivität aufweisen. *Nach* dem Markteintritt von Wal-Mart treffen die Discountsegmente der Handelskonglomerate schneller eine Entscheidung, den Markt zu verlassen oder zu verteidigen. Im Falle der Verteidigung des Marktes tendieren die Discountsegmente der Konglomerate zu höheren Investitionsvolumina, die zusätzlich eine höhere Sensitivität gegenüber der Produktivität des Discountsegmentes aufweisen. Die Autoren werten dies als Anzeichen effizienter interner Kapitalmärkte.

MAKSIMOVIC/PHILLIPS (2002) entwickeln ein profitmaximierendes neoklassisches Modell der optimalen Unternehmensgröße und des optimalen Unternehmenswachstums. Aus ihrem Modell können Vorhersagen abgeleitet werden, wie Konglomerate Ressourcen zwischen Geschäftsbereichen über einen Konjunkturzyklus hinweg allozieren und wie sich ihre Reaktion auf externe Schocks von denen fokussierter Unternehmen unterscheidet. Bei der empirischen Überprüfung ihres Modells mittels Standortdaten von mehr als 50.000 US-Unternehmen

---

[83] Siehe FN 82.

aus dem Zeitraum 1974 bis 1992 können sie feststellen, dass das Wachstum und die Investitionen sowohl von Konglomeraten als auch von fokussierten Unternehmen abhängig von fundamentalen Industriefaktoren und der individuellen Segmentproduktivität ist. MAKSIMOVIC/PHILLIPS werten diesen Befund als vereinbar mit der Hypothese, dass interne Kapitalmärkte von Konglomeraten effizient funktionieren.

Auch SCHOAR (2002) beschäftigt sich in ihrer Studie mit standortbezogenen Daten. Im Rahmen einer Analyse verschiedener Produktivitätskennzahlen von über 20.000 Einzelstandorten zwischen 1977 und 1995 kann sie feststellen, dass die Standorte diversifizierter Unternehmen durchschnittlich um 7% produktiver arbeiten als die fokussierter Firmen. Im Zeitverlauf stellt sie jedoch einen inversen Zusammenhang zwischen Diversifikation und Produktivität fest, den sie als "new toy"-Effekt bezeichnet: Standorte, die von Konglomeraten neu erworben werden, steigen in ihrer Produktivität um durchschnittlich 2%. Gleichzeitig sinkt jedoch die Produktivität der bestehenden Standorte um 3% ab. In Summe ist der von ihr beobachtete Diversifikationseffekt negativ. Sie interpretiert das Ergebnis als Produktivitätsvorteil diversifizierter Unternehmen gegenüber ihren fokussierten Konkurrenten und als Aufmerksamkeitsfokussierung des Managements auf die neu erworbenen Standorte zu Lasten der bestehenden.

2.3.3 Studien zum Zusammenhang zwischen Allokationseffizienz und Conglomerate Discount

In zahlreichen empirischen Studien wurde der Zusammenhang zwischen Unternehmensdiversifikation und Kapitalmarktbewertung untersucht und dabei festgestellt, dass diversifizierte Unternehmen relativ zu fokussierten im Durchschnitt mit einem Discount auf dem Aktienmarkt bewertet werden (*Conglomerate Discount*).[84] Auf der Suche nach den Treibern dieses Discounts nimmt die Effizienz der internen Kapitalallokation eine wesentliche Rolle ein.

BERGER/OFEK (1995) berechnen in ihrer Studie zunächst die Höhe des Conglomerate Discounts anhand von 16.181 Datensätzen von US-Unternehmen zwischen 1986 und 1991. Den Discount kalkulieren sie, indem sie zunächst mittels Multiplikatoren für Assets, Umsatz und EBIT den Wert der Geschäftssegmente

---

[84]   Vgl. exemplarisch Lang/Stulz (1994); Berger/Ofek (1995); Servaes (1996); Billett/Mauer (2003); Campa/Kedia (2002); Villalonga (2004); Comment/Jarrell (1995); Lamont/Polk (2000); Graham/Lemmon/Wolf (2002). Für eine umfangreiche Darstellung der sog. "Discount-Studien" vgl. Beckmann (2006), S. 26ff.

als theoretisch alleinstehende Unternehmen bestimmen. Anschließend stellen sie die Summe der Einzelwerte der Geschäftssegmente (= theoretischer Zerschlagungswert des Konglomerates) dem aktuellen Gesamtwert des Unternehmens gegenüber. Die Höhe der Differenz zwischen Gesamtwert und Zerschlagungswert ergibt schließlich den *Excess-Value*, d.h. die Über- oder Unterbewertung des Konglomerates.

Sie können im Ergebnis feststellen, dass die Höhe des Conglomerate Discounts durchschnittlich 13% bis 15% beträgt. Weiterhin finden sie heraus, dass ihr Maß für *Überinvestitionen* (umsatzgewichtete Summe der um Abschreibungen angepassten Investitionen aller Segmente mit einem Segment-Tobin's q im unteren Quartil des Marktes) und ihr Maß für *Quersubventionen* (negativer Segment-Cashflow) signifikant mit der Höhe des Conglomerate Discounts korreliert. Zusammenfassend werten die Autoren ihre Ergebnisse als Bestätigung dafür, dass Ineffizienzen des internen Kapitalmarktes die Höhe des Conglomerate Discounts treiben.

HUBBARD/PALIA (1999) wählen ein indirektes Vorgehen zur Untersuchung des Werteffektes interner Kapitalmärkte und untersuchen die Aktienkursentwicklung diversifizierter Unternehmen, die ein fokussiertes Unternehmen akquirieren. Unter der Annahme, dass in den 1960er Jahren in den USA der externe Kapitalmarkt aufgrund von Informationsineffizienzen einen vergleichsweise geringen Effizienzgrad aufgewiesen hat, fokussieren sie ihre Stichprobe auf 392 akquirierende Firmen zwischen 1961 und 1970. Die beiden Autoren können feststellen, dass die höchsten abnormalen Renditen[85] in den Fällen auftreten, in denen ein finanziell *un*beschränktes Konglomerat ein finanzierungs*beschränktes* fokussiertes Unternehmen kauft. Im Ergebnis interpretieren HUBBARD/PALIA ihren Befund als Bestätigung dafür, dass es für Konglomerate in den 1960er Jahren möglich war, aufgrund von Informationsvorteilen gegenüber dem externen Kapitalmarkt Wert durch ihre Möglichkeit zur internen Kapitalallokation zu generieren.

BILLETT/MAUER (2000) untersuchen in ihrer Studie die Reaktion von Aktienkursen auf die Ankündigung von Tracking-Stock-Einführungen[86] und setzten diese

---

[85] Als abnormale Renditen werden Kursänderungen verstanden, die bei einer Aktie kurz vor und nach dem Eintritt eines definierten Ereignisses relativ zum Gesamtmarkt auftreten. Vgl. bspw. Hubbard/Palia (1999), S. 8ff.; Beckmann (2006), S. 25.

[86] Unter "Tracking Stocks" werden separate Aktien von einem Geschäftsbereich eines Konglomerates verstanden, die an die Performance des Geschäftsbereichs gebunden sind. Das

in Bezug zur Effizienz des internen Kapitalmarktes. Die Effizienz der internen Kapitalallokation berechnen sie, indem sie zunächst die Höhe der Überinvestitionen je Segment (= Investitionen minus Cashflow) feststellen und diese mit einer branchenbereinigten Segmentrendite (= Segmentrendite minus Median der Rendite vergleichbarer fokussierter Unternehmen) multiplizieren. Die Summe aller Produkte von Segment-Überinvestitionen und branchenbereinigter Segmentrendite ergibt ihre Effizienzmaßzahl für den internen Kapitalmarkt. Um ihre Kennzahl unternehmensübergreifend vergleichbar zu machen, normieren sie diese abschließend mit den Gesamtassets bzw. dem Gesamtumsatz.

Bei der Analyse von 24 Tracking-Stock-Einführungen von 18 unterschiedlichen Unternehmen im Zeitraum zwischen 1984 bis 1996 können BILLET/MAUER eine positive Korrelation zwischen ihrem Effizienzmaß der internen Kapitalallokation und dem Ankündigungseffekt der Tracking-Stock-Einführung feststellen. Sie interpretieren ihr Ergebnis als Bestätigung dafür, dass die Effizienz der internen Kapitalallokation den Unternehmenswert von Konglomeraten beeinflusst.

In einer zweiten Studie versuchen BILLETT/MAUER (2003) einen direkten Zusammenhang zwischen dem Excess-Value eines Konglomerates und dem Wert des internen Kapitalmarktes herzustellen. Hierzu verfeinern sie nochmals ihr Verfahren aus BILLETT/MAUER (2000) zur Bestimmung der Effizienz interner Kapitalmärkte und teilen die Geschäftsbereiche in Subventionsempfänger und potentielle Transfergeber ein. Ein *Subventionsempfänger* zeichnet sich dabei dadurch aus, dass die Segmentinvestitionen den Nachsteuercashflow des Segments übersteigen. Ein *potenzieller Transfergeber* kann demhingegen maximal den Betrag an andere Segmente abgeben, der sich aus der Differenz seines Nachsteuercashflows und seiner eigenen Investitionen ergibt. Die Bestimmung, ob ein Transfer bzw. eine Subvention effizient ist, erfolgt schließlich über einen Vergleich zwischen dem Return on Assets des abgebenden und des empfangenden Segments.

Bei einer Stichprobe von 4.204 Datensätzen von US-Konglomeraten im Zeitraum zwischen 1990 und 1998 können BILLET/MAUER zunächst feststellen, dass der Excess-Value (ermittelt über Umsatz-, Asset- bzw. Betriebsergebnis-Multiples) einen signifikanten Discount von 6% bis 11% gegenüber vergleichbaren Portfolios fokussierter Unternehmen aufweist. Anschließend beobachten

---

Konglomerat selbst bleibt dabei als rechtliche Einheit bestehen. Vgl. Brealey/Meyers (2003), S. 972; Billett/Mauer (2000), S. 5ff.

sie, dass *effiziente Subventionen* an finanziell *ein*geschränkte Segmente[87] signifikant den Excess-Value steigern. *Effiziente Subventionen* an finanziell *un*eingeschränkte Segmente ändern den Excess-Value demhingegen nicht signifikant. Bezüglich *ineffizienter Transfers* stellen die Autoren fest, dass diese den Excess-Value signifikant negativ beeinflussen. Ihre Ergebnisse interpretieren sie dahingehend, dass Finanzierungsbeschränkungen den Zusammenhang zwischen internem Kapitalmarkt und Unternehmenswert treiben.

BECKMANN (2006) weist auf eine wesentliche Schwäche im Bewertungsmodell von BILLETT/MAUER (2003) hin, die darin begründet liegt, dass bspw. Subventionszahlungen an bis dato ertragsarme, aber grundsätzlich attraktive Wachstumsgeschäfte, fälschlicherweise negativ bewertet werden. Er entwickelt daher ein eigenes Bewertungsmodell der Effizienz interner Kapitalmärkte, das das von BILLETT/MAUER (2003) um eine Wachstumskomponente erweitert. Subventionen von Segmenten mit unterdurchschnittlichen Return on Assets werden in seinem Modell nur dann negativ bewertet, wenn die subventionsempfangende Geschäftseinheit negative Branchenwachstumsraten aufweist. Entsprechend gelten Transferzahlungen von Segmenten mit überdurchschnittlichem Return on Assets nicht als ineffizient, wenn deren Branche schrumpft.

Im empirischen Teil seiner Arbeit kann BECKMANN durch Analyse der Segmentberichte von 30 deutschen Konglomeraten im Zeitraum zwischen 1998 und 2002 feststellen, dass diversifizierte Unternehmen in Deutschland durchschnittlich einen ineffizienten internen Kapitalmarkt aufweisen. Einige Unternehmen allozieren dabei bis zu 85% der gesamten Investitionsmittel eines Jahres ineffizient. Der Autor kann weiter zeigen, dass der Effizienzgrad des internen Kapitalmarktes einen signifikanten Einfluss auf das Vorzeichen und die Höhe des Conglomerate Discounts besitzt. Die Hypothese, dass der Effizienzgrad des internen Kapitalmarktes die Haupteinflussgröße des Conglomerate Discounts darstellt, kann er jedoch weder bestätigen noch verwerfen.

Auch drei der bereits im vorhergehenden Kapitel vorgestellten Studien beschäftigen sich mit dem Zusammenhang zwischen der Allokationseffizienz und dem Conglomerate Discount und sollen daher erneut an dieser Stelle kurz aufgegrif-

---

[87] Als finanziell eingeschränkt bezeichnen die Autoren Segmente, die als alleinstehendes fokussiertes Unternehmen Schwierigkeiten hätten, ihre Finanzierung sicherzustellen. Als Schätzer für die Existenz bzw. Nicht-Existenz von Finanzierungsschwierigkeiten verwenden die Autoren die Zahlung einer Dividende bei vergleichbaren fokussierten Unternehmen.

fen werden. So können RAJAN/SERVAES/ZINGALES (2000) mittels eines Excess-Value-Ansatzes feststellen, dass das Ausmaß der von ihnen festgestellten Fehlallokationen auf dem internen Kapitalmarkt stark mit dem Conglomerate Discount korreliert. In der Studie von DITTMAR/SHIVDASANI (2003) beobachten die Autoren, dass die im Zuge der Geschäftsbereichsveräußerung erreichte Verbesserung der Allokationseffizienz bei den verbleibenden Geschäftsbereichen mit einem Rückgang des Conglomerate Discounts einhergeht. AHN/DENIS (2004), die Spinoffs untersuchen, stellen schließlich fest, dass die Veränderung des Excess-Values im Jahr vor dem Spinoff bis zum Jahr danach positiv mit der Veränderung der Effizienz des internen Kapitalmarktes korreliert.

2.3.4 Studien zur Relevanz des Coinsurance-Effektes

Zwei Studien untersuchen empirisch, ob der von LEWELLEN (1971) theoretisch beschriebene Coinsurance Effekt einer erhöhten Schuldenkapazität diversifizierter Unternehmen[88] tatsächlich zu einer Reduzierung von Finanzierungsbeschränkungen bei Konglomeraten führt.

Die bereits im vorangegangenen Kapitel vorgestellte Studie von BERGER/OFEK (1995) vergleicht das um Brancheneffekte bereinigte Schuldenniveau (gemessen am Anteil des Buchwerts der Verbindlichkeiten an den Gesamtaktiva) zwischen fokussierten und diversifizierten Unternehmen. Sie finden dabei zunächst heraus, dass die untersuchten Konglomerate im Durchschnitt ein um 1,4 Prozentpunkte höheres Schuldenniveau im Vergleich zu fokussierten Unternehmen aufweisen. Mittels einer Regressionsanalyse können sie anschließend feststellen, dass von den 1,4 Prozentpunkten nur 1,0 Prozentpunkte auf den Coinsurance-Effekt zurückzuführen sind. Sie interpretieren ihr Ergebnis dahingehend, dass sie die festgestellte Erhöhung der Schuldenkapazität um einen Prozentpunkt als ökonomisch nicht relevant einstufen.

Eine weitere Studie, die sich mit der Relevanz des Coinsurance-Effektes beschäftigt, stammt von COMMENT/JARRELL (1995). Im Rahmen ihrer auf den Wertschaffungseffekt von Änderungen des Diversifikationsgrades gerichteten Untersuchung von US-Aktiengesellschaften im Zeitraum zwischen 1978 und 1989 stellen sie fest, dass sich das durchschnittliche Schuldenniveau (gemessen als Anteil des Buchwertes der Verbindlichkeiten an der Summe von Marktwert der Aktien und Buchwert der Verbindlichkeiten) bei Unternehmen mit vier oder

---

[88] Vgl. Kap. 2.2.1.1.

weniger Geschäftsbereichen in einem Bereich zwischen 33%-34% bewegt. Erst bei der Gruppe der Unternehmen mit fünf und mehr Geschäftsbereichen steigt das durchschnittliche Schuldenniveau auf 38,2% an. COMMENT/JARRELL werten diesen Befund als Anzeichen dafür, dass der Coinsurance-Effekt keinen wesentlichen ökonomischen Einfluss besitzt.

Aufgrund der von BERGER/OFEK (1995) und COMMENT/JARRELL (1995) festgestellten geringen praktischen Bedeutung des Coinsurance-Effektes wird dieser von den weiteren Überlegungen der vorliegenden Arbeit ausgeblendet.

2.3.5 Kritik und Zusammenfassung

Bei zusammenfassender Betrachtung der Empirie interner Kapitalmärkte muss konstatiert werden, dass sich das Forschungsfeld noch in einem vergleichsweise frühen Entwicklungsstadium befindet. Der Nachweis der Effizienz bzw. Ineffizienz interner Kapitalmärkte sowie die Untersuchung des Zusammenhangs zwischen dem Effizienzgrad interner Kapitalmärkte und dem Conglomerate Discount ist dabei als der Schwerpunkt der bisherigen Forschung anzusehen. Darüber hinausgehend existieren jedoch keine Beiträge, die im Sinne einer Bestandsaufnahme Auskünfte über die betriebliche Praxis interner Kapitalmärkte erteilen können oder die deren effiziente praktische Ausgestaltung untersuchen. Aus deutscher Sicht ist zudem bedauerlich, dass sich mit Ausnahme der Studie von BECKMANN (2006) bislang keine Untersuchung den internen Kapitalmärkten deutscher Konglomerate widmet.

Trotz der großen Heterogenität der Studien in Bezug auf angewandte Methodik und erhaltene Ergebnisse können dennoch resümierend die folgenden inhaltlichen Punkte festgehalten werden:

- Interne Kapitalmärkte existieren in Konglomeraten und können zu signifikant anderen Investitionsmustern als im Falle von fokussierten Unternehmen führen.
- Die Effizienz des internen Kapitalmarktes ist ein wichtiger Treiber zur Erklärung des Conglomerate Discounts bzw. Premiums.
- Der von der Theorie postulierte Coinsurance-Effekt spielt bei der Erklärung der Vorteilhaftigkeit interner Kapitalmärkte empirisch keine bedeutende Rolle. Er wird daher im Folgenden nicht weiter berücksichtigt.

Tab. 2 fasst die im Rahmen dieser Arbeit untersuchten Studien noch einmal in einer Übersicht zusammen.

	Autor(en)	Jahr	Untersuchungs-zeitraum	Land	Untersuchungs-methodik
	Existenz interner Kapitalmärkte				
1	Lamont	1997	1986	USA	Cashflowkorrelation
2	Houston/James/Marcus	1997	1986 - 1989	USA	Cashflowkorrelation
	Allokationseffizienz interner Kapitalmärkte				
1	Shin/Stulz	1998	1980 - 1992	USA	Tobin's q
2	Scharfstein	1998	1979	USA	Tobin's q
3	Rajan/Servaes/Zingales	2000	1980 - 1993	USA	Tobin's q
4	Khanna/Tice	2001	1975 - 1996	USA	Reakt. auf ext. Schock
5	Whited	2001	1992 - 1998	USA	Tobin's q
6	Gerner/Powers/Scharfstein	2002	1981 - 1996	USA	Spinoff
7	Maksimovic/Phillips	2002	1975 - 1992	USA	Neoklassisches Modell
8	Schoar	2002	1977 - 1995	USA	Standortproduktivitäten
9	Dittmar/Shivdasani	2003	1983 - 1994	USA	Spinoff
10	Ahn/Dennis	2004	1981 - 1996	USA	Spinoff
11	Chevalier	2004	1980 - 1992	USA	Tobin's q
	Zusammenhang zw. Allokationseffizienz und Conglomerate Discount				
1	Berger/Ofek	1995	1986 - 1991	USA	Excess-Value
2	Hubbard/Palia	1999	1961 - 1970	USA	Abnormale Renditen
3	Billett/Mauer	2000	1984 - 1996	USA	Abnormale Renditen
4	Rajan/Servaes/Zingales	2000	1980 - 1993	USA	Spinoff
5	Dittmar/Shivdasani	2003	1983 - 1994	USA	Spinoff
6	Billett/Mauer	2003	1990 - 1998	USA	Excess-Value
7	Ahn/Dennis	2004	1981 - 1996	USA	Spinoff
8	Beckmann	2006	1998 - 2002	D	Excess-Value
	Coinsurance-Effekt				
1	Berger/Ofek	1995	1986 - 1991	USA	Korrelationsanalyse
2	Comment/Jarrell	1995	1978 - 1989	USA	Korrelationsanalyse

**Tab. 2: Übersicht über empirische Arbeiten zu internen Kapitalmärkten.
Quelle: Eigene Darstellung.**

2.4 Entwicklung eines konzeptionellen Bezugsrahmens

In diesem Kapitel soll der die weiteren Forschungsbemühungen strukturierende konzeptionelle Bezugsrahmen der Arbeit entwickelt werden. Dabei wird versucht, die bisher in der Literatur vorhandenen, zumeist monokausalen Erklärungsansätze zu einem möglichst umfassenden und in sich geschlossenen Bezugsrahmen zu integrieren. Kapitelabschließend werden aus der Herleitung des

Bezugsrahmens fünf Gestaltungshebel extrahiert, entlang derer im weiteren Verlauf der Arbeit konkrete Thesen zur Gestaltung effizienter interner Kapitalmärkte entwickelt werden.

Eine wesentliche Erkenntnis der weiter oben geführten Diskussion über die Theorie interner Kapitalmärkte war die Feststellung, dass das Ausmaß von Ineffizienzen auf dem externen Kapitalmarkt die *Höhe des Wertpotenzials* interner Kapitalmärkte determiniert.[89] Dies hat zur Folge, dass in Ländern mit hoch entwickelten Kapitalmärkten (bspw. USA, Europa) das Wertpotenzial interner Kapitalmärkte tendenziell niedriger ausgeprägt ist, als in Ländern mit weniger entwickelten Kapitalmärkten (bspw. Emerging Markets).[90] Da die Effizienz des relevanten externen Kapitalmarktes vom Heimatland eines Unternehmens abhängig ist, wird das Ausmaß an Ineffizienzen des externen Kapitalmarktes in dieser Arbeit als exogen vorgegeben angenommen.

Die *tatsächliche Ausnutzung* des Wertpotenzials ergibt sich aus der Fähigkeit der Zentrale, mittels "Winner-Picking" und "Monitoring" eine Umverteilung von Finanzmitteln von relativ zu ihren Renditemöglichkeiten *zu hoch* kapitalisierten Geschäftsbereichen auf im Verhältnis *zu niedrig* kapitalisierte Geschäftsbereiche zu organisieren.[91] Wird das vorhandene Wertpotenzial durch effektives Winner-Picking bzw. Monitoring vollständig ausgeschöpft, spricht diese Arbeit entsprechend ihrer vorgenommenen Definition von einer effizienten Kapitalallokation.[92]

Treten Agency-Konflikte zwischen den Beteiligten des internen Kapitalmarktes (Investoren, Zentralmanagement, Geschäftsbereichsmanagement)[93] auf, können Ineffizienzen entstehen, die in einer *Reduzierung des Wertbeitrages* des internen Kapitalmarktes resultieren. Die Diskussion des bisherigen Schrifttums brachte diesbezüglich hervor, dass insgesamt drei relevante Konflikte bestehen, die sich zwischen den Beteiligten des internen Kapitalmarktes auf *zwei verschiedenen Konfliktebenen* abspielen:[94]

---

[89] Vgl. Kap. 2.1.3.4 sowie Stein (1997), S. 129 und Liebeskind (2000), S. 72.

[90] Dies können Fauver/Houston/Naranjo (1999) auch empirisch zeigen, indem sie bei Konglomeraten aus Ländern mit weniger entwickelten Kapitalmärkten zumeist eine Bewertungsprämie feststellen, während die von ihnen untersuchten Konglomerate aus Ländern mit hochentwickelten Kapitalmärkten tendenziell mit einem Discount belegt sind.

[91] Vgl. Stein (1997).

[92] Vgl. Kap. 2.2.1.2.

[93] Vgl. Kap. 2.1.3.2.

[94] Vgl. Kap. 2.2.2.

- Verstärkte Auswirkungen des Interessenkonfliktes zwischen Investoren und Zentrale (*Erste Konfliktebene:* Investoren - Zentralmanagement)[95]
- Reduzierte Leistungsanreize für Bereichsmanager aufgrund der Möglichkeit von Umverteilungen durch die Zentrale (*Zweite Konfliktebene:* Zentralmanagement - Geschäftbereichsmanagement)[96]
- Influence Costs aufgrund der Möglichkeit von Umverteilungen durch die Zentrale (*Zweite Konfliktebene:* Zentralmanagement – Geschäftsbereichsmanagement).[97]

Zusammenfassend ergibt sich somit der Wertbeitrag des internen Kapitalmarktes aus dem Zusammenspiel zwischen positiv wirkenden Einflussfaktoren (Qualität des Winner-Pickings, Qualität des Monitorings) und negativ wirkenden Einflussfaktoren (die drei genannten Konflikte zwischen den Beteiligten des internen Kapitalmarktes). Dabei wird der Wertbeitrag des internen Kapitalmarktes in positiver Richtung durch das Ausmaß an Ineffizienzen auf dem externen Kapitalmarkt begrenzt, in negativer Richtung hingegen bestehen keinerlei Schranken, weil das Ausmaß möglicher Agency-Konflikte prinzipiell unbegrenzt ist. Im Ergebnis kann es somit zu einem *positiven* oder einem *negativen* Wertbeitrag des internen Kapitalmarktes kommen.

Aufgrund des empirisch bestätigten Zusammenhangs zwischen der Effizienz der internen Kapitalallokation und dem Conglomerate Discount/Premium[98] geht diese Arbeit davon aus, dass der Wertbeitrag des internen Kapitalmarktes den Conglomerate Discount/Premium eines Konglomerates (neben anderen Faktoren) maßgeblich treibt.[99] Diese Überlegung impliziert ein hohes (Börsen)wertsteigerungspotenzial für Konglomerate durch die Gestaltung effizienter interner Kapitalmärkte und unterstreicht die Relevanz des Themas.

Abb. 5 stellt den entwickelten Bezugsrahmen der Arbeit nochmals grafisch dar.

---

[95] Vgl. Matsusaka/Nanda (2002); Inderst/Müller (2003); Scharfstein/Stein (2000).
[96] Vgl. Gertner/Scharfstein/Stein (1994); Brusco/Panunzi (2005); Gautier/Heider (2005); Inderst/Laux (2005); Stein (2002).
[97] Vgl. Meyer/Milgrom/Roberts (1992); Wulf (2005); Rajan/Servaes/Zingales (2000); Scharfstein/Stein (2000).
[98] Vgl. Kap. 2.3.3.
[99] Als weitere mögliche Einflussfaktoren auf den Conglomerate Discount/Premium werden im Schrifttum die Ausnutzung von Synergien, operative Mehrkosten, eine geringere Abdeckung durch Analysten, ein pauschaler Discount durch Analysten sowie eine geringere Liquidität der Aktien angegeben. Vgl. Beckmann (2006), S. 36ff. und die dort angegebene Literatur.

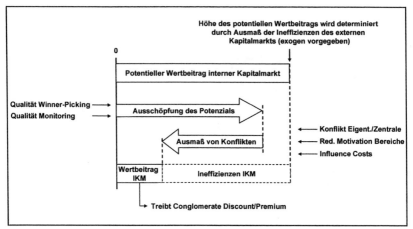

Abb. 5: Bezugsrahmen der Arbeit. Quelle: Eigene Darstellung.

Für das Management eines Konglomerates ergeben sich somit fünf Hebel zur Gestaltung eines effizienten internen Kapitalmarktes, die im weiteren Verlauf der Arbeit systematisch detailliert werden sollen:

1. Qualität des Winner-Pickings
2. Qualität des Monitorings
3. Reduktion des Interessenkonfliktes zwischen Eigentümern und Zentralmanagement
4. Reduktion von Motivationsproblemen auf Divisionsebene
5. Reduktion von Influence Costs.

Mit diesen Ausführungen ist der Bezugsrahmen der Arbeit gesetzt und die grundsätzlichen Ansatzpunkte zur Gestaltung effizienter interner Kapitalmärkte definiert. Die Arbeit kann sich somit im folgenden Kapitel der Erarbeitung problemrelevanter theoretischer Grundlagen widmen.

3 Problemrelevante theoretische Grundlagen

Im Rahmen der Ausführungen zum vorangegangen Kapital haben *Interessen-konflikte und Möglichkeiten zu deren Lösung* sowie das *Unternehmensziel der Maximierung der Überverzinsung* eine wichtige Rolle gespielt. Da beide Themen im weiteren Verlauf der Arbeit immer wieder berührt werden, bietet sich eine vorgezogene Diskussion an dieser Stelle an, um die Lesbarkeit der Arbeit zu verbessern und um unnötige Wiederholungen zu vermeiden.

3.1 Principal-Agent-Theorie

Die Principal-Agent-Theorie (auch: Agency-Theorie) beschäftigt sich mit Problemen der Delegation von Entscheidungskompetenzen bei asymmetrischer Informationsverteilung zwischen einem Prinzipal und einem von ihm beauftragten Agenten.[1] Auch wenn sie ursprünglich im Zusammenhang mit der Delegation der Unternehmensführung von Eigentümern an Manager entwickelt worden ist, kann die Agency-Theorie auf zahlreiche weitere Delegationsverhältnisse generalisiert werden.[2]

Im Zusammenhang mit der Principal-Agent-Theorie ist eine mittlerweile kaum mehr überschaubare Fülle an Publikationen entstanden. Zum Zwecke der Typologisierung hat sich eine Unterscheidung in *positive* und *normative* sowie in *finanzielle* und *ökonomische* Agency-Theorie herausgebildet (vgl. Abb. 6).[3]

Verstanden als eine *positive Theorie*[4] erklärt die Agency-Theorie, wie sich Akteure gegenüber ihren Prinzipalen innerhalb eines gegebenen institutionellen Rahmens verhalten. Verstanden als eine *normative Theorie*[5] dient sie dazu, Empfehlungen für eine optimale Gestaltung des institutionellen Rahmens zu erarbeiten.[6] Das Hauptunterscheidungskriterium zwischen positiven und normativen Arbeiten ist, dass normative Arbeiten stark formalanalytisch und wenig empirisch geprägt sind, während sich dies bei den Beiträgen der positiven Agency-Theorie genau umgekehrt gestaltet.[7]

---

[1] Vgl. Franke (1993), Sp. 38f.
[2] Vgl. zur Anwendbarkeit der Agency-Theorie auf unterschiedliche Problemstellungen Neus (1989), S. 19 und die Beiträge in Bamberg/Spremann (1989).
[3] Vgl. Neus (1989), S. 26, 10ff.
[4] Vgl. grundlegend Berle/Means (1932).
[5] Vgl. Jensen/Meckling (1976); Fama (1980).
[6] Vgl. Franke (1993), Sp. 38.
[7] Vgl. Neus (1989), S. 12.

Innerhalb der Gruppe der normativen Arbeiten hat sich eine weitere Untergliederung in finanzielle und ökonomische Agency-Theorie etabliert. Dabei beschäftigen sich die Beiträge der *finanziellen Agency-Theorie*[8] mit der Analyse und optimalen Gestaltung von vertraglichen Beziehungen zwischen Eigentümern und Management, wohingegen die *ökonomische Agency-Theorie*[9] die Beziehungen zwischen dem Top-Management und dem Management der untergeordneten Geschäftsbereiche untersucht.[10]

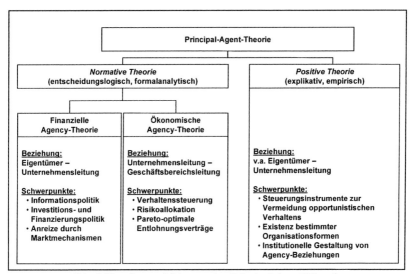

Abb. 6: Forschungsrichtungen der Principal-Agent-Theorie.
Quelle: Mit leichten Veränderungen übernommen aus Plaschke (2003), S. 40.

Normative und Positive Agency-Theorie nähern sich auf unterschiedliche Weise demselben Untersuchungsgegenstand. Welches Vorgehen vorzuziehen ist, kann nicht allgemeingültig beantwortet werden, da beide Untersuchungsziele ihre Berechtigung besitzen: Die positive Theorie ist ohne eine entscheidungslogische Fundierung ebenso unvollständig wie die normative Theorie ohne empirischen Bezug. Beide Zweige ergänzen sich somit erst zu einer geschlossenen Theorie.[11] In der vorliegenden Arbeit werden daher die Ergebnisse beider Forschungsrichtungen gesamthaft dargestellt.

---

[8] Vgl. Barnea/Haugen/Senbet (1985), auf die die finanzielle Agency-Theorie zurückgeführt wird.
[9] Vgl. grundlegend Ross (1973).
[10] Vgl. Neus (1989), S. 14ff.; Plaschke (2003), S. 39f.
[11] Vgl. Neus (1989), S. 14.

Dieses Kapitel widmet sich zunächst den grundsätzlichen Charakteristika der Beziehung zwischen Prinzipal und Agent am Beispiel der in dieser Arbeit betrachteten Agency-Konflikte. Danach werden verschiedene Arten der Informationsasymmetrie thematisiert und die von der Literatur hierfür angebotenen Lösungsansätze aufgezeigt. Anschließend werden die Kosten, die aus einer Agency-Beziehung entstehen, konzeptionalisiert. Das Kapitel endet mit einer kritischen Würdigung des Beitrags der Agency-Theorie zur Erreichung der Zielsetzung der vorliegenden Arbeit.

3.1.1 Die Beziehung zwischen Prinzipal und Agent

In der Agency-Theorie hat sich bislang noch keine allgemeingültige Definition einer Principal-Agent-Beziehung herausgebildet. Vielmehr existiert eine Vielzahl unterschiedlicher Abgrenzungsversuche nebeneinander her.[12] Aus pragmatischer Sicht erscheint eine allgemeingültige Definition letztendlich auch entbehrlich, wie NEUS feststellt:

> "Ob eine bestimmte Beziehung zwischen mehreren Parteien als eine Agency-Beziehung bezeichnet werden kann, ist unerheblich. Wichtiger ist, dass ein gegebenes (...) Instrumentarium geeignet ist, zur Analyse der betreffenden Beziehung beizutragen."[13]

In der Literatur wird daher häufig auf einen Definitionsversuch verzichtet und stattdessen eine Beschreibung der grundsätzlichen Charakteristika der jeweils vorliegenden Agency-Beziehung getroffen.[14] Dies soll auch in dieser Arbeit so geschehen, wobei dabei gemäß den oben getroffenen Ausführungen[15] zwei unterschiedliche Ebenen von Agency-Beziehungen Berücksichtigung finden müssen:

- Erste Ebene: Investor (Prinzipal) / Zentralmanager (Agent)
- Zweite Ebene: Zentralmanager (Prinzipal) / Geschäftsbereichsmanager (Agent).

---

[12] Zu einer Gegenüberstellung unterschiedlicher Abgrenzungsversuche in der Literatur vgl. beispielhaft Ibid., S. 19ff.; Grothe (2006), S. 74f.
[13] Neus (1989), S. 21.
[14] Zu diesem Vorgehen vgl. Ibid., S. 21f.; Franke (1993), Sp. 38f.; Grothe (2006), S. 75f.
[15] Vgl. Kapitel 2.4.

Beiden Agency-Beziehungen sind folgende grundsätzliche Charakteristika gemein:[16]

1. Zwischen Prinzipal und Agent existiert ein Vertrag, durch den der Agent das Recht übertragen bekommt, bei der Ausführung seiner Aufgaben zwischen verschiedenen Handlungsalternativen selbständig zu wählen. Die Wahl des Agenten beeinflusst die Wohlfahrt beider Parteien.
2. Die Parteien können aus jeweils mehreren Individuen bestehen.
3. Der Agent besitzt einen Informationsvorsprung, den er im Interesse des Prinzipal nutzen soll (Informationsasymmetrie).
4. Prinzipal und Agent verfolgen unterschiedliche Ziele (Interessenkonflikt).
5. Für den Prinzipal ist nur das Ergebnis der Handlungen des Agenten beobachtbar, nicht jedoch dessen tatsächliche Handlungen (Unbeobachtbarkeit).

Ad 1.)
Die Investoren schließen mit den Zentralmanagern einen Arbeitsvertrag, der die Zentralmanager bevollmächtigt, die Geschäfte des Unternehmens weitgehend selbständig zu führen.[17] Entscheidungen der Zentralmanager beeinflussen dabei ihre eigene Wohlfahrt (z. B. führen "schlechte" Entscheidungen häufig zur eigenen Entlassung) als auch die Wohlfahrt der Investoren (z. B. über den erwirtschafteten Unternehmensgewinn).

Auch zwischen Zentralmanagern und Geschäftsbereichsmanagern existiert ein Arbeitsvertrag, der die Bereichsmanager bevollmächtigt, die Geschäfte des von ihnen verantworteten Bereichs weitgehend selbständig zu führen. Die von den Bereichsmanagern getroffenen Entscheidungen beeinflussen ihre eigene Wohlfahrt (z. B. drohende Entlassung bei Fehlentscheidung) als auch die Wohlfahrt der Zentralmanager (z. B. über den erwirtschafteten Bereichsgewinn, für den sich die Zentralmanager gegenüber den Investoren verantworten müssen).

Ad 2.)
Für die in dieser Arbeit betrachteten Konglomerate ist anzunehmen, dass stets mehrere Investoren als Kapitalgeber auftreten. Aus Gründen der Arbeitsteilung ist weiterhin davon auszugehen, dass mehrere Zentralmanager den Zentralvorstand bilden. Für die Geschäftsbereichsmanager ergibt sich bereits aus der ge-

---

[16] Ähnlich auch Neus (1989), S.21f.; Franke (1993), Sp. 38f.
[17] Zu den Vorteilen einer Trennung von Eigentum und Management vgl. Spremann (1991), S. 602f.

troffenen Definition zu Konglomeraten eine Mehrzahl von Geschäftsbereichs-managern, wobei angenommen wird, dass jedem Geschäftsbereich genau ein Bereichsmanager vorsteht.[18]

Ad 3.)

Aufgrund der Delegation der Entscheidungskompetenzen verfügt der Agent über markt- und geschäftsnähere Informationen als der Prinzipal.[19] Daher besitzt a) das Zentralmanagement gegenüber den Investoren und b) ein Bereichsmanager gegenüber dem Zentralmanagement jeweils einen Informationsvorsprung (Informationsasymmetrie), der vertragsgemäß im Interesse des Prinzipals genutzt werden soll. Von einer Verfolgung der Interessen des Prinzipals kann jedoch nicht regelmäßig ausgegangen werden, da bei divergierenden Zielen von Prinzipal und Agent der Informationsvorsprung auch zur Verfolgung eigener Interessen genutzt werden kann.

Ad 4.)

Gemäß der Ausführungen in Kapitel 2.1.4 ist es das definierte Ziel der Investoren, die Überverzinsung des Unternehmens zu maximieren. Die Zielvorstellungen der von ihnen beauftragten Manager können hiervon jedoch abweichen. Dabei treten Interessenkonflikte zutage. Folgende potenzielle Interessenkonflikte zwischen Investoren und beauftragten Managern werden in der Literatur identifiziert:

- Die beauftragten Manager empfinden *Arbeitsleid* und versuchen, ihren persönlichen Arbeitseinsatz zu Lasten des Unternehmenserfolges zu minimieren.[20]
- Die beauftragten Manager genießen einen *privaten Nutzen aus dem Konsum von Unternehmensressourcen ("consumption on the job")*. Beispielsweise, indem sie ihr Büro luxuriös einrichten, einen Firmenjet nutzen oder "Lieblingsprojekte" verfolgen, deren Kosten in keinem Verhältnis zu ihrem Nutzen stehen.[21]

---

[18] Auch wenn sich Prinzipal und Agent aus mehreren Individuen zusammensetzen werden Probleme, die sich aus einer etwaigen Interessenheterogenität innerhalb einer Gruppe ergeben, in der Agency-Theorie weitestgehend vernachlässigt. Vgl. Grothe (2006), S. 75 und die dort angegebene Literatur.

[19] Vgl. Spremann (1991), S. 602ff.; Günther (1997), S. 43; Plaschke (2003), S. 39.

[20] Vgl. Laux (2003), S. 12 und die dort angegebene Literatur.

[21] Vgl. Jensen/Meckling (1976), S. 312; Laux (2003), S. 2 und S. 12 sowie die dort angegebene Literatur. Vgl. zum Sachverhalt der "Lieblingsprojekte" ("pet projects") Scharfstein/Stein (2000), S. 2538.

– Die beauftragten Manager genießen einen *privaten Nutzen aus der Kon-trolle ihres Geschäftsbereichs*. Daher streben sie einen möglichst großen eigenen Einflussbereich an, um sich an Macht, Prestige und besseren Kar-rierechancen zu erfreuen (empire building).[22]

– Die beauftragten Manager versuchen sich in ihrer Stellung *im Unterneh-men unentbehrlich zu machen*, um damit den eigenen Arbeitsplatz abzusi-chern. Dazu beeinflussen sie die Entwicklung des Unternehmens dahin-gehend, dass den eigenen spezifischen Managementfähigkeiten eine be-sondere Wichtigkeit zukommt (managerial entrenchment).[23]

– Die beauftragten Manager besitzen gegenüber dem Prinzipal *abweichende Zeitpräferenzen*, d.h. sie sind beispielsweise nicht an den langfristigen Folgen ihrer Aktionen interessiert, weil sie diese nicht mehr verantworten müssen.[24]

– Die beauftragten Manager besitzen gegenüber ihrem Prinzipal *unter-schiedliche Risikopräferenzen*. Dies lässt sich damit begründen, dass ein Manager vom Konkurs des von ihm geleiteten Unternehmens stärker be-troffen ist als dessen Eigentümer, da ihm die Möglichkeit fehlt, sein per-sönliches Risiko durch eine Beteiligung an mehreren Unternehmen zu re-duzieren. Dies verleitet ihn dazu, riskante Projekte grundsätzlich zu ver-meiden und risikoarme Projekte selbst bei unterdurchschnittlicher Rendite zu bevorzugen.[25]

Die aufgezeigten Interessenkonflikte betreffen zwar zunächst das Verhältnis von Investoren und Zentralmanagern, jedoch sind die genannten Konflikte analog auf das Verhältnis von Zentralmanagern und Bereichsmanagern übertragbar. Das Zentralmanagement nimmt dabei die Rolle eines Investors, die jeweiligen Bereichsmanager die eines beauftragten Managers an.

Ad 5.)
Aufgrund der Delegation der Entscheidungskompetenzen an den Agenten ist der Prinzipal regelmäßig nicht in der Lage, die Handlungen des Agenten direkt zu beobachten. Da der Prinzipal nicht beurteilen kann, inwieweit zufällige Um-weltzustände das Handlungsergebnis des Agenten beeinflusst haben, ist auch ein Rückschluss vom Ergebnis auf das Leistungsverhalten des Agenten nicht ohne

---

[22] Vgl. Jensen (1986) und Stulz (1990).
[23] Vgl. Shleifer/Vishny (1989).
[24] Vgl. Laux (2003), S. 2.
[25] Vgl. Amihud/Lev (1981) sowie Grothe (2006), S. 86 und die dort angegebene Literatur.

weiteres möglich.[26] Beispielsweise können Aktionäre zwar mittels des Geschäftsberichts das erwirtschaftete Unternehmensergebnis beobachten, wissen aber nicht, inwieweit dies von Glück und Zufall beeinflusst worden ist. Ihnen ist somit eine unmittelbare Beurteilung des Managements nicht möglich: "Ein positives Ergebnis kann Glück des Agent sein; bei einem negativen Ergebnis kann der Agent die Schuld auf äußere Umstände schieben."[27]

3.1.2 Informationsasymmetrieprobleme und Lösungsansätze

Bei der praktischen Umsetzung eines Delegationsverhältnisses können abhängig von der zeitlichen Struktur und der Art der Informationsasymmetrie aus Sicht des Prinzipals vier grundsätzliche Problembereiche entstehen (vgl. Abb. 7):[28]

- **Hidden Characteristics:** Dem Prinzipal fällt es schwer, vor Abschluss eines Delegationsvertrages die Qualitäten potenzieller Agenten zu beurteilen (Gefahr einer Auswahl unerwünschter Vertragspartner: *Adverse Selection*).
- **Hidden Intention:** Nach dem Vertragsabschluss bleibt unklar, ob der beauftragte Agent verborgene Absichten hat, die den Prinzipal schädigen können (Gefahr einer Schädigung des Prinzipals: *Hold-up*).
- **Hidden Information:** Dem Prinzipal bleibt verborgen, welche Informationen dem Agenten bis zum Zeitpunkt seiner Entscheidung vorlagen. Der Prinzipal kann daher nicht beurteilen, ob Entscheidungen des Agenten in seinem Sinne getroffen wurden (Gefahr von Entscheidungen zu Lasten des Prinzipals: *Moral Hazard*).
- **Hidden Action:** Die Aktivitäten des Agenten sind für den Prinzipal nicht oder kaum beobachtbar. Eine Leistungsbeurteilung des Agenten ist daher aufgrund der Möglichkeit exogener Einwirkungen auf das Handlungsergebnis für den Prinzipal schwierig (Gefahr suboptimaler Ergebnisse aufgrund eines qualitativ oder quantitativ schlechten Arbeitseinsatzes des Agenten: *Moral Hazard*).

---

[26] Vgl. Grothe (2006), S. 89.
[27] Mensch (1999), S. 687.
[28] Vgl. im Folgenden Spremann (1990), S. 561ff.; Spremann (1991), S. 625ff.; Günther (1997), S. 44ff.; Plaschke (2003), S. 41; Grothe (2006), S. 86ff.

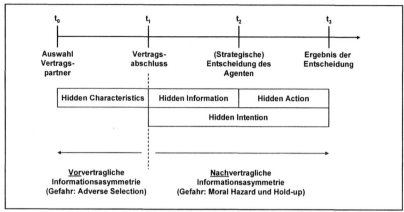

Abb. 7: Arten vor- und nachvertraglicher Informationsasymmetrien.
Quelle: Eigene Darstellung.

Die Literatur hat für die identifizierten Problembereiche Lösungsansätze entwickelt, die im Folgenden dargestellt werden sollen (vgl. im Folgenden Abb. 8).

	Hidden Characteristics	Hidden Intention	Hidden Information	Hidden Action
Entstehungs-zeitpunkt	Vor Vertrags-abschluss	Nach Vertragsabschluss	Zw. Vertragsabschl. u. Entscheidung	Nach Entscheidung
Entstehungs-ursache	Ex-ante verborgene Eigenschaften des Agenten	Ex-ante verborgene Absichten des Agenten	Nicht beobachtbarer Informationsstand des Agenten	Nicht beobachtbare Aktivitäten des Agenten
Problem	Eingehen der Vertragsbeziehung	Durchsetzung impliziter Ansprüche	Entscheidungs-beurteilung	Verhaltens- und Leistungsbeurteilung
Resultierende Gefahr	Adverse Selection: Auswahl unerwünschter Vertragspartner	Moral Hazard: Schädigung der Eigentümer	Moral Hazard: Suboptimale Entscheidungen	Moral Hazard: Unzureichender Arbeitseinsatz (Input); subotpimale Ergebnisse (Output)
Lösungs-ansätze	Screening (Aufdeckung von Eigenschaften)	Vertikale Integration (Commitment sicherstellen)	Motivations- und Anreizsysteme	
	Signaling/Reputation (Fähigkeiten und Intentionen vermarkten)		Informations- und Kontrollsysteme	

Abb. 8: Lösungsansätze für Informationsasymmetrieprobleme.
Quelle: Mit Veränderungen übernommen aus Plaschke (2003), S. 42.

3.1.2.1 Lösungsansätze für Hidden Characteristics

Zur Lösung des Problems der Hidden Characteristics schlägt die Literatur drei Mechanismen vor:[29]

- **Signaling:** Agenten mit positiven Eigenschaften geben sich als solche mittels eines Signals (z. B. Offenlegung von Referenzen) auf dem Markt zu erkennen, um damit eine überdurchschnittliche Managementvergütung fordern zu können.[30]
- **Screening:** Der Prinzipal beschafft sich im Vorfeld des Vertragsabschlusses Informationen über in Frage kommende Agenten (z. B. Konsultation eines Headhunters).
- **Self Selection:** Der Prinzipal legt den in Frage kommenden Agenten verschiedene Vertragsvarianten vor (z. B. mit hohem und niedrigem Anteil variabler Vergütung) und schließt aus der getroffenen Wahl eines Agenten auf dessen Eigenschaften.

3.1.2.2 Lösungsansätze für Hidden Intention

Bei dem Problem der Hidden Intention kann der Prinzipal die Handlungen des von ihm beauftragten Agenten zwar ex post beurteilen, dessen Handlungen selbst jedoch nicht verhindern oder sanktionieren. Da dem Prinzipal bereits sunk costs durch die Anstellung des Agenten und ggf. weitere irreversible Investitionen entstanden sind, entsteht eine Hold-up-Situation (deutsch: Störung, Überfall): Der Prinzipal ist nach erbrachter Vorleistung den Entscheidungen des Agenten und dessen Verhalten weitestgehend ausgeliefert.[31]

Um sich gegen eine mögliche Unfairness des Agenten zu schützen bzw. sich gegen dessen Entscheidungsfreiraum zu immunisieren, muss der Prinzipal ein Vertragsarrangement finden, das den Agenten an sich bindet (Commitment). Der Lösungsvorschlag, der in der Literatur als *"Vertikale Integration"* bezeichnet wird, kann z. B. folgende Möglichkeiten einzeln oder in Kombination enthalten:[32]

---

[29] Vgl. im Folgenden Spremann (1991), S. 626ff.; Günther (1997), S. 45f. und Grothe (2006), S. 92.
[30] Dabei wird der Markt nach der angebotenen Qualität separiert. Dies kann im Extremfall bis zum Marktversagen führen. Vgl. Akerlof (1970), der dies für den Gebrauchtwagenmarkt exemplarisch beschreibt.
[31] Vgl. Spremann (1991), S. 628ff.
[32] Vgl. Günther (1997), S. 46f.

• Langfristige Verträge zwischen Prinzipal und Agent
• Sicherung von Verfügungsrechten (z. B. Berichtspflichten, Vetorechte)
• Soziale Werte- und Strafsysteme (z. B. Belohnung mit Beraterverträgen am Vertragsende, prestigeträchtige Firmenvilla während der Vertragslaufzeit, etc.).

3.1.2.3 Lösungsansätze für Hidden Information und Hidden Action

Als Lösungsmöglichkeiten für Probleme der Hidden Action und der Hidden Informationen bietet die Literatur zwei grundsätzliche Lösungsansätze an:

1. Anreizmechanismen
2. Informations- und Kontrollmechanismen.

3.1.2.3.1 Anreizmechanismen

Wird der Agent ausschließlich mit einem Fixgehalt entlohnt und empfindet er bei der Ausführung seiner Tätigkeit ein "Arbeitsleid", wird er seine Anstrengungen minimieren, da der Prinzipal den erbrachten Arbeitseinsatz nicht beobachten kann. Da der Prinzipal an einem möglichst hohen Anstrengungsniveau seines Agenten interessiert ist, kann er versuchen, den Agenten mittels variabler Gehaltskomponenten (die sich nach der Höhe des Handlungserfolgs bemessen) zu einer höheren Leistung zu motivieren.[33]

Weil der Handlungserfolg jedoch nicht nur vom Arbeitseinsatz des Agenten, sondern auch von externen Einflussfaktoren abhängt, wird ein Teil der Entlohnung für den Agenten unbeeinflussbar. Diese Risikoübernahme bedeutet für ihn bei angenommener Risikoaversion einen Nutzenverlust, der vom Prinzipal durch eine höhere Entlohnung kompensiert werden muss. Im Allgemeinen gilt daher: Je stärker ein Anreiz, desto höher das Risiko für den Agenten und damit die vom Prinzipal zu zahlende Risikoprämie.[34] Ein effizienter Anreizvertrag muss somit die Kosten der Risikoprämie und die entstehende Anreizwirkung gegeneinander abwägen.[35]

---

[33] Vgl. Franke (1993), S. 39ff. Neben einer Motivation durch Entgeltsysteme wie hier beschrieben kann eine Leistungsmotivation grundsätzlich auch durch weitere Anreize (z. B. Anerkennung von Kollegen) erzielt werden. Diese werden in der vorliegenden Arbeit jedoch nicht weiter vertieft. Vgl. Plaschke (2003), S. 23ff.

[34] Vgl. Reitz (1996), S. 26.

[35] Vgl. Milgrom/Roberts (1992), S. 207.

Damit ein Anreizvertrag seine beabsichtigte Wirkung entfalten kann, müssen drei Voraussetzungen erfüllt sein:[36]

- Die Entlohnung muss von Größen abhängig sein, die der Agent mit seinen Entscheidungen auch beeinflussen kann.
- Die Entlohnung sollte nur von Größen abhängig sein, die von beiden Partnern ohne Dissens beobachtet werden können.
- Der Agent muss verstehen, wie seine Vergütung von seinem Verhalten abhängt.

Bei mehrperiodiger Betrachtung kann im Falle angestellter Manager eine Leistungsmotivation auch über den Aufbau von Reputation gelingen: Je besser die bisher geleistete Arbeit eines Managers ist, umso besser wird dieser in Zukunft entlohnt, da er sich mit seiner bisherigen Arbeit eine Reputation erwirbt, die Grundlage seiner zukünftigen Entlohnung wird.[37] Infolge des intertemporalen Zusammenhangs zwischen Arbeitseinsatz und Bezahlung wird die simultane erfolgsabhängige Entlohnung teilweise durch die zukünftige substituiert. Diese Substitution ist um so schwächer, je kürzer die Restlebensarbeitszeit des Managers ist und je weniger die zukünftige Entlohnung auf seinen gegenwärtigen Arbeitseinsatz reagiert.[38]

3.1.2.3.2 Informations- und Kontrollmechanismen

Informations- und Kontrollmechanismen dienen der Verbesserung des Informationsstandes des Prinzipals, um seine Unsicherheit über das Verhalten des Agenten sowie über das Ausmaß externer Effekte zu reduzieren. Durch eine Verbesserung des Informationsstandes des Prinzipals wird dem Agenten eigennütziges Verhalten erschwert.

Bezüglich der *ersten Ebene* des Agency-Konfliktes (Investoren/Zentralmanagement) werden in der Literatur vor allem folgende Informations- und Kontrollmechanismen diskutiert:[39]

---

[36] Vgl. Spremann (1990), S. 581f.; Spremann (1991), S. 636.
[37] Voraussetzung für den Aufbau einer Reputation ist jedoch, dass der erzielte Erfolg einzelnen Personen zurechenbar ist. Dies ist jedoch insbesondere beim Zusammenwirken mehrerer Personen schwierig. Vgl. Franke (1993), Sp. 43.
[38] Vgl. Spremann (1991), S. 637f.; Franke (1993), Sp. 42f.
[39] Vgl. im Folgenden Spremann (1991), S. 612ff.; Günther (1997), S. 48f.

- Gesetzlich kodifizierte Pflicht zur externen Rechnungslegung und deren Prüfung durch externe Wirtschaftsprüfer
- Kontrolle des Vorstandes durch den Aufsichtsrat
- Freiwillige Selbstverpflichtung des Managements, Informationen an die Investoren zu geben (z. B. im Rahmen von Investor Relations)[40]
- Gegenseitige Kontrolle der Vorstandsmitglieder (z. B. durch das Mehrheitsprinzip bei Vorstandsentscheidungen nach § 77 Abs. 1 Satz 2 AktG)
- Kontrolle des Managements durch den disziplinierenden Konkurrenzdruck anderer Unternehmen.

Auf der *zweiten Ebene* des Agency-Konfliktes (Zentralmanagement/Bereichsmanagement) erhält insbesondere die konkrete Ausgestaltung und die Qualität der Kontrolle der Geschäftsbereiche Relevanz.

3.1.3 Agency-Kosten

Agency-Konflikte ziehen finanzielle Belastungen des Prinzipals nach sich *(Agency-Kosten)*. Diese berechnen sich als Differenz der Kosten eines theoretisch denkbaren Idealzustands (first-best-Lösung) und der Kosten einer Leistungserstellung unter Informationsasymmetrie (second-best-Lösung). Die *first-best-Lösung* beschreibt eine Situation, in der der Arbeitseinsatz des Agenten für den Prinzipal beobachtbar ist und sich beide Parteien auf einen paretoeffizienten Vertrag mit definierter Arbeitsleistung und definierter Vergütung einigen können. Diese Möglichkeit ist jedoch nur theoretisch denkbar, da der Prinzipal den tatsächlichen Arbeitseinsatz des Agenten nicht erkennen kann. Daher können sich beide Parteien nur auf eine kostenintensivere *second-best-Lösung* einigen.[41]

Agency-Kosten lassen sich i. d. R. nicht exakt quantifizieren. Sie setzen sich aus drei Komponenten zusammen:[42]

---

[40] Eine Weitergabe zusätzlicher glaubwürdiger Informationen über den Arbeitseinsatz eines Managers liegt sogar in seinem eigenen Interesse, da die Eigentümer bei niedrigem Informationsniveau ihr höheres Risiko durch eine geringere Managementvergütung kompensieren. Vgl. Franke (1993), Sp. 42.
[41] Vgl. Günther (1997), S. 48; Grothe (2006), S. 90f.
[42] Vgl. im Folgenden Jensen/Meckling (1976), S. 308f.; Günther (1997), S. 49f. und Grothe (2006), S. 91.

- **Überwachungskosten** zur Deckung der Informationsbedürfnisse des Prinzipals und zur Kontrolle des Agenten (z. B. Kosten des externen Berichtswesens, des internen Controllings, der Abschlussprüfung, etc.)
- **Risikoprämien,** die der Agent als Gegenleistung für seine risikobehafteten Einkommensbestandteile erhält (z. B. bei variabler Vergütung)
- **Opportunitätskosten** für Entscheidungen oder das Verhalten des Agenten zu Lasten seines Prinzipals (z. B. reduzierte Arbeitsleistung).

Da Agency-Kosten die in Kapitel 2.1.4 als Unternehmensziel definierte Überverzinsung reduzieren, sind sie aus Unternehmenssicht nach Möglichkeit zu minimieren.

3.1.4 Kritik und Implikationen für die vorliegende Arbeit

Ein wichtiger Kritikpunkt an der Agency-Theorie ist die mangelnde Operationalisierbarkeit der Agency-Kosten. Zu deren Quantifizierung ist die exakte Bestimmung der Kosten der first-best-Lösung definitionsgemäß unabdingbar. Da die first-best-Lösung jedoch nur einen "fiktiv vorstellbaren Idealzustand"[43] darstellt, lassen sich ihre Kosten nicht quantifizieren. Dies hat zur Folge, dass die Theorie immer dann an ihre Grenzen stößt, wenn konkrete Gestaltungsvorschläge zur Lösung von Agency-Konflikten beurteilt werden sollen.[44]

Dennoch ist der Beitrag der Agency-Theorie zur Erreichung der Zielsetzung dieser Arbeit als signifikant einzustufen. Zum einen trägt die Agency-Theorie wesentlich zum ökonomischen Verständnis von Informationsasymmetrieproblemen und den Auswirkungen opportunistischen Verhaltens bei.[45] Zum anderen bietet sie Lösungsansätze für verschiedene Arten von Informationsasymmetrieproblemen an, die für die Anwendung in der Praxis freilich einer weiteren Konkretisierung bedürfen.

Bezogen auf die Gestaltung interner Kapitalmärkte kann festgestellt werden, dass die beiden Grundtypen asymmetrischer Informationsverteilung "Hidden Characteristics" und "Hidden Intention" ex post überprüft und damit kontrolliert werden können. Bei "Hidden Information" und "Hidden Action" ist dies nicht möglich, daher sind Diskrepanzen in der Zielsetzung von Investoren und Zen-

---

[43] Fischer (1995), S. 321.
[44] Vgl. Grothe (2006), S. 96.
[45] Vgl. Mikus (1998), S. 458.

tralmanagement (erste Konfliktebene) und von Zentralmanagement und Bereichsmanagement (zweite Konfliktebene) auf die beiden letztgenannten Probleme zurückzuführen. Die aus diesen Interessenkonflikten entstehenden Agency-Kosten können nur dann minimiert werden, wenn bei der Gestaltung interner Kapitalmärkte die Gestaltung adäquater Anreize sowie eines Informations- und Kontrollsystems gelingt. Diese beiden Aspekte werden daher bei der Ableitung von Thesen zur Gestaltung interner Kapitalmärkte eine wichtige Rolle spielen.

3.2 Wertmanagement

Das wesentliche Grundprinzip aller Wertmanagement-Ansätze besteht darin, Entscheidungen des Unternehmens an ihren Auswirkungen auf den Unternehmenswert auszurichten.[46] Aufgrund dieses speziellen Blickwinkels können Ansätze aus dem Bereich des Wertmanagements als geeignet angesehen werden, die in dieser Arbeit postulierte Zielsetzung von Unternehmen als "Wertsteigerung im Sinne einer Maximierung der Überverzinsung" zu konkretisieren.[47]

Erste Wertmanagement-Ansätze wurden zu Beginn der 1980er Jahre in den USA entwickelt und standen in engem Zusammenhang mit dem Aufkommen des Shareholder-Value-Gedankens.[48] In Deutschland stoßen Wertmanagement-Ansätze seit Beginn der 1990er Jahre auf wachsendes Interesse und gelten heute als in der Praxis verbreitet.[49] So nutzen beispielsweise deutsche Großunternehmen wie Siemens oder RWE Wertmanagementkonzepte zur Unternehmenssteuerung.[50] Dennoch wird trotz aller Bekenntnisse der Praxis zum Unternehmenswert als Zielsetzung des Managements in der Literatur eine Implementierungslücke festgestellt. Vor allem die vollständige Verzahnung von Wertmanagement-Ansätzen mit dem strategischen und operativen Controlling sowie mit

---

[46] Vgl. Baum/Coenenberg/Günther (2004), S. 257.
[47] Vgl. die Ausführungen in Kapitel 2.1.4 dieser Arbeit.
[48] Vgl. Baum/Coenenberg/Günther (2004), S. 256. Zu diesen Arbeiten zählen Fruhan (1979); Rappaport (1986) und Rappaport (1994); Copeland/Koller/Murrin (1990) und Copeland/Koller/Murrin (1993); Lewis (1994).
[49] Vgl. AK-Finanzierung (1996), S. 544. Die Verbreitung von Wertmanagement-Ansätzen in Deutschland wird vornehmlich auf die Arbeiten von Bühner zurückgeführt. Vgl. Baum/Coenenberg/Günther (2004), S. 256; Welge/Al-Laham (2003), S. 133 sowie Bühner (1990).
[50] Vgl. Baum/Coenenberg/Günther (2004), S. 256.

den Anreizsystemen der Unternehmen wird als noch entwicklungsbedürftig eingeschätzt.[51]

In diesem Kapitel wird zunächst die Methode der Unternehmenswertbestimmung nach RAPPAPORT vorgestellt, die als die am weitesten verbreitete gilt.[52] Hieran anschließend werden wertorientierte Steuerungskennzahlen für Unternehmen und Geschäftsbereiche diskutiert. Kapitelabschließend erfolgt eine kritische Würdigung des Beitrages der Wertmanagement-Ansätze zur Erreichung der Zielsetzung der vorliegenden Arbeit.

3.2.1 Bestimmung des Unternehmenswerts

Nach RAPPAPORT[53] berechnet sich der ökonomische Wert eines Mehrgeschäftsfeldunternehmens vereinfachend als Addition der Wertbeiträge der Geschäftsbereiche und der Zentrale:[54]

$$W_U = \sum_{i=1}^{n} WB_i + WB_Z$$

mit:

W_U = Unternehmenswert

WB_i = Wertbeitrag Geschäftsbereich i

WB_Z = Wertbeitrag Zentrale

n = Anzahl der Geschäftsbereiche

Der Wertbeitrag eines Geschäftsbereichs bestimmt sich auf Grundlage der für die Zukunft erwarteten *freien Cashflows* (Free Cashflow, FCF) des Geschäftsbereichs. Der freie Cashflow wird dabei als derjenige aus der betrieblichen Tätigkeit resultierende Finanzmittelüberschuss definiert, der nach Abzug geplanter Investitionen in das Anlage- und Netto-Umlaufvermögen und pagatorischer Steuern der Planperiode zur Zahlung von Fremdkapitalzinsen, Dividenden und

---

[51] Vgl. Happel (2002), S. 275ff.; Baum/Coenenberg/Günther (2004), S. 256f.; Rieg (2004), S. 473f.

[52] Die Darstellung des Ansatzes orientiert sich dabei an der verbreiteten "Brutto-Methode". Vgl. hierzu sowie zur Darstellung der alternativ möglichen "Netto-Methode" Günther (1997), S. 104ff.; Bosse (2000), S. 68f.; Riedel (2000), S. 247ff. Als weitere bedeutende Ansätze zur Bestimmung des Unternehmenswertes gelten diejenigen von Copeland/Koller/Murrin (1990) und Lewis (1994). Vgl. Peschke (1997), S. 55.

[53] Vgl. im Folgenden Rappaport (1986); Rappaport (1994); Rappaport (1999).

[54] Vgl. Bosse (2000), S. 69. Rappaport berücksichtigt zusätzlich den Wert des nicht betriebsnotwendigen Vermögens. Vgl. Rappaport (1999), S. 40.

Kapitalrückzahlungen an die Eigen- und Fremdkapitalgeber zur Verfügung steht:[55]

$$FCF = CF - I_{AV} - I_{WC}$$

mit:

FCF = Freier Cashflow

CF = Cashflow aus betrieblicher Tätigkeit vor Zinsen und nach Steuern

I_{AV} = Investitionen in das Anlagevermögen

I_{WC} = Investitionen in das Netto-Umlaufvermögen (Working Capital)

Um den Zeitwert der Zahlungsströme zu berücksichtigen, werden die prognostizierten freien Cashflows mit Hilfe der Discounted-Cashflow-Methode (DCF-Methode)[56] auf ihren Gegenwartswert (engl.: Present Value, PV) abdiskontiert. Als Diskontierungssatz dient dabei der Kapitalkostensatz, der gleichzeitig die Mindestrenditeerwartungen der Kapitalgeber repräsentiert.[57]

Da die Prognose zukünftiger Zahlungsströme mit zunehmendem Zeithorizont immer unsicherer wird, wird eine detaillierte Schätzung künftiger Cashflows nur für eine beschränkte Anzahl von Zukunftsperioden (Planungszeitraum) vorgenommen.[58] Für Perioden außerhalb des Planungszeitraums wird ein Restwert abgeschätzt, der auf der Grundlage pauschaler Annahmen über die zu erwartende Wertentwicklung ermittelt wird.[59] Auch der Restwert wird mit dem Kapitalkostensatz nach der DCF-Methode auf seinen Gegenwartswert abdiskontiert.

Zusammenfassend ergibt sich der Wertbeitrag eines Geschäftsbereichs somit als Gegenwartswert (Present Value) der zukünftigen freien Cashflows und kann formelmäßig wie folgt definiert werden (vgl. auch die schematische Darstellung in Abb. 9):

---

[55] Vgl. Freygang (1994), S. 153. Zu den unterschiedlichen Definitionsmöglichkeiten von Cashflow vgl. Günther (1997), S. 112ff.

[56] Vgl. detailliert zur DCF-Methode Brealey/Meyers (2003), S. 33ff.

[57] Vgl. Freygang (1994), S. 154.

[58] In der Literatur herrscht bezüglich des optimalen Prognosehorizontes keine Einigkeit. Die Mehrheit der Beiträge empfiehlt jedoch einen Zeitraum von fünf bis zehn Jahren. Für eine Übersicht über Empfehlungen zur Länge des Prognosehorizontes im Schrifttum vgl. Fechtel (2001), S. 63.

[59] Vgl. Copeland/Koller/Murrin (1993), S. 223ff.; Freygang (1994), S. 150f.; Rappaport (1999), S. 48ff.; Fechtel (2001), S. 71ff.

$$WB_i = \sum_{t=1}^{T} \frac{FCF_{it}}{(1+k_i)^t} + \frac{RW_{iT}}{(1+k_i)^T}$$

mit:

WB_i = Wertbeitrag Geschäftsbereich i

FCF_{it} = Freier Cashflow des Geschäftsbereichs i zum Zeitpunkt t

RW_{iT} = Restwert d. Geschäftsbereichs i am Ende d. Planungszeitraums T

k_i = Kapitalkostensatz des Geschäftsbereichs i

T = Ende des Planungszeitraums

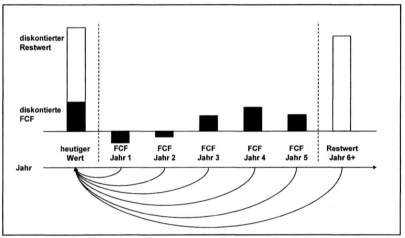

**Abb. 9: Schematische Ermittlung des Wertbeitrages eines Geschäftsbereichs.
Quelle: Eigene Darstellung.**

Der Wertbeitrag der Zentrale kann in analoger Weise aus den der Zentrale zuzurechnenden Ein- und Ausgabenströmen berechnet werden. Zu den Ausgaben gehören bspw. sämtliche Personal- und Sachausgaben für die Ressorts der Zentrale. Diesen gegenüberzustellen sind die Einnahmen aus Leistungen, die die Zentrale für die Geschäftsbereiche erbringt. Die Leistungsinanspruchnahmen sind dabei den Geschäftsbereichen entsprechend der tatsächlichen Inanspruchnahme bzw. auf Grundlage eines sinnvollen Umlageschlüssels als Ausgaben zuzurechnen.[60]

---

[60] Zur Ermittlung des Wertbeitrages der Zentrale vgl. tiefergehend Copeland/Koller/Murrin (1993), S. 262ff.; AK-Finanzierung (1996), S. 571f.; Günther (1997), S. 102ff.; Reichmann (2006), S. 800ff.

Auf die Bestimmung der drei wesentlichen Einflussgrößen auf den Wertbeitrag eines Geschäftsbereichs – Freier Cashflow, Kapitalkostensatz und Restwert – soll im Folgenden detaillierter eingegangen werden.

3.2.1.1 Bestimmung des freien Cashflows

Der freie Cashflow kann entweder *direkt* auf Basis von Planungsrechnungen des Geschäftsbereichs abgeleitet werden oder *indirekt* über eine Prognose der operativen Bestimmungsfaktoren des freien Cashflows ermittelt werden.[61] Für die indirekte Methode schlägt RAPPAPORT fünf Werttreiber zur Bestimmung der zukünftigen freien Cashflows vor:[62]

- Umsatzwachstum
- Umsatzrendite
- Steuersatz
- Erweiterungsinvestitionen in das Anlagevermögen
- Erweiterungsinvestitionen in das Umlaufvermögen.

Unter Verwendung der fünf Werttreiber bestimmt sich der zukünftige freie Cashflow eines Geschäftsbereichs i in der Periode t dann nach folgender Formel:[63]

$$FCF_{it} = (U_{it-1} \times (1 + W_{it}) \times R_{it} \times (1 - s_t)) - AV_{it} - NUV_{it}$$

mit:

FCF_{it} = Freier Cashflow des Geschäftsbereichs i in Periode t

U_{it-1} = Umsatz des Bereichs i in Periode t-1

W_{it} = Umsatzwachstum des Bereichs i in Periode t

R_{it} = Umsatzrendite des Bereichs i in Periode t

s_t = Steuersatz in Periode t

AV_{it} = Investitionen in das Anlagevermögen des Bereichs i in Periode t

NUV_{it} = Investitionen in das Netto-Umlaufvermögen (Working Capital) des Bereichs i in Periode t

---

[61] Vgl. Freygang (1994), S. 153.
[62] Vgl. Rappaport (1999), S. 41.
[63] Vgl. Bosse (2000), S. 71.

Obgleich die "Rappaport-Formel" eine einfache und schnelle Berechnung des freien Cashflows anhand seiner wesentlichen Determinanten ermöglicht, ist kritisch festzustellen, dass in der Anwendung nicht transparent wird, welche Strategie bzw. unternehmerischen Entscheidungen en detail die Parameterschätzungen rechtfertigen. Es ist daher insbesondere auf eine gute Verzahnung von strategischer und operativer Planung zu achten, d.h. die langfristigen strategischen Planvorgaben müssen in monetäre operative Planwerte heruntergebrochen werden können.[64]

3.2.1.2 Bestimmung des Kapitalkostensatzes

3.2.1.2.1 Methodik

Der Kapitalkostensatz wird als mit der Zielkapitalstruktur gewichtete Summe der Kapitalkosten von Eigen- und Fremdkapital (*weighted average cost of capital, WACC*) gemäß folgender Formel ermittelt:[65]

$$k_{GK} = k_{FK} \times (1-s) \frac{FK}{GK} + k_{EK} \frac{EK}{GK}$$

mit:

k_{GK} = Gesamtkapitalkostensatz (WACC)

k_{FK} = Kapitalkostensatz für das Fremdkapital

k_{EK} = Kapitalkostensatz für das Eigenkapital

FK = Marktwert des Fremdkapitals

EK = Marktwert des Eigenkapitals

GK = Marktwert des Gesamtkapitals (Summe Eigen- und Fremdkapital)

s = ertragsabhängiger Steuersatz

Die *Ermittlung der Fremdkapitalkosten* (unter Berücksichtigung der steuerlichen Abzugsfähigkeit von Fremdkapitalzinsen) gestaltet sich meist unproblematisch, da Zahlungen an die Fremdkapitalgeber üblicherweise auf vertraglicher Grundlage geleistet werden.[66] Wesentlich problembehafteter ist hingegen die *Ermittlung der Eigenkapitalkosten,* die der von den Anteilseignern geforderten Mindestverzinsung entsprechen.

---

[64]   Vgl. Günther (1997), S. 144 und S. 146f.; Rieg (2004), S. 473f.
[65]   Vgl. Copeland/Koller/Murrin (1993), S. 192ff.; Freygang (1994), S. 154ff.; AK-Finanzierung (1996), S. 563ff.; Fechtel (2001), S. 64ff.
[66]   Zur Ermittlung der Fremdkapitalkosten vgl. AK-Finanzierung (1996), S. 558ff.

Zur Bestimmung der Eigenkapitalkosten existieren verschiedene Verfahren. Bei börsennotierten Unternehmen wird häufig auf das *Capital Asset Pricing Modell (CAPM)* zurückgegriffen. Beim CAPM setzen sich die Eigenkapitalkosten zusammen aus einem risikofreien Zinssatz und einem Risikoaufschlag, der sich an dem historischen Verlauf der Aktienkurse des jeweiligen Unternehmens orientiert.[67] Ein weiteres mögliches Verfahren für börsennotierte Unternehmen stellt das *Arbitrage Pricing Model (APM)* dar.[68] Diesem wird gegenüber dem CAPM eine größere empirische Erklärungskraft zugesprochen. Aufgrund seiner höheren methodischen Komplexität und Problemen der Datenverfügbarkeit wird jedoch in der Praxis das CAPM bevorzugt angewendet.[69]

Sowohl das CAPM als auch das APM werden aufgrund zahlreicher methodischer Einzelprobleme kritisiert. Hierzu sei aus Platzgründen auf die reichlich vorhandene Literatur verwiesen.[70] Ungeachtet dieser methodischen Schwierigkeiten besteht bei nicht-börsennotierten Unternehmen das grundsätzliche Problem, dass die zur Bestimmung der Eigenkapitalkosten notwendigen historischen Aktienkurse gar nicht zur Verfügung stehen. In der Praxis wird in diesen Fällen versucht, durch das Hinzuziehen von Aktienkursen börsennotierter Konkurrenzunternehmen Abhilfe zu schaffen.[71]

3.2.1.2.2 Notwendigkeit bereichsspezifischer Kapitalkostensätze in Konglomeraten und deren Ermittlung

Interpretiert als von den Kapitalgebern erwartete Mindestverzinsung dienen die Kapitalkosten als Vergleichsmaßstab für die aus dem freien Cashflow zu erwartende Rendite. Um die Mindestverzinsungsansprüche der Kapitalgeber befriedigen zu können, muss die Unternehmensleitung von ihren Geschäftsbereichen mindestens eine Kapitalrendite in Höhe der Kapitalkosten fordern.[72] Im speziellen Fall von Konglomeraten ist in diesem Zusammenhang jedoch zu berücksich-

---

[67] Vgl. Copeland/Koller/Murrin (1993), S. 208ff.; Freygang (1994), S. 203ff.; Riedel (2000), S. 186ff.; Brealey/Meyers (2003), S. 194ff.

[68] Vgl. Copeland/Koller/Murrin (1993), S. 215ff.; Freygang (1994), S. 232ff.; Riedel (2000), S. 189ff.; Brealey/Meyers (2003), S. 204ff.

[69] Vgl. Fechtel (2001), S. 66ff.; Brealey/Meyers (2003), S. 206.

[70] Vgl. zur Kritik des CAPM und seiner empirischen Überprüfung bspw. Freygang (1994), S. 225ff., Günther (1997), S. 163ff. sowie Fechtel (2001), S. 68f. Zur Kritik des APM vgl. Freygang (1994), S. 237ff., Günther (1997), S. 170ff. sowie Fechtel (2001), S. 69f. Für eine grundsätzliche Kritik der Bestimmung der Eigenkapitalkosten anhand historischer Aktienkurse vgl. Schweickart/Töpfer (2005), S. 37f.

[71] Vgl. Fechtel (2001), S. 68f.

[72] Vgl. Freygang (1994), S. 156.

tigen, dass die Risikosituation der einzelnen Geschäftsbereiche in der Regel von einander abweicht. Um dieser Tatsache Rechnung zu tragen, müssen daher *geschäftsbereichsspezifische Kapitalkostensätze* ermittelt werden.[73] Inwiefern die Anwendung eines einheitlichen Kapitalkostensatzes *(company cost of capital rule)* in Konglomeraten zu systematischen Fehlallokationen im Rahmen eines internen Kapitalmarktes und damit zu einer Vernichtung von Unternehmenswert führen kann, zeigt das in Abb. 10 dargestellte Beispiel.[74]

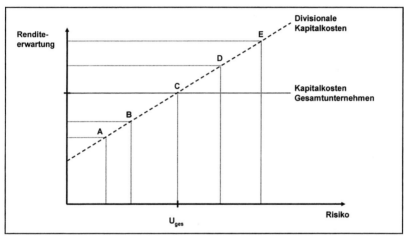

Abb. 10: Finanzmittelallokation bei differenzierter Kapitalkostenbetrachtung.
Quelle: In Anlehnung an Freygang (1994), S. 248.

Die Punkte A bis E stellen die erwarteten Rendite-/Risiko-Kombinationen von fünf Geschäftsbereichen eines Konglomerates dar. Würde die Unternehmenszentrale bei der Kapitalallokation die durchschnittlichen Kapitalkosten des Gesamtunternehmens zu Grunde legen, so würde dies nur der Risikoklasse des Geschäftsbereichs C, nicht jedoch den Risikoklassen der übrigen Geschäftsbereiche entsprechen. Während die internen Renditeanforderungen an die Bereiche A und B mit ihrem unterdurchschnittlichen Geschäftsrisiko zu hoch sind, wären die Renditeanforderungen an die Bereiche D und E mit ihrem überdurchschnittlichem Geschäftsrisiko zu niedrig. Bei der Verwendung eines einheitlichen Kapitalkostensatzes kann es somit zur Ablehnung wertsteigernder Geschäftsstrategien in den Geschäftsbereichen A und B und zur Annahme wertvermindernder

---

[73] Vgl. Ibid., S. 336; AK-Finanzierung (1996), S. 550f.; Bosse (2000), S. 73f.; Pape (2003), S. 200ff.

[74] Vgl. zu diesem Beispiel Freygang (1994), S. 248ff. und AK-Finanzierung (1996), S. 550ff.

Geschäftsstrategien in den Geschäftsbereichen D und E kommen. Beides wirkt sich negativ auf die Effizienz der internen Kapitalallokation und den Unternehmenswert aus.

Zur Ermittlung bereichsspezifischer Kapitalkostensätze auf der Grundlage des CAPM schlägt FREYGANG zwei grundsätzliche Vorgehensweisen vor, die vor allem in kombinierter Anwendung akzeptable Ergebnisse versprechen:[75]

- **Analogieansätze:** Die Höhe der divisionalen Eigenkapitalsätze wird mittels einer Analyse börsennotierter Gesellschaften, die mit der betrachteten Geschäftseinheit bezüglich risikorelevanter Merkmale vergleichbar sind, ermittelt.

- **Analyseansätze:** Aufgrund theoretischer Überlegungen oder statistischer Untersuchungen werden gefundene Beziehungen zwischen unternehmens- und marktbezogenen Variablen zur Bestimmung der divisionalen Eigenkapitalkosten genutzt.

Aufgrund des hohen erforderlichen Aufwandes zur Bestimmung der Kapitalkostensätze sollte aus Gründen der Wirtschaftlichkeit und der Planungssicherheit eine Anpassung der Kapitalkostensätze nur bei wesentlichen und dauerhaften Veränderungen der zugrundeliegenden Parameter erfolgen.[76]

3.2.1.3 Bestimmung des Restwerts

Da eine detaillierte Prognose der zukünftigen freien Cashflows nur für einen bestimmten Zeitraum möglich ist, wird für den Wertbeitrag am Ende dieses Zeitraums ein Restwert geschätzt. Der Restwert stellt häufig den größten Teil des Gesamtwertes eines Geschäftsbereichs dar (vgl. hierzu nochmals Abb. 9).[77]

Für die Bestimmung des Restwertes gibt es keine allgemeingültige Vorgehensweise.[78] Aufgrund seiner Einfachheit wird in der Praxis häufig die *Methode der ewig konstanten Rente* zur Anwendung gebracht. Diese Methode unterstellt,

---

[75] Vgl. im Folgenden Freygang (1994), S. 245ff und S. 337f.; AK-Finanzierung (1996), S. 552ff.; Reichmann (2006), S. 791ff.
[76] Vgl. AK-Finanzierung (1996), S. 576.
[77] Vgl. Peschke (1997), S. 61; Rappaport (1999), S. 48.
[78] Vgl. Rappaport (1999), S. 48ff. Für eine Darstellung verschiedener Methoden der Restwertbestimmung vgl. bspw. Copeland/Koller/Murrin (1993), S. 223ff.; Günther (1997), S. 147ff.; Rappaport (1999), S. 50ff.; Fechtel (2001), S. 71.

dass ein Geschäft aufgrund des allgemeinen Konkurrenzdrucks am Ende der Prognoseperiode mit neuen Investitionen lediglich seine Kapitalkosten verdienen kann. Der Kapitalwert dieser Investitionen wird somit Null und der Restwert kann als Gegenwartswert des als am Ende des Planungszeitraums für alle Zeiten nachhaltig angesehenen freien Cashflows berechnet werden. Mathematisch drückt sich dies in der folgenden Formel aus:

$$RW_{iT} = \frac{FCF_{i,dauerh}}{k_{GK}}$$

mit:

RW_{iT} = Restwert des Geschäftsbereichs i am Ende des Planungszeitraums T

$FCF_{i,dauerh}$ = Dauerhaft erzielbarer freier Cashflow des Segments i am Ende des Planungszeitraums T

k_{GK} = Gesamtkapitalkostensatz

In der Praxis ist vor allem die Ermittlung des als nachhaltig angesehenen freien Cashflows problematisch. Vereinfachend wird häufig der freie Cashflow der letzten Prognoseperiode als dauerhaft erzielbarer freier Cashflow angenommen. Dieses Vorgehen ist jedoch insbesondere bei stark zyklischen Geschäften problematisch. Weitere Schwierigkeiten bei der Restwertbestimmung können dadurch entstehen, dass Pläne in der Unternehmenspraxis mitunter eine Tendenz zu übertriebenem Optimismus für entferntere zukünftige Jahre aufweisen *(sog. Hockeyschläger-Effekt).*[79]

3.2.2 Wertorientierte Steuerungsgrößen

Die Bandbreite wertorientierter Steuerungsgrößen ist groß (vgl. Abb. 11). Sie reicht von traditionellen buchhaltungsorientierten Renditekennzahlen bis hin zu dynamischen Kennzahlen wie dem Internen Total Business Return (ITBR). Die Schwierigkeit bei der Auswahl geeigneter Kennzahlen ist vornehmlich darin zu sehen, einen Kompromiss zwischen Wertabbildung, Aussagekraft und theoretischer Konsistenz auf der einen Seite sowie Einfachheit und Operationalisierbarkeit auf der anderen Seite zu erreichen. Die Definition der Kennzahlen ist dabei unternehmens- und geschäftsbereichsspezifisch anzupassen.[80]

---

[79] Vgl. Fechtel (2001), S. 74; Burger/Ulbrich (2005), S. 325f.
[80] Vgl. Stelter, et al. (2001), S. 30f.

Im Folgenden soll das verfügbare Kennzahlenspektrum in knapper Form anhand beispielhafter Kennzahlen vorgestellt werden. Es sei darauf hingewiesen, dass einige der hier dargestellten Kennzahlen an späteren Stellen der Arbeit nochmals vertiefend aufgegriffen werden, wenn sie dort Relevanz erhalten.

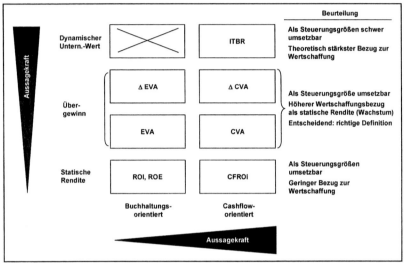

Abb. 11: Spektrum wertorientierter Steuerungsgrößen.
Quelle: Mit Veränderungen übernommen aus Stelter et al. (2001), S. 31.

3.2.2.1 Buchhaltungsorientierte statische Renditekennzahlen

Buchhaltungsorientierte statische Renditekennzahlen werden in der Literatur auch als "traditionelle Kennzahlen" bezeichnet. Zu dieser Gruppe von Kennzahlen zählen u. a. der Return on Investment (ROI) und der Return on Equity (ROE).

Der ROI ist die Spitzenkennzahl des in den 1920er Jahren von der Firma Du Pont entwickelten "Du Pont-System of Financial Control" und gilt als bedeutendster traditioneller Maßstab zur Erfolgsmessung im Rahmen der Steuerung von Unternehmen und Geschäftsbereichen. Der ROI stellt eine Messgröße der Rentabilität des investierten Kapitals dar und ist wie folgt definiert:[81]

---

[81]   Vgl. Peschke (1997), S. 51; Rappaport (1999), S. 24ff.; Fechtel (2001), S. 51; Welge (1975), S. 94ff.

$$ROI = \frac{Gewinn}{Gesamtkapital}$$

Teilweise werden unter dem ROI auch konzeptionell ähnliche Berechnungsweisen subsummiert, wie bspw. Return on Assets (ROA), Return on Net Assets (RONA) oder Return on Capital Employed (ROCE).[82]

Der Return on Equity (ROE) stellt ebenso wie der ROI eine Kapitalrendite dar, bezieht sich jedoch auf den Buchwert des Eigenkapitals. Er berechnet sich gemäß folgender Formel:

$$ROE = \frac{Jahresüberschuss}{Eigenkapital}$$

Traditionelle Kennzahlen sehen sich als Steuerungsgröße für dezentrale Geschäftsbereiche umfassender Kritik ausgesetzt. Diese lässt sich wie folgt stichpunktartig zusammenfassen:[83]

- Vergangenheitsorientierung der Kennzahlen
- Vernachlässigung ökonomischer Wirkungen nach dem Betrachtungszeitraum
- Mangelnde Berücksichtigung von Risiken
- Mangelnde Berücksichtigung des Zeitwertes des Geldes
- Keine Abbildung des Kapitalbedarfs zur Finanzierung von Wachstum
- Unterschiedliche Ermittlung gewinnorientierter Größen aufgrund gesetzlicher Spielräume im externen Rechnungswesen
- Verzerrung von Erfolgskennzahlen aufgrund der Altersstruktur des Anlagevermögens
- Verzerrung von Erfolgskennzahlen durch Leasing und Goodwill-Ausweis
- Keine Berücksichtigung von Unterschieden in der Finanzierungsstruktur
- Mangelnde Korrelation zwischen jahresabschlussorientierten Kennzahlen und der Bewertung am Kapitalmarkt.

---

[82] Vgl. Plaschke (2003), S. 139.
[83] Vgl. Baum/Coenenberg/Günther (2004), S. 263. Zur Kritik an traditionellen Kennzahlen des Rechnungswesens vgl. auch Bühner (1990), S. 16ff.; Günther (1997), S. 50ff.; Rappaport (1999), S. 15ff.; Fechtel (2001), S. 46ff.; Plaschke (2003), S. 129ff.

3.2.2.2 Cashfloworientierte statische Renditekennzahlen

Als cashfloworientierte statische Renditekennzahl hat insbesondere der Cash-flow Return on Investment (CFROI) Bedeutung erlangt. Der CFROI wurde von der Boston Consulting Group entwickelt und hat u. a. zum Ziel, "eine bessere Mittelallokation durch die Holding" zu erlauben.[84] Ein weiterer Vorteil des CFROI besteht darin, dass mit ihm Aussagen darüber möglich werden, ob eine Geschäftseinheit seine Kapitalkosten erwirtschaftet und somit zur Wertschaffung des Unternehmens beiträgt.[85]

Die Berechnung des CFROI basierte in früheren Veröffentlichungen[86] auf einer internen Zinsfußbetrachtung und wurde aufgrund dieser Tatsache im Schrifttum vielfach kritisiert. In neueren Arbeiten wurde das CFROI-Konzept zu einer algebraischen Berechnung weiterentwickelt, die wesentliche Nachteile der internen Zinsfußmethode vermeidet.[87] Dementsprechend soll an dieser Stelle nur die algebraische Variante Berücksichtigung finden, die sich mathematisch wie folgt darstellt:[88]

$$CFROI = \frac{BruttoCashflow - ÖkonomischeAbschreibungen}{Bruttoinvestitionsbasis}$$

Der *Brutto-Cashflow* als erste Komponente des CFROI stellt eine Konvertierung des buchhalterischen Jahresabschlusses in einen tatsächlich realisierten operativen Geldfluss auf Gesamtkapitalbasis dar. Er berechnet sich gemäß der Darstellung in Abb. 12.

Bereinigter Jahresüberschuss (keine außerord. u. aperiodischen Elemente)
− Beteiligungsergebnis und Zinserträge (steuerbereinigt)
+ Zinsaufwand
+ Abschreibungen
+ Zuführungen zu den zu verzinsenden (langfristigen) Rückstellungen
= Brutto-Cashflow

Abb. 12: Berechnung des Brutto-Cashflows.
Quelle: Stelter/Plaschke (2001), S. 16.

---

[84] Lewis/Lehmann (1992), S. 1.
[85] Vgl. Ibid., S. 1
[86] Vgl. Ibid.
[87] Vgl. Plaschke (2003), S. 142f.
[88] Vgl. im Folgenden Stelter/Plaschke (2001), S. 14ff.; Plaschke (2003), S. 142ff.

Die *ökonomische Abschreibung* als zweite Komponente des CFROI bezeichnet denjenigen Betrag, "der – über die gesamte tatsächliche Anlagen-Nutzungsdauer – jährlich verzinslich zurückgelegt werden muss, damit das in abschreibbare Anlagen investierte Kapital zurückverdient werden kann."[89] Mit den kumulierten ökonomischen Abschreibungen können somit nach der Nutzungsdauer der Anlagen die zum weiteren Bestehen des Unternehmens notwendigen Ersatzinvestitionen (zu Anschaffungswerten) getätigt werden. Mathematisch ermitteln sich die ökonomischen Abschreibungen gemäß folgender Formel:

$$Ökonomische Abschreibung = \frac{WACC}{(1+WAAC)^n - 1} \times AA$$

mit:

WACC	= Gesamtkapitalkosten
AA	= Abschreibbare Aktiva
n	= Ökonomische Nutzungsdauer des Anlagenmixes

Die letzte Komponente des CFROI stellt die *Bruttoinvestitionsbasis* dar. Hierunter wird das gesamte zu einem bestimmten Zeitpunkt in das betrachtete Geschäft investierte Kapital abzüglich der unverzinslichen Verbindlichkeiten (wobei Pensionsrückstellungen als verzinslich angesehen werden) verstanden. Das zu verzinsende Investment wird zu historischen Anschaffungs- und Herstellungskosten ermittelt, um eine Art Nachkalkulation aller bisherigen Investitionen in ein Geschäft zu tätigen. Zusätzlich erfolgt eine Inflationsanpassung, um die in der Vergangenheit getätigten Investitionen mit den heutigen Cashflows geldwertmäßig vergleichbar zu machen. Die Berechnung der Bruttoinvestitionsbasis im Detail ist in Abb. 13 dargestellt.[90]

Nettoumlaufvermögen (Umlaufverm. – unverzinsliche Verbindlichkeiten)
+ Anlagevermögen
+ kumulierte Abschreibungen auf das Anlagevermögen
+ Inflationsanpassung zum heutigen Geldwert
+ evtl. kapitalisierte Miet- und Leasingaufwendungen
+ evtl. aktivierter Forschungs- u. Entwicklungsaufwand oder Werbeaufwand
= Bruttoinvestitionsbasis

Abb. 13: Berechnung der Bruttoinvestitionsbasis.
Quelle: Stelter/Plaschke (2001), S. 16.

---

[89] Stelter/Plaschke (2001), S. 18.
[90] Vgl. Ibid., S. 16.

Der CFROI bietet im Vergleich zu traditionellen Renditekennzahlen einige wesentliche Vorteile:[91]

- Berücksichtigung der Kapitalintensität eines Geschäftes
- Keine Verzerrungen durch die Finanzierungsstruktur
- Keine buchhalterischen Verzerrungen (z. B. durch Abschreibungspolitik, Rückstellungspolitik, Ansatz- und Bewertungswahlrechte) und dadurch geringere Manipulationsanfälligkeit
- Berücksichtigung der tatsächlichen ökonomischen Nutzungsdauer von gebundenen Mitteln
- Berücksichtigung des Zeitwertes des Geldes
- Vergleichsmöglichkeit von unterschiedlichen Geschäftseinheiten, z. B. auch unabhängig vom Anlagenalter.

Kritisiert werden demhingegen – neben der in der praktischen Anwendung relativ komplexen Berechnung – vornehmlich folgende Punkte:[92]

- Der CFROI ist ohne Vergleichsmaßstab nicht aussagekräftig. Erst wenn er den Kapitalkosten gegenübergestellt wird, kann über die Rentabilität eine Aussage getroffen werden.
- Werden neue Investitionen getätigt, kann der CFROI nur dann erhöht werden, wenn die Neuinvestition eine höhere Verzinsung aufweist als der bisherige durchschnittliche CFROI. Dies kann zu Fehlsteuerungen führen, da eine Investition schon dann wertsteigernd ist, wenn ihre Verzinsung über den Kapitalkosten liegt.
- Die auf der Basis von historischen Anschaffungs- und Herstellungskosten ermittelte Bruttoinvestitionsbasis spiegelt nicht vollständig die Sichtweise der Investoren wider, die von Opportunitätsinvestitionen zum jeweiligen Fundamental- oder Marktwert ausgehen.
- Investitionen mit positivem Net Present Value aber erst zukünftig anfallenden positiven Cashflows können im CFROI nicht entsprechend abgebildet werden.

---

[91] Vgl. Plaschke (2003), S. 152.
[92] Vgl. Ibid., S. 133f.

3.2.2.3 Übergewinn-Kennzahlen

Werden für Unternehmen oder Geschäftsbereiche – wie in den beiden vorangegangenen Kapiteln beschrieben – statische Kapitalrenditen ermittelt, so kann
damit eine Aussage über die jeweilige Rentabilität des investierten Kapitals getroffen werden. Eine Steigerung der Rendite führt bei gleich bleibendem Kapitaleinsatz zu einer Wertschaffung, ein Sinken dagegen zu einer Wertvernichtung. Bleibt das eingesetzte Kapital jedoch *nicht* auf dem gleichen Niveau, kann
aus der Entwicklung der Rendite keine eindeutige Aussage über die Wertschaffung mehr abgeleitet werden.[93]

Ein Verfahren, das sowohl die erwirtschaftete Kapitalrendite als auch das investierte Kapital berücksichtigt, ist das *Übergewinn-Verfahren.* Mit dem Übergewinn-Verfahren wird der Übergewinn als derjenige Betrag ermittelt, der über die
gewichteten Kapitalkosten hinaus mit dem investierten Kapital verdient wurde.
Im Gegensatz zu den statischen Kenngrößen berücksichtigen Übergewinngrößen
also nicht nur die Fremdkapitalkosten (Zinsen), sondern auch die Opportunitätskosten des eingesetzten Eigenkapitals und somit die Minimalanforderungen der
Anteilseigner.[94]

Der Übergewinn kann direkt oder indirekt ermittelt werden, wobei bei beiden
Varianten jeweils eine Ergebnisgröße vor Fremdkapitalkosten verwendet werden muss, da diese über die Kapitalkosten bereits abgezogen werden (vgl. Abb.
14).[95]

Bei einem Übergewinn von Null werden die Mindestansprüche der Kapitalgeber
genau erfüllt. Der Übergewinn als absolute Größe stellt jedoch nur eine statische
Betrachtung dar. Ein einmal erzielter positiver Übergewinn fließt aber in die
Erwartungen der Kapitalgeber in die zukünftige Entwicklung mit ein. Daher
reicht es nicht, lediglich die Kapitalkosten auf das bilanziell investierte Kapital
zu verdienen. Vielmehr erwarten die Investoren eine Verzinsung des zu Marktwerten investierten Kapitals. Zusätzlicher Wert wird daher nur dann geschaffen,
wenn der Übergewinn weiter gesteigert wird (Delta-Übergewinn).[96]

---

[93] Vgl. Ibid., S. 135.
[94] Vgl. Stelter/Riedl/Plaschke (2001), S. 3ff.; Plaschke (2003), S. 155ff.
[95] Vgl. Riedel (2000), S. 292.
[96] Vgl. Plaschke (2003), S. 156f.

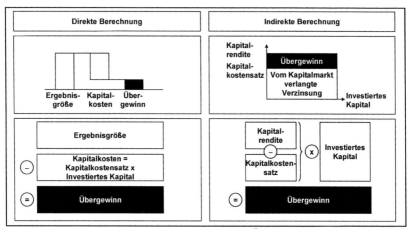

Abb. 14: Berechnungsmöglichkeiten von Übergewinn-Größen.
Quelle: Mit leichten Veränderungen übernommen aus Riedel (2000), S. 292.

Die Erzielung eines positiven Delta-Übergewinns ist grundsätzlich auf zwei Wegen möglich (vgl. Abb. 15): Erstens durch eine effizientere Nutzung der bestehenden Kapitalbasis (Renditesteigerung) und zweitens durch das Tätigen von Neuinvestitionen mit positivem Net Present Value (profitables Wachstum). Damit zeigt der Delta-Übergewinn auch dann Wertschaffung richtig an, wenn bspw. die durchschnittliche Rendite sinkt, dies aber durch den zusätzlichen Übergewinn aus profitablen Neuinvestitionen überkompensiert wird.[97]

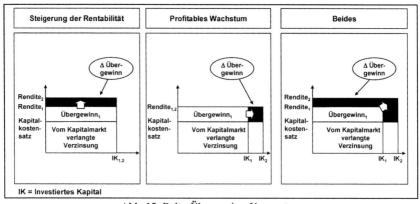

Abb. 15: Delta-Übergewinn-Konzept.
Quelle: Mit leichten Veränderungen übernommen aus Stelter (1999), S. 228.

---

[97] Vgl. Riedel (2000), S. 293; Stelter/Riedl/Plaschke (2001), S. 7; Plaschke (2003), S. 157.

Übergewinn-Konzepte bieten – im Vergleich zu den statischen Renditekennziffern – durch die Berücksichtigung der Kapitalkosten und der Höhe des investierten Kapitals einen *Vergleichsmaßstab* zur Beurteilung der erzielten Wertschaffung. Auch kann mit ihnen eine *Wertschaffung durch Neuinvestitionen* korrekt abgebildet werden, deren Rendite zwar über den Kapitalkosten, aber unterhalb der bisher erzielten durchschnittlichen Kapitalrendite liegt. Kritisch am Übergewinn-Konzept ist anzumerken, dass die Übergewinn-Größen auf aus der Bilanz abgeleiteten Kapitalgrößen basieren und somit nicht berücksichtigen, dass aus Investorensicht Opportunitätsüberlegungen auf Basis des Fundamentalwertes maßgeblich sind. Weiterhin können Investitionen mit positivem Net Present Value, aber erst zukünftig anfallenden positiven Cashflows nicht entsprechend abgebildet werden.[98]

In Wissenschaft und Praxis werden zwei Ausprägungsformen des Übergewinnkonzeptes diskutiert bzw. angewendet, die sich in der verwendeten Kapitalrenditekennzahl unterscheiden. Dies sind erstens das auf dem eng mit dem ROI verwandten ROCE basierende Konzept des *Economic Value Added (EVA)* und zweitens das auf dem CFROI aufbauende Konzept des *Cash Value Added (CVA)*.[99] Dem EVA wird dabei eine vergleichsweise einfache Konzeptanwendung bescheinigt, wohingegen dem CVA ein höheres Maß an methodischer Korrektheit sowie eine bessere Korrelation zur Wertschaffung zugesprochen wird.[100]

3.2.2.4 Dynamische Wertkennzahlen

Mit dynamischen Wertkennzahlen werden Kennzahlenkonzepte bezeichnet, die periodenübergreifend und zukunftsorientiert sind. Diese Kennzahlen versuchen, auf internem Wege eine für externe Investoren relevante Renditekennzahl analog der Bewertung am Kapitalmarkt zu approximieren.[101] Im Falle eines vollkommenen Kapitalmarkts mit sicheren Erwartungen und vollständiger Informationstransparenz entsprechen sich interne und externe Kennzahlen.[102] Die Darstellung der dynamischen Wertkennzahlen soll hier exemplarisch anhand der in-

---

[98] Vgl. Plaschke (2003), S. 158.
[99] Für einen Vergleich von EVA und CVA vgl. bspw. Stelter/Riedl/Plaschke (2001), S. 10ff.; Plaschke (2003), S. 159ff.
[100] Vgl. Stelter/Riedl/Plaschke (2001), S. 8.
[101] Vgl. Plaschke (2003), S. 174ff.
[102] Vgl. Rappaport (1986), S. 181ff.; Krammer (2000), S. 145.

ternen Gesamtkapitalwertrendite (Interner Total Business Return, ITBR) erfolgen.[103]

Externe Investoren beurteilen ihr Investment anhand der Aktienrendite, die sich mathematisch aus der Addition der Veränderung der Marktkapitalisierung des Unternehmens und den Auszahlungen an die Aktionäre sowie anschließender Division durch die Marktkapitalisierung der Vorperiode ergibt. Analog kann auf internem Weg die interne Kennzahl *Interner Total Business Return*[104] gebildet werden. Hierzu wird die Veränderung der Marktkapitalisierung intern durch eine Veränderung des Fundamentalwertes des Gesamtkapitals (= Veränderung des mittels des DCF-Verfahrens ermittelten Wertbeitrags) simuliert, die Auszahlungen an die Aktionäre werden durch den freien Cashflow nach der Brutto-Methode[105] abgebildet. Formelmäßig ergibt sich der Interne Total Business Return somit zu:[106]

$$ ITBR_t = \frac{(WB_t - WB_{t-1}) + FCF_t}{WB_{t-1}} $$

mit:

$ITBR_t$ = Interne Total Business Return zum Zeitpunkt t

WB_t = Wertbeitrag zum Zeitpunkt t

WB_{t-1} = Wertbeitrag in der Vorperiode t-1

FCF_t = Free Cashflow (Brutto-Methode) zum Zeitpunkt t

Wie die Formel zeigt, stellt der Wertbeitrag des Vorjahres den Ausgangspunkt zur Berechnung des ITBR dar. Die Möglichkeit zur Wertschaffung (und die Notwendigkeit!) ist also unabhängig von der bisherigen Performance und abhängig vom erreichten Niveau des aktuellen Wertbeitrages. Die Berechnung des ITBR beginnt jedes Jahr von vorne, was auch dem Denken der Investoren an den Aktienmärkten entspricht. Für diese zählt nur eine *zusätzliche* Wertschaffung als Ausdruck eines höheren zukünftig zu erwartenden Cashflows sowie der

---

[103] Die Darstellung des ITBR folgt damit konsequent dem bisherigen Vorgehen, den Berechnungen eine Gesamtkapitalsicht (Brutto-Methode) zugrunde zu legen, vgl. FN 52. Bei Zugrundelegung einer Eigenkapitalsicht (Netto-Methode) kann alternativ der Internal Total Shareholder Return (ITSR) ermittelt werden. Vgl. hierzu Stelter/Riedl/Plaschke (2001), S. 32f.; Riedel (2000), S. 274ff.

[104] Der Ermittlung des ITBR liegt eine Gesamtkapitalbetrachtung (Brutto-Methode) zugrunde.

[105] Zur Brutto-Methode vgl. FN 52 in diesem Kapitel.

[106] Vgl. Riedel (2000), S. 276; Plaschke (2003), S. 177; Stelter/Riedl/Plaschke (2001), S. 33.

in der Betrachtungsperiode tatsächlich *realisierte* Free Cashflow. Ob die erreichte Wertsteigerung als ausreichend angesehen werden kann, kann mit einer Gegenüberstellung des ITBR mit dem gewichteten Kapitalkostensatz (WACC) festgestellt werden.[107]

Wird im eingeschwungenen Zustand innerhalb einer Periode exakt der geplante freie Cashflow erzielt, ergibt sich ein ITBR in Höhe des Kapitalkostensatzes. Liegt der ITBR oberhalb der Kapitalkosten wurde Wert geschaffen (entweder durch einen höheren realisierten FCF als geplant oder durch die Erwartung höherer Cashflows in den Restperioden). Liegt der ITBR unterhalb des Kapitalkostensatzes wurde in der Betrachtungsperiode entsprechend weniger Wert geschaffen als ursprünglich angenommen.[108]

Eine Besonderheit ergibt sich bei der Betrachtung von Neuinvestitionen. Bei Neuinvestitionen mit positiven *Net Present Value (NPV)* wird im Investitionsjahr c. p. stets ein ITBR oberhalb des Kapitalkostensatzes ausgewiesen. Dies entspricht genau der zusätzlichen Wertschaffung der Investition bezogen auf den ursprünglichen Wertbeitrag. Im Folgejahr fließt der *Present Value (PV)* der Investition in den neuen Ausgangswert des Betrachtungsobjektes ein. Werden die Pläne dann genau erfüllt, entspricht der ITBR in den Folgeperioden immer genau dem Kapitalkostensatz.[109]

Obwohl der ITBR weitgehend die externe Kennzahl approximiert und somit eine zumindest theoretisch hohe Kompatibilität mit der Wertschaffung gewährleistet, gibt es für seine Verwendung dennoch einige Kritikpunkte:[110]

- Ohne einen Vergleich mit dem Kapitalkostensatz ist der ITBR nicht aussagekräftig.
- Zur Beurteilung der Vorteilhaftigkeit von Neuinvestitionsmöglichkeiten reicht der ITBR nicht aus, da der Net Present Value der Neuinvestitionen und der Present Value der bisherigen Investitionen vermischt werden.
- Der ITBR hängt von den zukünftig erwarteten Cashflows ab. Da diese von den betroffenen Managern selbst geplant werden müssen, besteht die Gefahr von Manipulationen durch zu hoch ausgewiesene zukünftige Cashflows.

---

[107] Vgl. Plaschke (2003), S. 177f.
[108] Vgl. Ibid., S. 154f.
[109] Vgl. Riedel (2000), S. 278ff.; Plaschke (2003), S. 178f.
[110] Vgl. Plaschke (2003), S. 180ff.

- Der Fundamentalwert, der durch den Present Value berechnet wird, ist nicht immer tatsächlich auch zeitnah und in der Höhe realisierbar. Er stellt daher nicht in allen Fällen die richtige Verzinsungsbasis dar.

3.2.3 Kritik und Implikationen für die vorliegende Arbeit

Der RAPPAPORT'sche Ansatz zur Bestimmung des Unternehmenswertes sieht sich einiger Kritik ausgesetzt. Die Kernprobleme des Konzeptes wurden bereits bei der Diskussion der einzelnen Modellelemente dargestellt und lassen sich wie folgt zusammenfassen:[111]

- Schwierigkeiten bei der Prognose der zukünftigen freien Cashflows sowie bei der Ermittlung des Restwertes
- Schwierigkeiten bei der Ermittlung der (geschäftsbereichsspezifischen) Kapitalkosten mittels des CAPM
- Insgesamt sehr anspruchsvolle Methodik.

Trotz dieser Schwierigkeiten im Einzelnen erscheint das Wertmanagement-Konzept und die aus ihm abgeleiteten Steuerungskennzahlen bei gesamthafter Betrachtung als gut geeignet, das in dieser Arbeit postulierte Unternehmensziel der "Steigerung des Unternehmenswertes im Sinne einer Maximierung der Überverzinsung" zu konkretisieren. Dass die angesprochenen Probleme in der Praxis erfolgreich und pragmatisch gelöst werden können, zeigt sich auch in der ständig wachsenden Verbreitung des Konzeptes und der steigenden Zahl von Berichten über dessen erfolgreiche Anwendung.[112]

Insgesamt ist der Beitrag des Wertmanagements zur Erreichung der Zielsetzung dieser Arbeit als bedeutend einzustufen. Der Ansatz liefert wichtige Grundlagen für die Ausgestaltung von Anreizsystemen, Informations- und Kontrollsystemen sowie für die Kapitalallokation im Rahmen eines internen Kapitalmarktes.

Mit diesen Ausführungen ist die Darstellung problemrelevanter theoretischer Grundlagen abgeschlossen. Die Arbeit kann sich somit im nächsten Kapitel der Entwicklung von Thesen zur Gestaltung effizienter interner Kapitalmärkte widmen.

---

[111] Vgl. Freygang (1994), S. 6; Pape (1997), S. 123ff.; Fechtel (2001), S. 75f.; Baum/Coenenberg/Günther (2004), S. 295f.
[112] Vgl. bspw. Bühner (1994), S. 7; Peschke (1997), S. 343ff.

4 Gestaltung effizienter interner Kapitalmärkte

Aus der Herleitung des Bezugsrahmens der Arbeit konnten die folgenden fünf Hebel zur Gestaltung effizienter interner Kapitalmärkte extrahiert werden:[1]

1. Qualität des Winner-Pickings
2. Qualität des Monitorings
3. Reduktion des Interessenkonfliktes zwischen Eigentümern und Zentralmanagement
4. Reduktion von Motivationsproblemen auf Divisionsebene
5. Reduktion von Influence Costs.

Entlang der fünf identifizierten Gestaltungshebel werden in diesem Kapitel systematisch Thesen zur Gestaltung effizienter interner Kapitalmärkte abgeleitet. Dazu wird jeder Hebel zunächst inhaltlich präzisiert und in den Kontext des bestehenden Schrifttums gestellt. In diesem Zusammenhang ist darauf hinzuweisen, dass die Darstellung von bestehenden Theorien und Konzepten nur insoweit erfolgt, dass eine tragfähige Basis zur Ableitung von Gestaltungsthesen entsteht. Für eine tiefergehende Behandlung von Einzelaspekten wird auf das bestehende Schrifttum verwiesen. Bestehende Lücken in der Literatur – wie sie vor allem bei der Gestaltung des Winner-Pickings auftreten – werden durch eigene konzeptionelle Überlegungen geschlossen. Kapitelabschließend werden die entwickelten Gestaltungsthesen in einer tabellarischen Zusammenfassung gesamthaft dargestellt (vgl. Tab. 6).

4.1 Qualität des Winner-Pickings

Der Begriff "Winner-Picking" wurde von STEIN geprägt und beschreibt die Möglichkeit der Zentrale eines Konglomerates, knappe Finanzmittel aus renditeschwachen Bereichen abzuziehen und renditestärkeren zur Verfügung zu stellen:

> "... in a credit-constrained setting – where not all positive NPV projects can be financed – headquarters can create value by actively reallocating scarce funds across projects. For example, the cash flow generated by one division's activities may be taken and spent on investment in another division, where the returns are higher. Or alternatively, one division's assets may be used as collateral to raise financing that is then diverted to the other division. Simply put, individual projects must compete for the scarce funds, and headquarters' job is to pick the winners and losers in this competition."[2]

---

[1] Vgl. Kap.2.4.
[2] Stein (1997), S. 111.

Im Kern des Winner-Picking steht somit die Entwicklung einer *Portfolio-Strategie*, die festlegt, auf welchen Geschäftsfeldern die Unternehmung sich betätigen (bzw. nicht mehr betätigen) soll und wie die der Unternehmung zur Verfügung stehenden Finanzmittel auf bestehende und neu hinzukommende Allokationsmöglichkeiten zu verteilen sind.[3] Dabei ist im Rahmen der Portfolio-Strategie notwendigerweise auch sicherzustellen, dass das Unternehmen sich nicht in mehr Aktivitäten engagiert, als es auf Dauer zu finanzieren in der Lage ist, um die langfristige Existenz des Unternehmens nicht zu gefährden.[4]

Somit können zwei wesentliche Aufgaben des Winner-Pickings extrahiert werden, die die Zentrale erfüllen muss:

1. Die Identifizierung der attraktivsten Allokationsmöglichkeiten über Geschäftsbereichsgrenzen hinweg sowie
2. die Abstimmung der Allokationsauswahl mit dem Finanzierungspotenzial.

Beide Aufgaben erfahren in den folgenden Kapiteln 4.1.1 bzw. 4.1.2 eine weitere Konkretisierung. Anschließend werden in Kapitel 4.1.3 Thesen zur Gestaltung des Winner-Pickings abgeleitet.

4.1.1 Identifizierung der attraktivsten Allokationsmöglichkeiten

Wie bereits dargestellt entsteht durch den internen Kapitalmarkt ein ständiger Wettbewerb um knappe Finanzmittel zwischen bestehenden und neu hinzutretenden Allokationsmöglichkeiten.[5] Unter bestehenden Allokationsmöglichkeiten werden dabei die *bestehenden Geschäftsbereichsstrategien* (wie in den jeweiligen bisherigen Planungen fixiert), unter den neu hinzutretenden Allokationsmöglichkeiten die sich im Laufe der Zeit ergebenden *möglichen Neu-Strategien* (z. B. "Markteintritt USA des Geschäftsbereichs D") verstanden. Das Konkurrenzverhältnis besteht dabei in folgenden Ausprägungen:

- *Bestehende Geschäftsbereichsstrategien* in Konkurrenz *untereinander* (Bsp.: Aufgrund von finanziellen Engpässen des Gesamtunternehmens muss die Bereichsstrategie der Division A zugunsten der Durchführung

---

[3] Zur Portfoliostrategie in Bezug auf Konglomerate vgl. Freygang (1994), S. 116; Hasselberg (1989), S. 221ff.; Collier (1982), S. 86.
[4] Vgl. Gälweiler (2005), S. 79.
[5] Vgl. das Zitat von Stein im vorangegangenen Kapitel sowie die Ausführungen in Kapitel 2.1.3.1.

bestehender Geschäftsbereichsstrategien in anderen Bereichen mit einer geringeren Finanzmittelausstattung als ursprünglich geplant auskommen)

• *Neu-Strategien* in Konkurrenz *untereinander* (Bsp.: Neu-Strategie a_1 des Bereichs A wird finanziert, für die grundsätzlich ebenfalls mögliche Neu-Strategie b_3 aus dem Bereich B fehlen dann aber die erforderlichen Finanzmittel)

• *Bestehende Geschäftsbereichsstrategien* in Konkurrenz gegen *Neu-Strategien* (Bsp.: Geschäftsbereich A wird zugunsten der Durchführung der Neu-Strategie c_2 des Bereichs C verkleinert oder verkauft).

Bei der Identifizierung der attraktivsten Allokationsmöglichkeiten sind somit erstens die *Attraktivität der Geschäftsbereiche* und zweitens die *Attraktivität der Neu-Strategien* vor dem Hintergrund knappen Kapitals zu bewerten. Sowohl für die Bewertung der Attraktivität bestehender Geschäftsbereiche als auch die der Attraktivität von Neu-Strategien sind eine Reihe von Verfahren entwickelt worden, von denen hier die wesentlichen dargestellt werden sollen. Die getroffene Auswahl orientiert sich dabei an der konkreten Zielsetzung der vorliegenden Arbeit. Da zur Beschreibung der dargestellten Methoden umfangreiche Literatur existiert, wird die inhaltliche Darstellung der Ansätze bewusst kurz gefasst.

4.1.1.1 Identifizierung der attraktivsten Geschäftsbereiche

4.1.1.1.1 Traditionelle Portfoliokonzepte

Die sog. *Portfolio-Analyse* ist das wohl populärste Instrument zur Steuerung der Kapitalverteilung auf die Geschäftsbereiche eines Konglomerates.[6] Die Ansätze des strategischen Portfoliomanagements wollen Anhaltspunkte zur Lösung der folgenden Probleme bieten:[7]

• Welche Geschäftseinheiten verlangen eine verstärkte Zuteilung finanzieller Mittel, welchen können Mittel entzogen werden?

• Müssen neue Geschäftseinheiten erworben oder bestehende verkauft werden?

• Befindet sich das Unternehmen in einem finanziellen Gleichgewicht hinsichtlich der kapitalerhaltenden und kapitalabgebenden Geschäftseinheiten?

---

[6] Vgl. Freygang (1994), S. 132.
[7] Vgl. Welge/Al-Laham (2003), S. 340.

Die Portfolio-Technik ist entscheidend durch Beratungsgesellschaften wie The Boston Consulting Group (BCG), McKinsey oder Arthur D. Little geprägt worden.[8] Ausgangspunkt aller Portfoliokonzeptionen ist eine Umwelt- und Unternehmensanalyse, die auf zwei Schlüsselfaktoren verdichtet wird, von denen der eine die Umwelt- und der andere die Unternehmenskomponente repräsentiert. Die Analyse erfasst dabei sämtliche Geschäftseinheiten eines Unternehmens.

Die Analyseergebnisse je Geschäftseinheit werden in einer Matrix dargestellt, die in ein Raster eingeteilt ist (vgl. Abb. 16). Aus der Positionierung der Geschäftseinheiten in der Matrix kann dann mittels Normstrategien bestimmt werden, ob eine Geschäftseinheit Finanzmittel an andere Einheiten abgeben muss bzw. Kapital von anderen Geschäftseinheiten erhalten kann.

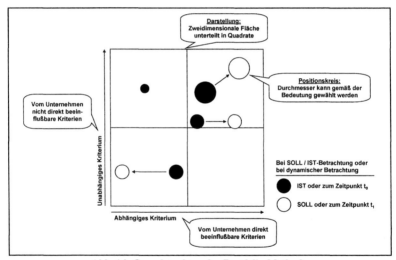

Abb. 16: Grundstruktur der Portfolio-Methode.
Quelle: Mit leichten Veränderungen übernommen aus Bullinger (1994), S. 144.

Als Ausgangspunkt der Portfolio-Diskussion wird das Konzept der Boston Consulting Group angesehen, das gleichzeitig auch den wohl bekanntesten Ansatz dieser Gruppe darstellt. Es wurde Anfang der 1970er Jahre entwickelt und in der Folgezeit von mehreren Autoren modifiziert und erweitert.[9] Die weitere Diskussion des strategischen Portfolio-Managements soll am konkreten Beispiel des BCG-Ansatzes erfolgen.

---

[8]   Vgl. Ibid., S. 343.
[9]   Für einen Überblick klassischer Portfoliokonzepte vgl. Ibid., S. 345.

Wie Abb. 17 zeigt, wird in der BCG-Matrix die Umweltkomponente einer Geschäftseinheit durch den Faktor *Marktwachstum*, die Unternehmensperspektive
durch den Faktor *relativer Marktanteil* repräsentiert. Eine theoretische Fundierung erfährt das Konzept durch den Produktlebenszyklus und die Erfahrungs-
kurve sowie auf empirischer Seite aus der PIMS-Forschung.[10]

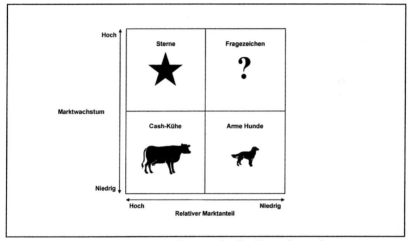

Abb. 17: BCG Portfolio-Matrix. Quelle: Eigene Darstellung.

Aus der Position der Geschäftseinheiten in der Matrix werden sog. Normstrategien abgeleitet:[11]

- **Sterne:** Dies sind Geschäftsfelder mit hohem relativen Marktanteil in
  schnell wachsenden Märkten. Sie stellen die günstigste Position im BCG-
  Portfolio dar. Zur Sicherstellung der Marktstellung muss sich das interne
  Wachstum am Marktwachstum orientieren, daher müssen die von einem
  Star-Geschäftsbereich erwirtschafteten Cashflows *vollständig reinvestiert*
  werden.
- **Cash-Kühe:** Cash-Kühe erwirtschaften in reifen Märkten aufgrund ihrer
  guten Wettbewerbsposition sehr hohe Cashflows. Da der Markt kein gro-
  ßes Erfolgspotenzial mehr verspricht, sollte in diesen Geschäftsbereich
  nicht weiter investiert werden. Cash-Kühe sollten daher als *Kapitalquelle*
  für neue Geschäftsbereiche genutzt werden.

---

[10] Vgl. Steinmann/Schreyögg (2005), S. 209ff.
[11] Vgl. Welge/Al-Laham (2003), S. 346f.; Steinmann/Schreyögg (2005), S. 212f.

- Nachwuchsprodukte oder **Fragezeichen:** Dies sind Geschäftseinheiten in schnell wachsenden Märkten in Kombination mit einem geringen relativen Marktanteil. Ihre strategische Situation legt Strategien nahe, die auf eine Marktanteilssteigerung abzielen. Solche Strategien verlangen jedoch erhebliche Erweiterungsinvestitionen, weswegen bei insgesamt knappem Kapital eine *selektive Subventionierung* der Geschäftseinheiten erforderlich wird.
- **Arme Hunde:** Arme Hunde sind Geschäftseinheiten mit schwacher Wettbewerbsposition in unattraktiven Märkten. Sie stellen die ungünstigste Position im BCG-Portfolio dar. Der unattraktive Markt lässt Maßnahmen zur Verbesserung der Wettbewerbsposition als nicht interessant erscheinen. Das Geschäftsfeld ist daher zugunsten freiwerdender Finanzmittel zu *desinvestieren.*

Zum entscheidenden Kriterium zur Bestimmung der Attraktivität der Geschäftseinheiten sowie für die Zuweisung (bzw. den Abzug) von Kapital wird damit die *Positionierung der Geschäftsbereiche im Gesamtportfolio.*

Die BCG-Matrix sieht sich insgesamt scharfer Kritik ausgesetzt, die sich im folgenden Zitat prägnant zusammenfassen lässt: "Allzu heroisch sind die Annahmen und allzu brüchig die vielen Verknüpfungshypothesen als daß darauf stringente Handlungsempfehlungen gegründet werden könnten."[12] Im Einzelnen werden insbesondere die Positionierung der Geschäftsbereiche anhand von nur zwei Kriterien, die schematische Ableitung von Normstrategien sowie das Ausblenden finanzieller Größen kritisiert.[13] Im Rahmen der Diskussion um interne Kapitalmärkte ist weiterhin zu ergänzen, dass keine Anhaltspunkte angeboten werden, wie die bei den "Fragezeichen" vorgesehene Selektion von Geschäftsbereichen praktisch durchzuführen ist und in welcher Höhe eine Reallokation von Kapital ggf. erfolgen soll.

Trotz der geäußerten Kritik wird dem strategischen Portfoliomanagement im Schrifttum aber auch eine "große didaktische Nützlichkeit"[14] sowie ein hohes Potenzial als "Generator von Optionen"[15] bescheinigt. Für eine endgültige Beur-

---

[12] Steinmann/Schreyögg (2005), S. 213.
[13] Vgl. Freygang (1994), S. 134f.; Welge/Al-Laham (2003), S. 348f.; Welge/Al-Laham (1992), S. 201f.; Steinmann/Schreyögg (2005), S. 213.
[14] Gälweiler (2005), S. 78f.
[15] Steinmann/Schreyögg (2005), S. 213.

teilung der Attraktivität von Geschäftsbereichen reicht das Konzept jedoch nicht aus.

4.1.1.1.2 Traditionelle Renditekennzahlen

Die Kapitalallokation kann sich auch an rein finanzwirtschaftlichen Kennzahlen orientieren. WILLIAMSON nennt in diesem Zusammenhang als "übliches Kriterium" die Rendite auf das eingesetzte Kapital (Return on Investment, ROI):

> "Investment proposals from the several divisions are solicited and evaluated by the general management. The usual criterion is the rate of return on invested capital."[16]

Traditionelle Renditekennzahlen wie der ROI oder der ROE wurden bereits in Kapitel 3.2.2.1 einer eingehenden Kritik unterzogen. Dabei wurden wesentliche Mängel dieser Kennzahlen in Bezug auf ihre Aussagekraft identifiziert. Die heutige Literatur ist daher der Auffassung, dass die Politik einer Maximierung von ROI bzw. ROE "regelmäßig und z. T. erheblich" von der tatsächlich optimalen Politik abweicht.[17] Als Entscheidungskriterium für die Bewertung der Attraktivität von bestehenden Geschäftsfeldern sind traditionelle Kennzahlen somit wenig brauchbar.[18]

4.1.1.1.3 CFROI-Spread

Mit dem CFROI steht eine Kennzahl zum Vergleich von Geschäftsbereichen zur Verfügung, die wesentliche Mängel traditioneller buchhalterischer Kennziffern vermeidet. Sie ist insbesondere nicht mit den bei z. B. ROI und ROE vorhandenen Nachteilen behaftet, dass sich aufgrund der Kapitalintensität, den Finanzierungsstrukturen oder dem Alter und der Struktur der Aktiva Verzerrungen der Kennzahl ergeben können.[19]

Wird der Kapitalkostensatz vom CFROI subtrahiert, kann damit der *CFROI-Spread* ermittelt werden. Mittels des CFROI-Spreads ist es möglich, eine Aus-

---

[16] Williamson (1975), S. 147.
[17] Ewert/Wagenhofer (2005), S. 487.
[18] Vgl. ähnlich Gocke (1993), S. 36.
[19] Vgl. Lewis/Lehmann (1992), S. 10f. und S. 13; Lewis (1994), S. 40ff.; Fechtel (2001), S. 122ff.; Pape (2003), S. 139.

sage darüber zu treffen, ob eine Geschäftseinheit seine Kapitalkosten verdient und somit zur Wertschaffung des Unternehmens beiträgt.[20]

Trotz dieser Vorzüge ist der CFROI-Spread auch mit Problemen behaftet, die sich im Wesentlichen aus seinem direkten Bezug zum CFROI ergeben:[21]

- Der CFROI ist nicht zukunftsorientiert und extrapoliert die Vergangenheit. Wurden bspw. in der Vorperiode größere Investitionen getätigt, aus denen positive Cashflowrückflüsse erst in einigen Jahren erwartet werden, zeigt der CFROI einen niedrigen Wert an und deutet entsprechend auf ein unrentables Geschäftsfeld hin. Dies ist insbesondere bei stark wachsenden Geschäftsbereichen mit hohen Anfangsinvestitionen problematisch. Eine analoge Schwierigkeit ergibt sich bei Geschäftsbereichen mit Produkten am Ende des Produktlebenszyklus, bei denen eine bislang hohe Rentabilität in die Zukunft extrapoliert wird. Hier erscheint ein Geschäftsfeld attraktiver als es tatsächlich ist.

- Die auf der Basis von historischen Anschaffungs- und Herstellungskosten ermittelte Bruttoinvestitionsbasis spiegelt nicht vollständig die Sichtweise der Investoren wider, die von Opportunitätsinvestitionen zum jeweiligen Fundamentalwert ausgehen. In einer strengen Opportunitätsinvestitionsbetrachtung ist die Bruttoinvestitionsbasis daher irrelevant.

Ein zum CFROI-Spread analoges Konzept auf Basis buchhalterischer Kennzahlen ist das Rentabilitätsspannenkonzept von FRUHAN.[22] Da sich dieses Konzept jedoch grundsätzlich derselben Kritik wie die traditionellen Kennzahlen ausgesetzt sieht, wird hier auf eine Darstellung verzichtet.

4.1.1.2 Identifizierung der attraktivsten Neu-Strategien

4.1.1.2.1 Statische Renditekennzahlen

In der Praxis werden mitunter statische Renditekennzahlen wie der ROI oder der CFROI auf Basis von Planwerten zur Beurteilung der Attraktivität von Neu-

---

[20] Vgl. Riedel (2000), S. 291ff.; Plaschke (2003), S. 154; Lewis/Lehmann (1992), S. 1.

[21] Vgl. Freygang (1994), S. 169ff.; Bosse (2000), S. 83ff.; Pape (2003), S. 140ff.; Plaschke (2003), S. 154f.

[22] Vgl. Fruhan (1979) sowie die graphische Darstellung des Konzeptes in Hax/Majluf (1988), S. 232. Für eine Kurzdarstellung des Konzeptes vgl. bspw. Freygang (1994), S. 139ff.; Peschke (1997), S. 52ff.; Fechtel (2001), S. 54ff.

Strategien herangezogen.[23] Neben den bereits dargestellten grundsätzlichen Problemen bezüglich der Aussagekraft von buchhaltungsorientierten Renditekennzahlen (z. B. ROI)[24] werden statische Renditekennzahlen insgesamt, also auch in der Ausprägung als cashfloworientierten Kennzahlen (z. B. CFROI), zur Beurteilung von Neu-Investitionen in der Literatur abgelehnt.[25]

Ein wichtiger Grund für diese Ablehnung ist in der Periodenbezogenheit der Kennzahlen zu sehen. Da nur ein einziger Zeitabschnitt explizit berücksichtigt wird, muss entweder eine repräsentative Periode gefunden oder eine hypothetische Durchschnittsperiode der Neu-Strategie berechnet werden. Beides ist meist nicht mit hinreichender Genauigkeit möglich.[26]

4.1.1.2.2 Payback Periode (Amortisationszeit)

Recht häufig wird in der Praxis die Attraktivität einer Neu-Strategie durch die Berechnung einer Payback Periode (Amortisationszeit) bestimmt.[27] Die Payback Periode wird durch Abzählen der Jahre ermittelt, die vergehen, bis der kumulierte prognostizierte Cashflow das Niveau der initialen Investition erreicht hat. Eine attraktive Neu-Strategie zeichnet sich dabei durch eine im Vergleich zu anderen möglichen Strategien kurze Amortisationszeit aus.[28]

Trotz der Beliebtheit des Verfahrens in der Praxis ist zu konstatieren, dass die Verwendung der Payback Periode zu Fehlsteuerungen führen kann. Hierfür sind vor allem zwei Gründe zu nennen. Zum einen ignoriert das Verfahren sämtliche Cashflows *nach* der Amortisationszeit – positive wie negative. Zum anderen werden alle Cashflows *innerhalb* der Amortisationszeit gleich gewichtet, auch wenn sie in verschiedenen Perioden anfallen und daher einen unterschiedlichen Zeitwert besitzen.[29]

---

[23] Im deutschsprachigen Raum wird ein Rentabilitätsvergleich auf Basis statischer Kennzahlen von immerhin 32% der Unternehmen bei Neu-/Erweiterungsinvestitionen durchgeführt. Vgl. Alexandre/Sasse/Weber (2004), S. 128.

[24] Vgl. Kapitel 3.2.2.1.

[25] Vgl. Brealey/Meyers (2003), S. 93; Götze/Bloech (1995), S. 63ff.

[26] Vgl. Götze/Bloech (1995), S. 52; Plaschke (2003), S. 150f. und S. 155.

[27] Das Verfahren der Payback Periode wird im deutschsprachigen Raum von 62% der Unternehmen bei Neu-/Erweiterungsinvestitionen genutzt, vgl. Alexandre/Sasse/Weber (2004), S. 128. In den USA nutzen 52,6% der Fortune 1000 Unternehmen die Payback Methode "immer oder häufig", vgl. Ryan/Ryan (2002), S. 12.

[28] Vgl. Brealey/Meyers (2003), S. 94f.; Götze/Bloech (1995), S. 66f.; Lücke (1991), S. 6f.; Reichmann (2006), S. 306ff.

[29] Vgl. Brealey/Meyers (2003), S. 95f.

4.1.1.2.3 Net Present Value

Zur Beurteilung der finanziellen Attraktivität von Neu-Strategien wird heute in der Literatur der Net Present Value (NPV) als bevorzugte Bewertungsmethode angesehen.[30] Der Hauptgrund hierfür dürfte sicherlich in dem sehr engen und verzerrungsfreien Bezug des Verfahrens zum Ziel der Wertsteigerung zu sehen sein. Nach anfänglicher Skepsis ist der NPV heute auch in der Unternehmens-praxis die Methode der Wahl,[31] so dass im deutschsprachigen Raum heute mehr als drei Viertel der Unternehmen dieses Verfahren anwenden.[32]

Der Net Present Value ergibt sich rechnerisch aus der Summe der zum Betrach-tungszeitpunkt für eine neue Strategie zu leistenden Anfangsauszahlungen und den Barwerten der in der Folgezeit anfallenden Netto-Rückflüsse, die mit der Strategie verbunden sind:[33]

$$NPV = CF_{t=0}^{Invest} + \sum_{t=1}^{T} \frac{FCF_t}{(1+k)^t}$$

mit:

$CF_{t=0}^{Invest}$ = Anfangsauszahlungen zum Zeitpunkt t=0

FCF_t = Freier Cashflow zum Zeitpunkt t

k = Kapitalkostensatz

Bei einem NPV von Null fließen alle mit einer Neu-Strategie verbundenen Aus-zahlungen mit einer Verzinsung in Höhe des Kapitalkostensatzes zurück. Sind ausreichende Finanzmittel vorhanden, sollten daher *alle* sich bietenden Neu-Strategien mit einem NPV > 0 umgesetzt werden.[34]

4.1.1.2.4 Value Return on Investment

Bei knapper Finanzmittelausstattung können unter Umständen nicht alle der sich bietenden Neu-Strategien mit positivem NPV berücksichtigt werden. In diesem

---

[30] Vgl. Ibid., S. 90ff.; Riedel (2000), S. 278.

[31] In den 1990er Jahren galten noch die Payback-Methode und das Verfahren des internen Zinsfußes als in der Praxis am weitesten verbreitet. Vgl. die Darstellung entsprechender Studien in Ryan/Ryan (2002), S. 2.

[32] Vgl. Alexandre/Sasse/Weber (2004), S. 128. In den USA wenden sogar 85% der Fortune 1000 Unternehmen die NPV-Methode "immer oder häufig" an. Vgl. Ryan/Ryan (2002), S. 12.

[33] Vgl. Reichmann (2006), S. 308ff.; Riedel (2000), S. 278f.

[34] Vgl. Riedel (2000), S. 278ff.; Götze/Bloech (1995), S. 74.

Fall stellt sich die Frage nach einer Rangordnung, mittels derer entschieden werden kann, welche Neu-Strategien finanziert werden können bzw. welche nicht berücksichtigt werden können. Bei rein finanzwirtschaftlicher Betrachtung drängt sich als Kriterium zur Erstellung dieser Rangliste die Rendite einer Neu-Strategie auf das hierzu eingesetzte Kapital auf:

"When funds are limited, we need to concentrate on getting the biggest bang for our buck."[35]

RAPPAPORT schlägt im Rahmen seines Wertmanagement-Konzeptes die Berechnung eines *Value Return on Investment (VROI)* zur Priorisierung von Neu-Strategien bei knapper Finanzmittelausstattung vor.[36] Der VROI bestimmt sich als Quotient des NPV einer Neu-Strategie und dem Barwert der zu ihrer Durchführung aufzubringenden Investitionsausgaben:

$$VROI = \frac{NPV_i}{\sum_{t=0}^{T} I_t \times (1 + k_i)^{-t}}$$

mit:

$VROI$ = Value Return on Investment einer Neu-Strategie

NPV_i = Net Present Value einer Neu-Strategie des Geschäftsbereichs i[37]

I_t = Investitionsauszahlungen zur Durchführung der Neu-Strategie in Periode t

k_i = Kapitalkostensatz des Geschäftsbereichs i

Die Kennzahl VROI gibt Auskunft darüber, wieviel Wert pro investierter Geldeinheit durch eine Neu-Strategie voraussichtlich geschaffen wird. Ist der VROI gleich Null, werden mit der Strategie exakt die Kapitalkosten erwirtschaftet. Ein positiver VROI zeigt eine über den Kapitalkosten liegende Rendite an, ein negativer eine darunter liegende.[38]

---

[35] Brealey/Meyers (2003), S. 106.

[36] Vgl. im Folgenden Rappaport (1986), S. 116f. Der VROI wird in der Investitionstheorie auch als Kapitalwertrate oder Profitability Index bezeichnet. Vgl. Brealey/Meyers (2003), S. 105ff.; Pape (2003), S. 208ff.

[37] Der NPV einer Neu-Strategie kann entweder *direkt* oder als Differenz aus dem Geschäftsbereichswertbeitrag *nach* Strategiedurchführung (Nachstrategiewert) und *vor* Strategiedurchführung (Vorstrategiewert) ermittelt werden. Vgl. Bosse (2000), S. 74f.; Peschke (1997), S. 69.

[38] Vgl. Reichmann (2006), S. 762f.

RAPPAPORT schlägt bezüglich der Kapitalallokation vor, die verfügbaren Finanzmittel nach absteigendem VROI auf die Neu-Strategien zuzuteilen, bis alle Mittel erschöpft sind. Bei diesem Vorgehen können sich jedoch Schwierigkeiten ergeben, z. B. wenn eine Kombination mehrerer Geschäftsbereiche bzw. -strategien mit einem geringeren VROI zu einer besseren Auslastung der finanziellen Ressourcen und damit zu einem höheren Gesamtwertbeitrag führt. Das folgende Beispiel soll dieses veranschaulichen (vgl. Tab. 3)

Neu-Strategie	NPV (Mio. €)	Diskontierter Kapitalbedarf (Mio. €)	VROI
A	20	6	3,33
B	13	4	3,25
C	9	3	3,00
D	6	2	3,00

Tab. 3: Beispiel zur Kapitalallokation anhand des VROI.
Quelle: Eigene Darstellung.

Stünden dem Unternehmen insgesamt 11 Mio. € zur Verfügung, so würden bei einer Zuteilung der Mittel nach absteigendem VROI die Neu-Strategien A und B ausgewählt werden. Dabei ergäbe sich ein Gesamt-NPV von 20+13=33 Mio. €. Bei einer Finanzierung der Neu-Strategien A, C und D ergäbe sich jedoch aufgrund der besseren Auslastung des verfügbaren Kapitals ein insgesamt höherer Gesamt-NPV von 20+9+6=35 Mio. €.

Zusätzliche Schwierigkeiten ergeben sich dadurch, dass der Kapitalbedarf nur mittels einer Diskontierung Berücksichtigung findet und eine Betrachtung der tatsächlichen Bedarfszeitpunkte nicht stattfindet.[39] Die angesprochenen Probleme lassen sich jedoch durch den Einsatz von Methoden der Linearen Programmierung beheben. Ihr Einsatz erscheint aber angesichts der großen Unsicherheiten, mit der die Ermittlung der NPV und Kapitalbedarfe behaftet ist, nur in seltenen Fällen gerechtfertigt.[40] Es ist daher als Aufgabe der Zentrale anzusehen, unter Berücksichtigung der durch die Kennziffer VROI vorgegebenen Rangfolge im Sinne einer Heuristik diejenigen Projekte zu kombinieren, die bei Einhaltung der Kapitalrestriktion (insgesamt und über die Zeit) den größten Wertzuwachs versprechen.[41]

---

[39] Ein illustratives Beispiel hierzu findet sich bei Brealey/Meyers (2003), S. 106f.
[40] Vgl. Bosse (2000), S. 75f.; Brealey/Meyers (2003), S. 107.
[41] Vgl. Freygang (1994), S.160.

4.1.1.2.5 Interner Zinsfuß

Der interne Zinsfuß (Internal Rate of Return, IRR) ist definiert als derjenige Diskontierungssatz, der den Net Present Value einer Neu-Strategie genau Null werden lässt. Eine Neu-Strategie stellt sich nach dieser Methode immer dann als attraktiv dar, wenn der interne Zinsfuß größer als der Kapitalkostensatz ist.[42]

Nach verbreiteter Auffassung im Schrifttum sollte der interne Zinsfuß zur Beurteilung von Neu-Strategien keine Verwendung finden, da er die Wiederanlage der finanziellen Rückflüsse sowie der aufgenommenen Finanzmittel in der unrealistischen Höhe des zu ermittelnden Zinsfußes unterstellt.[43] Teilweise werden noch weitere Argumente gegen den internen Zinsfuß vorgebracht, für die an dieser Stelle jedoch aus Platzgründen auf die Literatur verwiesen wird.[44]

4.1.2 Abstimmung der Allokationsauswahl mit dem Finanzierungspotenzial

Der Auswahl der attraktivsten Allokationsmöglichkeiten aus den bestehenden Geschäftsbereichsstrategien und den möglichen Neu-Strategien der Geschäftsbereiche sind durch die Höhe des verfügbaren Kapitals Grenzen gesetzt. Die Zentrale muss daher sicherstellen, dass sich ihre Strategieauswahl *zu jedem zukünftigen Zeitpunkt* mit dem Finanzierungspotenzial des Gesamtunternehmens in Einklang befindet. Für die Durchführung einer solchen Abstimmung benötigt die Zentrale daher hinreichende Informationen über

1. den mit jeder Allokationsmöglichkeit über die Zeit verbundenen Finanzmittelbedarf oder -überschuss und
2. das über die Zeit verfügbare Finanzierungspotenzial.

Dabei sind nicht nur die entsprechenden Summenwerte der Größen über die Zeit von Interesse, sondern auch ihre Verteilung auf die einzelnen Zeitabschnitte (üblicherweise Kalenderjahre).[45]

Praktisch soll mit der Abstimmung von Strategieauswahl und Finanzierungspotenzial mehreren Zwecken gedient werden:[46]

---

[42] Vgl. Brealey/Meyers (2003), S. 96ff.; Götze/Bloech (1995), S. 98f.
[43] Vgl. Riedel (2000), S. 281; Götze/Bloech (1995), S. 100f.
[44] Zur weiteren Kritik des internen Zinsfußes vgl. bspw. Brealey/Meyers (2003), S. 98ff.
[45] Vgl. Gälweiler (2005), S. 156.
[46] Vgl. Ibid., S. 156f.

- Es werden nur solche Neu-Strategien begonnen, bei denen man davon ausgehen kann, dass sie realistischerweise auch durch das Gesamtunternehmen finanziert werden können.
- Es werden Aussticgsmöglichkeiten aus Strategien für einen späteren Zeitpunkt definiert, an denen eine genauere Strategiebeurteilung als zum gegenwärtigen Zeitpunkt möglich ist, jedoch das Finanzierungspotenzial des Unternehmens noch keinen wesentlichen Schaden genommen hat.
- Es wird frühzeitig nach tragfähigen Strategiealternativen gesucht, die innerhalb des Rahmens des Finanzierungspotenzials liegen.

Kommt die Abstimmung zwischen Allokationsauswahl und Finanzierungspotenzial aus dem Gleichgewicht, droht eine Liquiditätskrise und damit gravierende Konsequenzen für das Unternehmen als Ganzes. Bereits bei der Allokationsauswahl sollte die Zentrale daher einen ausreichenden *Finanzierungspuffer* einplanen, um so das Risiko ausgeprägter und existenzbedrohender Kapitalknappheitssituationen zu begrenzen.

Neben der beschriebenen *finanzplanorientierten* Sicherung der Liquidität (= Gegenüberstellung von Ein- und Auszahlungen) ist auch für die Sicherstellung der *strukturellen* Liquidität Sorge zu tragen. Hierunter wird die Einhaltung bestimmter bilanzieller Normen und Kennzahlen (z. B. Eigenkapitalanteil) verstanden.[47] Neben der Finanzplanung ist daher auch eine Bilanz- und Erfolgsplanung für den Planungszeitraum aufzustellen, mit der die Auswirkungen der gewählten Allokationsmöglichkeiten sowie von Finanzierungsalternativen auf die Bilanzstruktur aufgezeigt werden können.[48]

4.1.3 Ableitung von Gestaltungsthesen

4.1.3.1 Winner-Picking-Prozess

In Ermangelung ausreichend konkreter, umfassender und in sich geschlossener Vorschläge zur Gestaltung des Winner-Pickings in der Literatur[49] soll an dieser

---

[47] Zur Systematisierung des Liquiditätsbegriffes vgl. bspw. Hopfenbeck (1998), S. 694ff.
[48] Vgl. Bosse (2000), S. 111f.
[49] Als mit der vorliegenden Arbeit verwandt kann der Ansatz von Bosse (2000) gesehen werden. Dieser beschränkt sich jedoch im Wesentlichen auf die wertorientierte Verteilung eines *gegebenen* Investitionsvolumens auf die Geschäftsbereiche. Ein Konkurrenzverhältnis besteht somit lediglich zwischen den Neu-Strategien untereinander. Ein Wettbewerb zwischen bestehenden Geschäftsbereichsstrategien untereinander sowie zwischen bestehenden

Stelle *ein eigener* Winner-Picking-Prozess vorgeschlagen werden (vgl. Abb. 18), der auf den bisherigen Überlegungen aufbaut und u. a. den folgenden Kriterien Rechnung trägt:

- Explizite Ausrichtung auf das Wertsteigerungsziel
- Gleichzeitige Berücksichtigung von finanzwirtschaftlichen und strategischen Belangen
- Nutzung des überlegenen Markt- und Wettbewerbswissens der Geschäftsbereiche bei gleichzeitiger Wahrung einer starken koordinierenden Gesamtunternehmensperspektive
- Ermöglichen eines "Durchspielens" von Konzernalternativen bzw. -szenarien und des Aufzeigens der jeweiligen Konsequenzen in Bezug auf das Wertschaffungsziel
- Aufbau einer fairen und objektiven Wettbewerbssituation der Geschäftsbereiche untereinander um knappes Kapital
- Gleichzeitige Abwägung bestehender Geschäftsbereichsstrategien und alternativer Neu-Strategien anhand eines einheitlichen Kriteriums (PV bzw. NPV)
- "Vorstandstaugliche" Entscheidungskomplexität
- Gewährleistung einer engen Kopplung der Finanz- und Budgetplanung an die Portfoliostrategie
- Möglichkeit zur Berücksichtigung von Risiken und Planungsunsicherheiten.

4.1.3.1.1 Analyse der bisherigen Portfoliostrategie

Der hier vorgeschlagene Winner-Picking-Prozess beginnt mit einer Analyse der aktuell bestehenden Portfoliostrategie. Sämtliche Geschäftsbereiche eines Konglomerates werden hierfür in einer Matrix mit den Achsen "CFROI-Spread" und "Visions-/Strategiefit" positioniert. Die Darstellung der Geschäftsbereiche in der Matrix erfolgt dabei als Kreis, der in seiner Fläche proportional zu dem jeweils *geplanten*, diskontierten Investitionsvolumen eines Bereichs ist (vgl. Matrix links oben in Abb. 18).[50]

Geschäftsbereichsstrategien und Neu-Strategien (wie in der vorliegenden Arbeit) wird dort jedoch nicht aufgebaut. Vgl. Ibid., S. 39ff. und S. 86ff.

[50] Die hier vorgeschlagene Matrix könnte u. U. mit der Vision/Value-Matrix (vgl. Lewis/Stelter (1993), S. 112ff.) verwechselt werden. Der konzeptionelle Unterschied liegt jedoch in der Definition der Abszissenachse. Die Vision/Value-Matrix verwendet diesbezüglich das *geplante* Wertschaffungspotenzial, während die hier vorgeschlagene Matrix

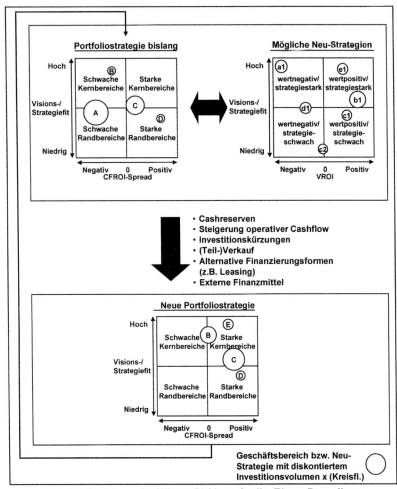

Abb. 18: Gestaltung des Winner-Pickings. Quelle: Eigene Darstellung.

Die Position eines Geschäftsbereichs auf der Abszisse ("CFROI-Spread") zeigt dessen Attraktivität in Bezug auf die um die bereichsspezifischen Kapitalkosten bereinigte realisierte Rendite an. Die Geschäftsbereichspositionierung auf der Ordinate ("Visions-/Strategiefit") stellt hingegen dar, wie stark das Zentralma-

---

den in der vergangenen Periode *tatsächlich realisierten* CFROI-spread als Proxy der grundsätzlichen Geschäftsfeldattraktivität nutzt.

nagement einen bestimmten Geschäftsbereich als Kern der Strategie/Vision des Gesamtunternehmens einschätzt.

Die Darstellung der bisherigen Portfoliostrategie in der beschriebenen Art und Weise erscheint aus folgenden Punkten vorteilhaft:

- Im Sinne einer Standortbestimmung kann auf den ersten Blick erfasst werden, ob und in welchem Ausmaß ein Unternehmen plant, seine Finanzmittel auf Bereiche zu allozieren, die ihre Kapitalkosten verdienen (oder nicht), bzw. auf Bereiche zu allozieren, die wesentlich zur Strategie/Vision des Unternehmens beitragen (oder nicht). Beide Dimensionen sind zentral für jede Kapitalallokationsentscheidung.[51]

- Die Verwendung des CFROI-Spreads auf der Abszisse ermöglicht – im Vergleich zu traditionellen Kennzahlen – eine weitgehend verzerrungsfreie Beurteilung der Attraktivität eines Geschäftsbereichs.[52] Die i. d. R. als Schwäche angesehene Vergangenheitsorientierung der Kennzahl kann in diesem Zusammenhang auch als Stärke interpretiert werden, da die ermittelte Rendite *tatsächlich realisiert* wurde und *objektiv* ermittelt werden kann. Sie ist damit keinen Prognoseungewissheiten oder Manipulierungsmöglichkeiten ausgesetzt.[53]

- Eine rein finanzwirtschaftliche Diskussion der Portfoliostrategie wird vermieden. Damit kann der betriebswirtschaftlichen Realität (und Notwendigkeit!) entsprochen werden, dass strategische Aspekte und die Vision des Managements von der zukünftigen Ausrichtung des Unternehmens eine wesentliche Rolle bei der Kapitalallokation spielen.[54]

- Einer rein strategisch-/visionsgetriebenen Diskussion, bei der in ihrer schlimmsten Ausprägung eine dauerhaft wertvernichtende Kapitalallokation ständig "strategisch legitimiert" wird, kann durch die Darstellung des

---

[51] Vgl. Ibid., S. 113.

[52] Bei stark wachsenden Geschäftsbereichen mit hohen Anfangsinvestitionen sowie bei Geschäftsbereichen mit Produkten am Ende des Produktlebenszyklus ist dennoch mit einigen Verzerrungen zu rechnen. Vgl. nochmals die kritische Diskussion des CFROI in Kapitel 3.2.2.2 sowie die des CFROI-Spreads in Kapitel 4.1.1.1.3.

[53] Alternativ könnte die Renditestärke eines Geschäftsbereichs auch anhand einer zukunftsorientierten Renditekennzahl (z. B. prognostizierter Wertbeitrag dividiert durch diskontierte Plan-Investitionen) dargestellt werden. Aufgrund der damit verbundenen hohen Prognoseungewissheit und der Gefahr von Hockeyschläger-Planungen erscheint dieses Vorgehen jedoch weniger vorteilhaft.

[54] So spielen i. d. R. zusätzlich zu finanziellen Kriterien bspw. auch Produkt- und Marktziele, die Nähe zum Kerngeschäft, Risikoaspekte, etc. eine wesentliche Rolle.

Zwiespaltes zwischen Renditestärke und Visions-/Strategiefit ebenfalls entgegengewirkt werden.

Bei der Analyse der bislang verfolgten Portfoliostrategie können – analog zu den traditionellen Portfoliokonzepten – Normstrategien abgeleitet werden, die als Diskussionsgrundlage für eine Neuausrichtung des Portfolios und die Entwicklung von Neu-Strategien dienen können (Vgl. Abb. 19).

- **Schwache Kernbereiche:** Schwache Kernbereiche tragen wesentlich zur Strategie/Vision des Gesamtunternehmens bei, haben jedoch aktuell ein Renditeproblem. Ziel sollte es daher sein, zunächst Strategien zur Renditesteigerung zu entwickeln. Erscheint ein dauerhaft positiver CFROI-Spread nicht erreichbar, muss der Bereich als Ganzes in Frage gestellt werden.
- **Starke Kernbereiche:** Diese Bereiche tragen wesentlich zur Strategie/Vision des Gesamtunternehmens bei und erwirtschaften eine Rendite über den Kapitalkosten. Es ist daher zu prüfen, ob in diesen Bereichen weitere profitable Wachstumsmöglichkeiten bestehen.
- **Schwache Randbereiche:** Schwache Randbereiche tragen wenig zur Strategie/Vision des Gesamtunternehmens bei und können ihre Kapitalkosten nicht verdienen. Die Entwicklung einer Desinvestitionsstrategie liegt nahe.
- **Starke Randbereiche:** Diese Bereiche leisten zwar keinen wesentlichen Beitrag zur Strategie/Vision des Gesamtunternehmens, jedoch erwirtschaften sie mindestens ihre Kapitalkosten und tragen so zur Wertschaffung des Unternehmens bei. Sie bilden damit eine Art "Manövriermasse", die zur Durchführung anderer Strategien im Unternehmen bei Bedarf genutzt werden kann. Dies kann sich bspw. in einer restriktiveren Behandlung von Investitionen in diese Bereiche äußern (z. B. "Nur Neu-Strategien mit VROI > x % und Payback-Periode < y Jahre"). Aber auch ein (Teil-)Verkauf zur Finanzierung anderer Strategien im Unternehmen erscheint opportun.

Am Ende der Analysephase sollte das Zentralmanagement in der Lage sein, die aktuelle Situation des Gesamtunternehmens und seiner Geschäftsbereiche realistisch einschätzen zu können und daraus *mögliche strategische Stoßrichtungen* für das Gesamtunternehmen und *verbindliche Leitplanken* zur Entwicklung von Neu-Strategien auf Geschäftsfeldebene festzulegen (z. B. "aggressives Wachstum, ggf. auch zu Lasten der kurzfristigen Rentabilität" oder "Renditeverbesserung auf CFROI von x %" oder "Erzielung eines Cashflows von mindestens x Mio. €, ggf. auch durch Investitionskürzungen oder den Verkauf von Aktiva").[55]

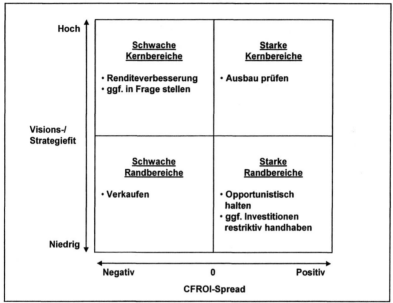

Abb. 19: Ableitung von Normstrategien aus der Position der Geschäftsbereiche in der Matrix. Quelle: Eigene Darstellung.

4.1.3.1.2 Entwicklung und Bewertung möglicher Neu-Strategien

Die Entwicklung von Neu-Strategien innerhalb der von der Zentrale vorgegebenen Leitplanken sollte aufgrund des überlegenen Markt- und Wettbewerbswissens der Geschäftsbereiche am besten durch die Geschäftsbereiche selbst erfolgen. Die Attraktivität der entwickelten Neu-Strategien bemisst sich dabei aus finanzwirtschaftlicher Sicht und gemäß der oben geführten Kennzahlendiskussion idealerweise am VROI.[56]

---

[55] Zur Notwendigkeit von Top-Down-Zielsetzungen im Rahmen von Portfoliodiskussionen vgl. Plaschke (2003), S. 324 und die dort angegebene Literatur. Vgl. weiterhin Strack/Bacher/Engelbrecht (2002), S. 626f.

[56] Vgl. Kapitel 4.1.1.2.

Um den VROI einer Neu-Strategie bestimmen zu können, ist zunächst die Aus-
formulierung der Strategie als Businessplan[57] notwendig. Hierbei ist in der Praxis jedoch häufig das folgende Phänomen zu beobachten:

> "What happens is that forecasts are entered into a spreadsheet, and people then fiddle
> with the numbers. The analyst changes one variable at a time, seeing what happens when
> market growth is 1% higher, when gross margin is 2% better, when working capital is cut
> by $ 3 million. After several hours of experimenting and testing, the variables become
> completely disconnected from the original strategy projections. The forecasts are inconsis-
> tent, and it becomes unclear what strategy the numbers are to represent."[58]

Um dieser Entkopplung von finanzwirtschaftlicher Planung und beabsichtigter
Strategie entgegenzutreten, schlägt PESCHKE vor, einer im Wesentlichen an
RAPPAPORT[59] orientierten finanziellen Bewertungssystematik eine *Systematik
strategischer Einflussfaktoren* voranzustellen (vgl. Abb. 20).[60] In seinem Bewertungsmodell sind die strategischen Einflussfaktoren nur zu einem Teil vom Unternehmen selbst beeinflussbar und wirken auf die finanziellen Werttreiber des
RAPPAPORT'schen Modells. Sein Bewertungsmodell gliedert sich damit in zwei
Teilmodelle, die über Wirkungsbeziehungen miteinander verknüpft sind: Erstens
ein *strategisches Einflussfaktorenmodell* und zweitens ein *finanzwirtschaftliches
Werttreibermodell* mit der Wertschaffung des Unternehmens als Ziel- und Be-
wertungsgröße.[61]

Positiv an dem Ansatz von PESCHKE ist zu würdigen, dass er die Begrenzungen
herkömmlicher Bewertungsansätze aus der Sphäre des Wertmanagements über-
windet, indem er explizit eine Integration strategischer Erfolgsfaktoren und finanzwirtschaftlicher Werttreiber vornimmt. Damit wird das Modell dem Charakter strategischer Erfolgsfaktoren als Vorsteuergrößen einer finanzwirtschaftlichen Wertsteigerung gerecht und trägt dazu bei, dass im Rahmen der Konkreti-

---

[57] Unter einem Businessplan wird im Weiteren ein umfassendes Konzeptpapier verstanden,
das die Ziele, die Maßnahmen sowie die Rahmenbedingungen einer Neu-Strategie inhaltlich und quantitativ vollständig und übersichtlich beschreibt. Vgl. Gabler (2004), S. 571.

[58] Day/Fahey (1990), S. 160.

[59] Vgl. Kapitel 3.2.1.1.

[60] Vgl. Peschke (1997), S. 103ff. Für eine Kurzdarstellung des Modells vgl. Welge/Al-Laham
(2003), S. 499ff. und Peschke (2000), S. 106ff. Als wichtige, dem Bewertungsmodell von
Peschke vorausgehende Ansätze, sind die Bewertungsmodelle von Rappaport (1994);
Breid (1994), S. 230ff.; Klien (1995), S. 65ff. und Lewis (1995), S. 62ff. zu nennen.

[61] Eine weitere Besonderheit des Modells von Peschke besteht in der expliziten Berücksichti-
gung des Kundennutzens als – zumindest auf Geschäftsfeldebene – langfristig wichtigste
Voraussetzung einer ökonomischen Wertschaffung. Vgl. Peschke (2000), S. 103ff.;
Peschke (1997), S. 130ff.

sierung von Neu-Strategien als Businesspläne eine Loslösung der finanzwirt-schaftlichen Planung von der beabsichtigten Strategie verhindert wird. Die mit dem Verfahren verbundene Dokumentation der Annahmen bezüglich der strate-gischen Einflussfaktoren erleichtert darüber hinaus die intersubjektive Nach-vollziehbarkeit und Plausibilisierung von Planung und Bewertung.

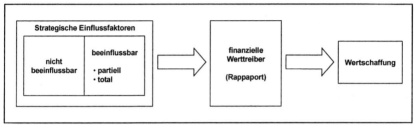

Abb. 20: Grundstruktur des Werttreibermodells von Peschke.
Quelle: Modifiziert übernommen aus Peschke (1997), S. 103.

Anzahl, Ausprägung und Bedeutung der Erfolgsfaktoren werden in der Praxis jedoch in Abhängigkeit von Branche und Geschäftsbereich variieren, weshalb das Modell zunächst als formaler Rahmen zu verstehen ist, der jeweils auf einen spezifischen Geschäftsbereich bzw. eine spezifische Geschäftsbereichsstrategie anzupassen ist. Die Anwendbarkeit des Bewertungsmodells hängt dabei in ent-scheidendem Ausmaß davon ab, inwieweit die im Modell enthaltenen Erfolgs-faktoren den strategischen Gestaltungsspielraum abbilden und inwieweit es ge-lingt, die Wirkungsrelationen und -besonderheiten der Erfolgsfaktoren im Mo-dell abzubilden.[62]

Trotz vorgeschalteter Analyse der strategischen Einflussfaktoren bringt die Be-stimmung des VROIs der entwickelten Neu-Strategien eine vergleichsweise ho-he Prognoseunsicherheit mit sich.[63] Um die Variabilität des Bewertungsergeb-nisses in Abhängigkeit von den Planungsparametern abschätzen zu können, wird daher in der Literatur die Durchführung von Sensitivitätsanalysen empfohlen. Sensitivitätsanalysen können dazu beitragen, die Risikostruktur einer Planung sichtbar zu machen. Üblicherweise werden im Schrifttum die folgenden zwei Formen der Sensitivitätsanalyse unterschieden:[64]

---

[62] Vgl. Welge/Al-Laham (2003), S. 516f.
[63] Auch (aber nicht ausschließlich) durch die Problematik der Restwertbestimmung. Vgl. Ka-pitel 3.2.1.3.
[64] Vgl. Peschke (1997), S. 217ff.; Bosse (2000), S. 115ff.

- **Abweichungsanalyse:** Bei der Abweichungsanalyse werden ein oder mehrere Inputparameter variiert, um abzuschätzen, wie stark die Inputgrößen von der Planung abweichen dürfen, ohne dass ein vorgegebener Outputwert über- oder unterschritten wird.

- **Alternativrechnung:** Bei der Alternativrechnung werden ein oder mehrere Inputparameter variiert, um den Einfluss der Abweichungen auf die Outputgröße abzuschätzen. Neben einer pauschalen Veränderungen der Inputgrößen um einen bestimmten Prozentsatz können sog. "Szenarien" gebildet werden, die bspw. eine "optimistische", "wahrscheinliche" und "pessimistische" Ausprägung der Inputfaktoren repräsentieren.

Nach erfolgter Bestimmung der VROIs sämtlicher Neu-Strategien werden die Strategien auf einer Matrix mit den Achsen "VROI" und "Visions-/Strategiefit" positioniert. Die Darstellung der Neu-Strategien in der Matrix erfolgt dabei als Kreis, der in seiner Fläche proportional zu dem jeweils für die Strategiedurchführung geplanten, diskontierten Investitionsvolumen ist (vgl. Matrix rechts oben in Abb. 18).

Die Position einer Neu-Strategie auf der Abszisse ("VROI") zeigt ihre Attraktivität in Bezug auf den erzielbaren NPV pro in sie investierte Kapitaleinheit an. Die Positionierung auf der Ordinate ("Visions-/Strategiefit") stellt hingegen dar, wie stark das Zentralmanagement den Beitrag einer Neu-Strategie zur Strategie/Vision des Gesamtunternehmens bewertet.

Die Darstellung der möglichen Neu-Strategien in der beschriebenen Art und Weise erscheint aus folgenden Überlegungen vorteilhaft:

- Eine Neu-Strategie sollte dann durchgeführt werden, wenn diese eine positive Rendite auf das eingesetzte Kapital aufweist (VROI > 0) und einen möglichst großen Beitrag zur Strategie/Vision des Gesamtunternehmens leistet. Mittels der vorgeschlagenen Matrixdarstellung können auf den ersten Blick sämtliche Neu-Strategien hinsichtlich beider Dimensionen in einen relativen und absoluten Bezug zueinander gesetzt werden.

- Aus der Positionierung der Neu-Strategien in der Matrix lässt sich eine *Normstrategie* zur Priorisierung ableiten: Vorrang sollten diejenigen Neu-Strategien erhalten, die einen positiven VROI besitzen und den größten Abstand zum Schnittpunkt der Ordinate mit dem Nullpunkt der Abszisse aufweisen. Neu-Strategien in der oberen rechten Ecke der Matrix genießen demnach die höchste Priorität.

- Mittels der Kreisgröße und der Position einer Neu-Strategie auf der Abszisse ("VROI") kann recht einfach der erwartete NPV einer Strategie (und damit die zu erwartende Wertsteigerung des Unternehmens bei Durchführung der Neu-Strategie) bestimmt werden.[65]
- Eine Visualisierung der Auswirkungen von Prognoseungewissheiten auf die Positionierung der Strategien in der Matrix ist (z. B. in Form von Szenarien) möglich (vgl. beispielhaft Abb. 21).

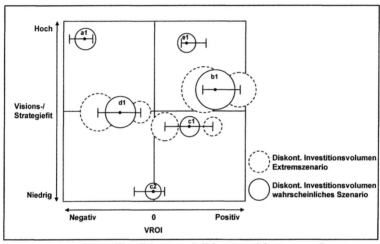

Abb. 21: Beispiel zur Visualisierung möglicher Auswirkungen von Prognose-ungewissheiten. Quelle: Eigene Darstellung.

4.1.3.1.3 Bestimmung der neuen Portfoliostrategie

Um eine sachgerechte Entscheidung über die zukünftige Portfoliostrategie treffen zu können, muss sich das Zentralmanagement einen eigenen Eindruck von der Qualität des Inhalts und der Bewertung aller von den Geschäftsbereichen vorgeschlagenen Neu-Strategien machen. In der Praxis wird dies i. d. R. durch eine Form des Dialogs zwischen Geschäftsbereichen und Zentrale stattfinden.

SPREMANN schlägt vor, diesen Dialog als *interne Analystenkonferenz* zu gestalten. Analog zu Analystenkonferenzen mit dem externen Kapitalmarkt übernimmt das Zentralmanagement dabei die Rolle der kritischen Analysten und die

---

[65] Der NPV einer Neu-Strategie ergibt sich mathematisch als Produkt des VROI (Positionierung auf Abszisse) und des diskontierten Investitionsvolumens (Kreisfläche).

Geschäftsbereiche die Rolle der um Kapital werbenden Unternehmen. Das Zentralmanagement stellt *kritische Fragen* zu den vorgeschlagenen Neu-Strategien, die von den Geschäftsbereichsleitern beantwortet werden müssen. Zusätzlich berichten die Geschäftsfeldmanager in freier Form über ihre Sicht der Dinge und versuchen so, die "*Story*" einer Strategie zu vermitteln. Auf der Basis beider Eindrücke bildet sich das Zentralmanagement ein abschließendes Bild über die Qualität der vorgeschlagenen Neu-Strategien und über deren Bewertung.[66]

Der Vorteil der internen Analystenkonferenz ist vor allem darin zu sehen, dass eine rein auf finanzwirtschaftliche Kennzahlen fokussierte Diskussion der Neu-Strategien vermieden wird. Gerade bei Verwendung des hier vorgeschlagenen DCF-Verfahrens besteht die Gefahr, dass Strategien mit noch vergleichsweise unkonkreten Cashflowprognosen systematisch benachteiligt werden.[67] Andererseits wird aber auch eine rein strategisch-/visionsgetriebene Diskussion ohne explizite Berücksichtigung des Wertsteigerungszieles vermieden. Mittels der internen Analystenkonferenz kann somit der Tatsache entsprochen werden, dass gerade die Kombination aus monetären und nicht-monetären (qualitativen) Kriterien zum Zwecke der Beurteilung von Neu-Strategien eine um ein Vielfaches erhöhte Aussagekraft verspricht.[68]

Weiterhin ist es im Rahmen der internen Analystenkonferenz vergleichsweise einfach möglich, die den Strategien zugrundeliegenden Annahmen und strategischen Erfolgsfaktoren zu hinterfragen und zu plausibilisieren. Auch kann durch das Präsentieren der "Stories" in freier Form vermieden werden, dass der Gesamtzusammenhang der Strategien aus dem Blick gerät.[69]

Nach Durchführung der internen Analystenkonferenz liegen dem Zentralmanagement die bisherigen Geschäftsbereichsstrategien in ihrer aktuellen Planungsversion sowie die vorgeschlagenen Neu-Strategien samt Bewertung vor (vgl. nochmals die beiden oberen Matrizen in Abb. 18). Durch die Kombination von den bisher verfolgten Geschäftsbereichsstrategien und den entwickelten Neu-

---

[66] Vgl. Spremann (1998), S. 342ff.

[67] Vgl. Ibid., S. 341.

[68] Vgl. Alexandre/Sasse/Weber (2004), S. 128.

[69] Positive Erfahrungen aus der Verwendung von "Stories" im Rahmen der strategischen Planung werden auch vom US-Konglomerat 3M berichtet. Bei 3M fordert die Unternehmensleitung "Stories" in Form von Fließtexten regelmäßig vom Management ein. Als Vorteile dieses Vorgehens werden spezifischere Aussagen, eine deutlichere Darstellung kritischer Zusammenhänge sowie eine höhere Transparenz der zugrundeliegenden Annahmen genannt. Vgl. Shaw/Brown/Bromiley (1998), S. 41ff.

Strategien können nun *alternative Konzernentwicklungsszenarien* zusammenge-
setzt werden (vgl. das Beispiel in Abb. 22). Dabei ist darauf zu achten, dass das
Konkurrenzverhältnis zwischen Neu-Strategien und bestehenden Geschäftsbereichsstrategien untereinander und gegeneinander aufrechterhalten wird.[70] Folgende Fragen könnten in diesem Zusammenhang beispielhaft aufgeworfen werden (vgl. hierzu die beiden oberen Portfolios in Abb. 18):

- Wie hoch wäre der Verkaufserlös von Geschäftsbereich A? Wäre dies be-
  friedigend und ausreichend, um die Strategien e_1 und b_1 zu finanzieren?
- Sollte Strategie a_1 trotz des negativen NPV aufgrund wichtiger strategischer Überlegungen durchgeführt werden?
- Wie hoch wäre der Wertbeitragsverlust des Bereichs C bei einer um 50%
  geringeren Finanzmittelzuweisung als in der bisherigen Geschäftsbereichsstrategie eingeplant? Wie hoch wäre der Nettoeffekt, wenn diese
  Mittel zur Finanzierung der Strategie c_1 genutzt würden?

Die identifizierten Konzernentwicklungspfade sollten von der Zentrale hinsichtlich ihrer strategischen Attraktivität *durchdacht* sowie bezüglich ihrer finanziellen Attraktivität (Present Value) und finanziellen Durchführbarkeit *durchge-
rechnet* werden. Im Rahmen des "Durchdenkens" der Konzernentwicklungspfade ist dabei auch die Herkunft der Neu-Strategien aus den Geschäftsbereichen
zu berücksichtigen, wie STELTER/PLASCHKE betonen:

"Erstaunlich ist jedoch, dass in vielen Unternehmen ein Großteil der geplanten Investiti-
onsbudgets eben nicht in Geschäftsbereiche fließt, die die Kapitalkosten erwirtschaften,
sondern in Bereiche, die (deutlich) unterhalb des Kapitalkostensatzes liegen. (...) Der entscheidende Fehler ist in der Regel, dass in den meisten Fällen nur die Rentabilität der jeweiligen Investitionen betrachtet wird, nicht jedoch die des Geschäfts, in das investiert
wird. Ebensowenig wird die Auswirkung der Investition auf das Geschäft als Ganzes betrachtet. Ein Beispiel mag diese beiden Punkte verdeutlichen: Angenommen es wird eine
Eisenbahnlinie zwischen zwei Orten A und B betrieben, die noch nie nennenswerte Ergebnisse erwirtschaftet hat. Die Rendite liegt also deutlich unter dem Kapitalkostensatz, unabhängig vom verwendeten Rentabilitätsmaßstab. Stürzt nun eine für den Betrieb unverzicht-
bare Brücke ein, so stellt sich die Investitionsrechnung für eine neue Brücke sehr positiv
dar. Schließlich lassen sich alle Cash Flows nur dann erzielen, wenn diese Brücke wieder
erstellt wird. Dies ändert jedoch nichts daran, dass das Investment "Eisenbahn" als solches
sehr unattraktiv ist."[71]

---

[70] Vgl. nochmals Kapitel 4.1.1.
[71] Stelter/Plaschke (2001), S. 29f. Ähnlich auch in Lewis/Stelter (1993), S.110.

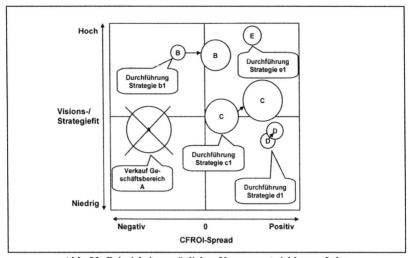

Abb. 22: Beispiel eines möglichen Konzernentwicklungspfades.
Quelle: Eigene Darstellung.

Bezüglich des "Durchrechnens" der Konzernentwicklungspfade sei nochmals auf die Notwendigkeit einer Gegenüberstellung von Ein- und Auszahlungen zum Zwecke der Liquiditätssicherung als auch auf die Simulation der Auswirkungen auf Bilanz und GuV verwiesen.[72] Auch unterschiedliche Finanzierungsmöglichkeiten sollten geprüft werden. Dem Gesamtunternehmen stehen dabei grundsätzlich die folgenden Möglichkeiten zur Verfügung, die systematisch durchgespielt werden sollten:

- Verwenden von Cashreserven
- Steigerung des operativen Cashflows
- Kürzung bislang geplanter Investitionen
- (Teil-)Verkauf von Geschäftsbereichen
- Nutzung alternativer Finanzierungsformen (Leasing, etc.)
- Aufnahme von Finanzmitteln über den externen Kapitalmarkt.

Hat sich die Zentrale zur Verfolgung eines bestimmten Konzernentwicklungspfades entschieden, gehen die bewilligten Neu-Strategien sowie die Modifikationen an den bisher verfolgten Geschäftsfeldstrategien in die *neue Portfoliostrategie* ein. Diese gibt dann den Rahmen für die weitere *Finanz- und Budget-*

---

[72] Vgl. nochmals Kapitel 4.1.2.

planung vor. Hierdurch kann eine enge Koppelung von Strategie und Budget gewährleistet werden.[73]

Nach Durchlaufen einer Periode (z. B. ein Jahr) oder aufgrund des Eintretens wesentlicher neuer Entwicklungen (z. B. Angebot einer Akquisition oder in Zeitpunkt und Ausmaß unerwartet schlechtes Ergebnis) beginnt der Winner-Picking-Prozess erneut.

4.1.3.2 Organisatorische Voraussetzungen für das Winner-Picking

4.1.3.2.1 Rolle der Zentrale als Prozesstreiber, Koordinator und Unterstützer

Die im Rahmen des vorgeschlagenen Winner-Picking-Prozesses notwendige Arbeitsteilung zwischen Zentrale und Geschäftsbereichen bringt arbeitsbezogene Abhängigkeiten mit sich, die koordiniert werden müssen.[74] Es ist daher erforderlich, einer Abteilung des Unternehmens die Verantwortung für die Koordination aller Aktivitäten und das termingerechte Voranschreiten des Winner-Picking-Prozesses zuzuweisen. Aufgrund der Möglichkeit des hierarchischen Durchgriffs erscheint es sinnvoll, hiermit eine in der Unternehmenszentrale angesiedelte Abteilung zu betrauen (z. B. zentraler Planungsstab, Konzerncontrolling, Unternehmensentwicklung).

Um die Vergleichbarkeit der bestehenden Geschäftsbereichsstrategien und der Neu-Strategien untereinander und gegeneinander sowie der zugehörigen finanziellen Bewertungen zu gewährleisten, muss die Zentrale unternehmensweit einheitliche Standards vorgeben:[75]

- *Grundsätzliches Planungsschema* (z. B. Art und Umfang der zu dokumentierenden Parameter, Anzahl der Planungsperioden)
- *Bewertungsstandards* (z. B. Verfahren zur Restwertbestimmung, durchzuführende Sensitivitätsanalysen)

---

[73] Aus Gründen der Klarheit sei an dieser Stelle darauf hingewiesen, dass von der Kapitalallokationsentscheidung der Zentrale die Freigabe von Investitionsmitteln strikt zu trennen ist. Die Investitionsplanung ist der Kapitalallokation zeitlich und logisch nachgelagert und nicht Thema der vorliegenden Arbeit. Zur Frage der Kompetenzaufteilung im Rahmen von Investitionsentscheidungen bei divisionalen Unternehmen vgl. Bosse (2000), S. 127ff. und Gocke (1993), S. 24ff.

[74] Vgl. Schulte-Zurhausen (1995), S. 187.

[75] Zur Integrations- und Schnittstellen-Koordinationsfunktion der Zentrale vgl. auch Borchers (1999), S. 117ff.

- *Zentrale Annahmen* (z. B. bereichsspezifische Kapitalkosten, gesamtwirtschaftliche Entwicklung, Wechselkurse)
- *Einheitliche Darstellungsrichtlinien* (z. B. durch Formatvorlagen für Planung, Bewertung und Dokumentation).

Zur Gewährleistung einer hohen inhaltlichen Planungs- und Bewertungsqualität sollte die Zentrale weiterhin in der Lage sein, die Geschäftsbereiche auch auf methodischer Seite bei Bedarf zu unterstützen.[76]

4.1.3.2.2 Strikte Kompetenzabgrenzung bei der Strategieentwicklung

In der Literatur wird gefordert, eine strikte Trennung zwischen der Erarbeitung einer Gesamtunternehmensstrategie (Portfoliostrategie) und der Erarbeitung von Geschäftsbereichsstrategien einzuhalten. Die Entwicklung der Portfoliostrategie wird dabei als alleinige Aufgabe der Zentrale, die Erstellung von Geschäftsbereichsstrategien als alleinige Aufgabe der jeweiligen Geschäftsbereiche angesehen.[77]

Folgende Gründe lassen sich für die Forderung nach strikter Kompetenzabgrenzung anführen:

- **Gefahr diffuser Verantwortlichkeiten:** Durch eine Zusammenarbeit zwischen Zentrale und Geschäftsbereichen bei der Entwicklung von Geschäftsbereichsstrategien werden Entscheidungs- und Kontrollfunktionen vermischt. Eine eindeutige Zurechnung von Erfolg oder Misserfolg von Geschäftsbereichsstrategien wird unmöglich.[78]
- **Überlastung der Zentrale:** Für die Entwicklung von Bereichsstrategien fehlen der Zentrale i. d. R. die notwendigen Ressourcen, was die Gefahr birgt, "to become overinvolved (...) and fail to perform the high-level planning and control functions on which the M-form enterprise relies for its continuing success."[79]
- **Überlegenheit dezentral vorliegender Informationen:** Da die zur Entwicklung wirksamer Geschäftsbereichsstrategien notwendigen Markt- und Wettbewerbsinformationen dezentral in den Geschäftsbereichen vorlie-

---

[76] Vgl. Peschke (1997), S. 229ff.
[77] Vgl. Williamson (1975), S. 148f.; Hasselberg (1989), S. 224; Löffler (1991), S. 119f.; Bühner (1995), S. 430; Gälweiler (2005), S. 79f.
[78] Vgl. Williamson (1975), S. 148; Löffler (1991), S. 119f.
[79] Williamson (1975), S. 148f.

gen, ist eine Entwicklung von Geschäftsbereichsstrategien durch die Zentrale als zu marktfern abzulehnen. Die in der Literatur bisweilen vorgebrachte Behauptung, die Zentrale verfüge über ein überlegenes Strategie-Know-how ist ebenfalls zurückzuweisen, da bei kompetitiven Beratungsmärkten evtl. fehlendes Strategie-Know-how auch über externe Beratungsfirmen bezogen werden kann.[80]

- **Höhere Akzeptanz:** Durch eine eigenständige Strategieformulierung der Geschäftsbereiche kann die Akzeptanz einer Strategie im entsprechenden Bereich erhöht und damit die Implementierung erleichtert werden.[81]
- **Keine Möglichkeit zur Einflussnahme:** Damit eine sachliche Entscheidung ohne jede Möglichkeit zur Einflussnahme gewährleistet ist, sollte die Bestimmung einer neuen Portfoliostrategie nur vom Zentralmanagement und ohne jede Beteiligung der Geschäftsbereiche erfolgen.[82]

Der vorgeschlagene Winner-Picking-Prozess entspricht der Forderung nach einer strengen Kompetenzabgrenzung bei der Strategieentwicklung, da die Zentrale den Geschäftsbereichen lediglich "Leitplanken" zur Strategieentwicklung setzt. Die konkrete inhaltliche Ausgestaltung der Strategien bleibt den Geschäftsbereichen überlassen. Auch die finale Bestimmung einer neuen Portfoliostrategie wurde als alleinige Aufgabe der Zentrale definiert.

In zwei Sonderfällen erscheint jedoch die *zentrale* Entwicklung und Bewertung neuer Geschäftsbereichsstrategien notwendig. Zum einen sollten Neu-Strategien, die eine *Desinvestition* bestehender Geschäftsbereiche zum Ziel haben (z. B. weil ein Bereich trotz Restrukturierungsmaßnahmen langfristig seine Kapitalkosten nicht verdienen kann) aufgrund offensichtlicher Interessenkonflikte zentral ausgearbeitet und bewertet werden. Zum zweiten erscheint im Falle der Aufnahme gänzlich *neuer Geschäftsbereiche* in das Portfolio (z. B. durch Aufbau oder Akquisition) eine Strategieentwicklung und -bewertung durch die Zentrale sinnvoll, um das hierfür notwendige spezifische Wissen nur an einer Stelle im Unternehmen vorhalten zu müssen.

---

[80] Vgl. Löffler (1991), S. 119.
[81] Vgl. Bosse (2000), S. 103.
[82] Vgl. Strack/Bacher/Engelbrecht (2002), S. 626.

4.1.3.2.3 Verzicht auf Doppelvorstandschaften

Auch wenn aus einer personellen Verflechtung zwischen Zentralvorständen und Geschäftsbereichsvorständen (Doppelvorstandschaft) durchaus einige Vorteile abgeleitet werden können, wird ihr in der Literatur mehrheitlich eine Absage erteilt.[83]

Als mögliche Vorteile einer Personalunion werden ein gesteigertes Zusammengehörigkeitsgefühl im Zentralvorstand, eine näher an den Realitäten der Geschäftsbereiche ausgerichtete Unternehmensstrategie sowie eine bessere Strategieimplementierung genannt.[84] Diesen Vorteilen stehen jedoch folgende Nachteile entgegen, die mit einer objektiven Entscheidungsfindung im Zentralvorstand bezüglich seiner Kernfunktion "Winner-Picking" nach hier vertretener Auffassung unvereinbar erscheinen:

- **Partikularinteressen der Geschäftsbereiche:** Geschäftsbereichsvertretern im Zentralvorstand ist ein Interesse daran zu unterstellen, an die Zentrale abgeführte Finanzmittel wieder zurückzuerhalten, selbst wenn sie in anderen Geschäftsbereichen wertschaffender eingesetzt werden können.[85] Eine effiziente Kapitalallokation ist bei Vorhandensein von Partikularinteressen der Geschäftsbereiche im Zentralvorstand somit nicht zu erwarten. Vielmehr steigt die Gefahr, dass die Kapitalallokationsentscheidung weniger von Rendite- als von Egalitätskriterien bestimmt wird. Eine Konservierung der Machtverteilung im Vorstand im Sinne einer Konfliktvermeidung durch kollusives Verhalten ist wahrscheinlich.[86]
- **Arbeitsüberlastung der Vorstände:** Vorstandsmitglieder sind in ihrer Doppelfunktion als operativ verantwortlicher Geschäftsbereichsvorstand und als Zentralvorstand nicht selten überfordert. Die Problematik des eigenen Tagesgeschäfts lässt meist eine intensive Auseinandersetzung mit der Situation der Schwestergesellschaften und dem Unternehmen als Ganzes nicht zu.[87]

---

[83] Die "Doppelvorstandschaft" entspricht einer Organisation als gemischt-integrierter Management-Holding. Vgl. die Ausführungen in Kapitel 2.1.2.

[84] Vgl. Bühner (1995), S. 428f.

[85] Vgl. Lewis/Lehmann (1992), S. 2. Eine Verneinung dieser Tendenz zum Ressortegoismus würde bedeuten, dass im Extremfall ein Bereichsvorstand einer wertschaffenden Auflösung seines eigenen Geschäftsbereiches zugunsten anderer Bereiche zustimmen würde. Dagegen sprechen jedoch die Erfahrungen der Praxis.

[86] Vgl. Löffler (1991), S. 120 sowie Schmidt (1990), S. 130f.

[87] Vgl. Lewis/Lehmann (1992), S. 2.

- **Zukunftsblinde Gesamtunternehmensstrategien:** Die Gesamtstrategie hängt zu stark an der operativen Ausrichtung der Geschäftsbereiche. Bereichsübergreifende Entwicklungsmöglichkeiten werden übersehen, ein Strukturwandel im Konglomerat entwickelt sich zu langsam und eher intra- statt interdivisional.[88]

4.1.3.2.4 Direkte Kapitalallokation auf Geschäftsbereiche

Die Allokation von Kapital auf Geschäftsbereiche kann nicht nur – wie bisher dargestellt – *direkt* von der Zentrale auf die Geschäftsbereiche erfolgen, sondern auch über eine *hierarchische Zwischenebene* (z. B. einen Unternehmensbereich) erfolgen. Dass es bei einer solchen mehrstufigen Kapitalallokation jedoch zu suboptimalen Allokationsergebnissen kommen kann, soll das folgende Beispiel verdeutlichen.[89]

Ein Konglomerat bestehe aus zwei Unternehmensbereichen A und B mit jeweils drei Geschäftsbereichen. Aus den Plänen der Geschäftsbereiche ergeben sich die folgenden Kapitalbedarfe und prognostizierten Wertsteigerungen:

Geschäfts-bereich	Unternehmensbereich A		Unternehmensbereich B	
	Beantragtes Kapital (in Mio. €)	Wertsteigerung (in Mio. €)	Beantragtes Kapital (in Mio. €)	Wertsteigerung (in Mio. €)
1	100	130	100	50
2	100	15	100	50
3	100	5	100	50
Summe	300	150	300	150

Tab. 4: Beispiel zur mittelbaren Kapitalallokation.
Quelle: In Anlehnung an Collier (1982), S. 89.

Dem Gesamtkapitalbedarf von 600 Mio. € stehen jedoch nur verfügbare Mittel von 400 Mio. € entgegen. Würde nun eine Kapitalallokation zunächst an die Unternehmensbereiche erfolgen, welche die Mittel anschließend an die Geschäftsbereiche weiterreichen, würden die Bereiche A und B aufgrund identischer Plandaten jeweils 200 Mio. € erhalten. Werden die Mittel entsprechend der Wertsteigerungspotenziale an die Geschäftsbereiche weitergereicht, ergibt sich eine Gesamtwertsteigerung von 245 Mio. € (=A1+A2+B1+B2=130+15+50+50).

---

[88] Vgl. Löffler (1991), S. 120; Bühner (1995), S. 429.
[89] Vgl. im Folgenden Collier (1982), S. 88f. und Freygang (1994), S. 121f.

Würden die Finanzmittel jedoch direkt an die Geschäftsbereiche verteilt, würde sich eine andere Rangfolge und eine Gesamtwertsteigerung von insgesamt 280 Mio. € ergeben (=A1+B1+B2+B3=130+50+50+50). Die prognostizierte Gesamtwertsteigerung wäre demnach bei direkter Kapitalallokation um 35 Mio. € höher als beim mehrstufigen Vorgehen.

Im Interesse einer effizienten Kapitalallokation ist daher zu fordern, dass eine *direkte Allokation* von Kapital auf die Geschäftsbereiche erfolgt. Mehrstufige Aufbauorganisationen sollten daher vermieden und durch eine einstufige Aufbaustruktur ersetzt werden.[90]

4.1.3.3 Zusammenfassung der entwickelten Gestaltungsthesen

Abb. 23 stellt die in Bezug auf das Winner-Picking entwickelten Gestaltungsthesen nochmals in einer Zusammenfassung dar.

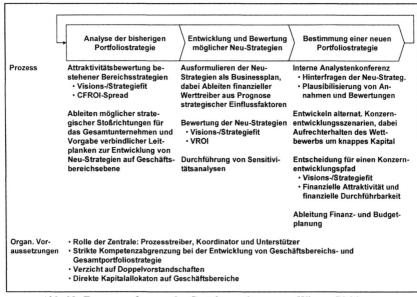

Abb. 23: Zusammenfassung der Gestaltungsthesen zum Winner-Picking.
Quelle: Eigene Darstellung.

---

[90] Vgl. Bühner (1990), S. 108.

4.2 Qualität des Monitorings

4.2.1 Begriffspräzisierung

In der Literatur über interne Kapitalmärkte wird der Begriff "Monitoring" nicht näher definiert. Dies ist schon alleine deswegen problematisch, weil "Monitoring" auch im Rahmen der Agency-Theorie Verwendung findet und dort die Verhaltensüberwachung von Agenten beschreibt. Die agencytheoretische Deutung des Begriffs ist an dieser Stelle jedoch ausdrücklich *nicht* gemeint. Zunächst soll daher das dieser Arbeit zugrundeliegende Begriffsverständnis dargelegt werden.

In seiner Verwendung im Schrifttum beschreibt "Monitoring" implizit die *Überwachung des Strategieerfolges der Geschäftsbereiche durch die Zentrale.* Die folgenden Textstellen belegen diese Sichtweise:

"... the CEO in an internal capital market will become *relatively well-informed about the prospects of the firm's divisions*"[91]

" ... (this) requires that the general management *develop an internal control apparatus, to assess the performance of the operating divisions, ...*"[92]

"... the CEO might be expected to devote more effort to monitoring, i.e., *to uncovering information about either (..) current performance or future prospects*"[93]

".. the CEO will have greater monitoring incentives than even other centralized providers of finance (...) As a result, the bank has less incentive *to invest in learning about the business* in the first place."[94]

Eine Präzisierung des Begriffs "Monitoring" als *Überwachung des Strategieerfolges der Geschäftsbereiche* durch die Zentrale (wie implizit in der Literatur vorgenommen) greift nach hier vertretener Auffassung jedoch zu kurz. Da die jeweiligen Geschäftsbereichsstrategien die *Grundlage der Portfoliostrategie* des Gesamtunternehmens bilden, darf sich das "Monitoring" nicht nur auf die Überwachung des Erfolges der Geschäftsbereichsstrategien beschränken, sondern muss sich vielmehr auch auf deren *Zusammenwirken* im Rahmen der Portfoliostrategie erstrecken. Die vorliegende Arbeit erweitert daher das implizite Be-

---

[91] Stein (2003), S. 139. Im Original nicht kursiv.
[92] Williamson (1975), S. 151. Im Original nicht kursiv.
[93] Stein (2003), S. 135. Im Original nicht kursiv.
[94] Ibid., S. 136. Im Original nicht kursiv.

griffsverständnis der Literatur und versteht unter "Monitoring" im weiteren die *strategische Kontrolle einer gewählten Portfoliostrategie* durch die Zentrale.

4.2.2 Strategische Kontrolle

Strategische Kontrolle lässt sich nach STEINMANN/SCHREYÖGG als Aufgabe definieren, …

> "… die Strategie und deren Umsetzung fortlaufend auf ihre weitere Tragfähigkeit hin zu überprüfen, um Bedrohungen und dadurch notwendig werdende Veränderungen des strategischen Kurses rechtzeitig zu signalisieren."[95]

Erst Mitte der 1980er Jahre wurde die Notwendigkeit einer Überwachung des Strategieerfolges erkannt und verschiedene Konzeptionen einer strategischen Kontrolle entwickelt (vgl. Tab. 5). Im deutschsprachigen Schrifttum dominiert der Ansatz von SCHREYÖGG/STEINMANN, der in der Literatur auch als "State of the Art" bezeichnet wird.[96] Die weiteren konzeptionellen Überlegungen stützen sich daher auf diesen Ansatz.[97]

SCHREYÖGG/STEINMANN[98] begründen die Notwendigkeit einer strategischen Kontrolle mit dem Versagen der klassischen Feedback-Kontrolle bei ihrer Anwendung auf die Überwachung von Strategien. Da bei der Feedback-Kontrolle Planabweichungen durch Soll-Ist-Vergleiche von Plangrößen festgestellt werden, kann die Notwendigkeit von Korrekturen immer nur aus den Ergebnissen bereits realisierter Maßnahmen erkannt werden. Dadurch ergeben sich zwei wesentliche Probleme:

- **Zeitlicher Aspekt:** Die Kontrollinformationen, die aus den Resultaten bereits ergriffener Maßnahmen der Strategierealisierung gewonnen werden, kommen für ein ggf. notwendiges Gegensteuern zeitlich zu spät, da es zu lange dauert, bis die Wirkungen der ergriffenen Maßnahmen die Revisionsnotwendigkeit signalisieren können.

---

[95] Steinmann/Schreyögg (2005), S. 278. Ähnlich auch Hasselberg (1989), S. 319 und Bea/Haas (2001), S. 217.

[96] Vgl. Baum/Coenenberg/Günther (2004), S. 299; Becker/Piser (2004), S. 446.

[97] Der Ansatz von Coenenberg/Baum ähnelt dem von Schreyögg/Steinmann. Vgl. Baum/Coenenberg/Günther (2004), S. 299.

[98] Vgl. im Folgenden Schreyögg/Steinmann (1985); Bea/Haas (2001), S. 220ff.; Steinmann/Schreyögg (2005), S. 274ff.

- **Sachlicher Aspekt:** Die Kontrollinformationen können eine weitgehende Übereinstimmung zwischen Soll und Ist zeigen und damit suggerieren, dass eine Planrevision nicht erforderlich ist. Tatsächlich können sich aber gravierende Änderungen in den der Planung zugrunde gelegten Faktoren vollzogen haben, die sich zunächst in ihren Wirkungen kompensieren, aber langfristig die Strategie obsolet werden lassen.

Konzeptionen der strategischen Kontrolle	Aufgaben der strategischen Kontrolle	Arten der strategischen Kontrolle
Lorange (1984)	Kontrolle der Lern- und Wandlungsfähigkeit eines Unternehmens	"Strategic momentum control" bei kontinuierlicher Umfeldentwicklung und "strategic leap control" bei diskontinuierlicher Umfeldentwicklung
Zettelmeyer (1984)	Strategische Kontrolle als eigenständiges Führungssubsystem	Plankontrolle (Planinhaltskontrolle, Planrealisationskontrolle, Planergebniskontrolle), Planungssystemkontrolle, Verhaltenskontrolle
Coenenberg/Baum (1984)	Strategische Kontrolle als die Planung unterstützender und reflektierender Prozess	Kontrolle der Zielgenerierung (Leitbildkontrolle, Profitabilitätskontrolle, interne Machbarkeitskontrolle, externe Durchführbarkeitskontrolle) und Kontrolle der Zielerreichung (Planinhaltskontrolle und Planrealisationskontrolle)
Schreyögg/Steinmann (1985)	Strategische Kontrolle als planungsbegleitender Prozess; Kompensation des durch die Planung verursachten Selektionsrisikos	Strategische Prämissenkontrolle, strategische Durchführungskontrolle, strategische Überwachung
Bea/Haas (2001)	Kontrolle der Planrealisation und der Entwicklungsfähigkeit der Unternehmen	Prämissenkontrolle, Plankontrolle, Kontrolle der strategischen Potenziale

Tab. 5: Konzeptionen strategischer Kontrolle. Quelle: Mit leichten Veränderungen übernommen aus Baum/Coenenberg/Günther (2004), S. 299.

Aufgrund des weiten Planungshorizontes von Strategien und der damit in besonderem Maße gegebenen Komplexität und Dynamik ist eine Feedback-Kontrolle, die erst Ergebnisse der Strategieumsetzung abwartet, grundsätzlich nicht zur Kontrolle von Strategien geeignet. COENBERG/SALFELD formulieren plakativ, dass diese rückblickende Steuerung "dem Versuch eines Kapitäns (gleicht), aus der Betrachtung des Heckwassers zu erkennen, welchen Kurs er steuern soll."[99]

Die Konzeption von SCHREYÖGG/STEINMANN unterscheidet drei Bausteine der strategischen Kontrolle (vgl. auch Abb. 24):

- Strategische Prämissenkontrolle
- Strategische Durchführungskontrolle
- Strategische Überwachung.

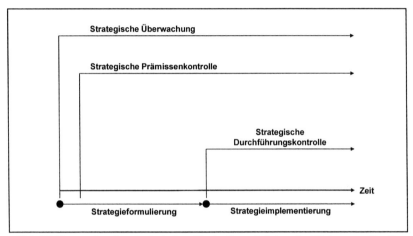

Abb. 24: Konzeption der strategischen Kontrolle nach Schreyögg/Steinmann. Quelle: Mit leichten Veränderungen übernommen aus Schreyögg/Steinmann (1985), S. 404.

4.2.2.1 Strategische Prämissenkontrolle

Durch das Setzen von Prämissen im Rahmen der strategischen Planung wird die komplexe Umwelt auf eine weniger komplexe Entscheidungssituation reduziert, auf deren Basis Strategien abgeleitet werden können. Die gesetzten Prämissen können bspw. Wechselkurse, Absatzzahlen, technische Entwicklungen, Verhalten von Marktteilnehmern, usw. betreffen.[100]

---

[99]   Coenenberg/Salfeld (2003), S. 253.
[100] Vgl. Bea/Haas (2001), S. 221.

Aufgabe der Prämissenkontrolle ist es, die expliziten, kritischen Planannahmen über die externe und interne Umwelt kontinuierlich daraufhin zu überwachen, ob sie noch mit der tatsächlichen Entwicklung konform sind. Durch diese fortlaufende Überwachung sollen strategiebedrohliche Abweichungen frühzeitig aufgedeckt werden, um ggf. ausreichend Zeit für eine Anpassung der Strategien zur Verfügung zu haben.[101]

4.2.2.2 Strategische Durchführungskontrolle

Die strategische Durchführungskontrolle setzt mit der Implementierung der Strategie ein. Sie beurteilt die Ergebnisse der gewählten Handlungen zur Strategierealisierung dahingehend, ob Abweichungen von definierten Meilensteinen strategisch bedeutsam sind.

Die strategische Durchführungskontrolle ist von ihrem Charakter her eine Feedback-Kontrolle, die jedoch im Sinne einer Vorausschau (Feedforward) eingesetzt wird. Ihr Zweck ist nicht die Prüfung des Zielerreichungsgrades, wie etwa bei der operativen Kontrolle, sondern die Beantwortung der Frage, ob angesichts der Ergebnisse der ergriffenen Maßnahmen die strategische Gesamtrichtung noch beibehalten werden kann.[102]

4.2.2.3 Strategische Überwachung

Sowohl bei der Prämissenkontrolle als auch bei der strategischen Durchführungskontrolle sind die Kontrollobjekte klar definiert, weswegen es sich in beiden Fällen um eine selektive Kontrolle handelt. Die Aufgabe der strategischen Überwachung ist es, das in dieser Selektion liegende Risiko zu reduzieren, indem bislang ausgeblendete oder falsch eingeschätzte Umweltfaktoren in Form von krisenhaften Erscheinungen identifiziert werden. Strategische Überwachung funktioniert somit ähnlich eines "strategischen Radars", das über die selektiven Kontrollobjekte der Prämissen- und Durchführungskontrolle hinaus die Umwelt flächendeckend auf strategiegefährdende Informationen hin überwacht. Die strategische Überwachung ist somit von ihrem Charakter her eine ungerichtete Kontrollart.[103]

---

[101] Vgl. Hasselberg (1991), S. 21.
[102] Vgl. Schreyögg/Steinmann (1985), S. 402f.; Hasselberg (1991), S. 21.
[103] Vgl. Schreyögg/Steinmann (1985), S. 403ff.; Hasselberg (1989), S. 97; Hasselberg (1991), S. 21; Bea/Haas (2001), S. 222.

4.2.3 Ableitung von Gestaltungsthesen

Wie im Kapitel 4.1 bereits dargestellt, entsteht durch das Winner-Picking der Zentrale eine Portfoliostrategie, die festlegt, wieviel Kapital den bestehenden und neuen Allokationsmöglichkeiten jeweils zugewiesen wird und welche Rückflusserwartungen an die Allokation geknüpft werden. Die beiden wesentlichen Aufgaben bei der Entwicklung der Portfoliostrategie sind dabei

- die Identifizierung der attraktivsten Allokationsmöglichkeiten über Geschäftsbereichsgrenzen hinweg sowie
- die Abstimmung der Allokationsauswahl mit dem Finanzierungspotenzial.

Aus diesen beiden Aufgaben lassen sich zwei wesentliche Ansatzpunkte für das als strategische Kontrolle einer gewählten Portfoliostrategie verstandene Monitoring ableiten:[104]

1. Überprüfung der Validität der Allokationsauswahl angesichts aktueller Umweltentwicklungen
2. Überwachung des Kapitalflusses im Portfolio auf mögliche Bedrohungen des Gesamtportfolios durch eingetretene oder zu erwartende Veränderungen der Formalzielgrößen.

Ad 1.)
Nach PORTER wird das Erfolgspotenzial eines Geschäftsfeldes, das Teil eines Konglomerats ist, durch die *Attraktivität der Branche* sowie durch die *Folgekosten des Markteintritts* determiniert.[105] Annahmen zu diesen beiden Aspekten sind daher auch für eine Kapitalallokationsentscheidung im Rahmen des internen Kapitalmarktes zentral, wenn auch naturgemäß risikobehaftet. Hier liegt deshalb ein wichtiger Ansatzpunkt der Prämissenkontrolle auf Gesamtunternehmensebene. Sie muss überwachen, ob die ursprünglichen Annahmen über die Attraktivität der Branche sowie über die Folgekosten des Markteintritts weiterhin gültig sind oder ob sich Fehleinschätzungen oder Veränderungen zeigen, die eine Bedrohung für die gewählte Portfoliostrategie darstellen.[106]

---

[104] Vgl. im Folgenden Hasselberg (1989), S. 213ff. und Hasselberg (1991), S. 21ff.
[105] Porter schlägt insgesamt drei Test vor: Den Attraktivitätstest, den Eintrittskostentest und den Synergietest. Letzterer spielt jedoch im Kontext von Konglomeraten bzw. unter den in dieser Arbeit getroffenen Annahmen keine Rolle. Vgl. Porter (1987), S. 46.
[106] Vgl. Hasselberg (1989), S. 225; Nuber (1995), S. 318.

Bezüglich der *Attraktivität der Branche* ist zunächst zu überprüfen, ob die Annahmen über die Struktur der Wettbewerbskräfte in der betreffenden Branche
weiterhin Gültigkeit besitzen. Nach PORTER bestimmen fünf Wettbewerbskräfte
die Attraktivität einer Branche (sog. "5-Forces"): Lieferantenmacht, Abnehmer-
macht, Bedrohung durch neue Konkurrenten, Bedrohung durch Ersatzprodukte
und Rivalität unter Wettbewerbern.[107] Die Wettbewerbskräfte determinieren die
durchschnittliche Branchenrentabilität, weswegen Annahmen über diese einer
Prämissenkontrolle unterliegen sollten.

Auch durch eine Neustrukturierung der Branche (z. B. vertikale Integration, Einführung von Substitutionsprodukten) oder durch den Aufbau spezifischer Wettbewerbsvorteile (z. B. Differenzierung, Kostenvorteile)[108] kann eine Branche für
ein Geschäftsfeld attraktiv sein. Werden daher im Rahmen der Kapitalallokationsentscheidung Annahmen über eine mögliche Neustrukturierung der Branche
oder den möglichen Aufbau dauerhafter Differenzierungs- und Kostenvorteile
gemacht, müssen auch diese zum Gegenstand der Prämissenkontrolle gemacht
werden.[109]

Was die *Folgekosten des Markteintritts* betrifft, sind vor allem die Kosten zur
Aufrechterhaltung der Wettbewerbsfähigkeit relevant. Hierunter fallen bspw.
Investitionen in neue Produktionsanlagen, Forschungs- und Entwicklungskosten
oder Kosten externer Expertise. Aber auch die Reaktionen der Konkurrenz auf
Handlungen eines Geschäftsfeldes (z. B. Vergeltungsmaßnahmen) fallen hierunter. Aufgabe der Prämissenkontrolle ist es daher, bedeutsame Erhöhungen der
Kosten zur Aufrechterhaltung der Wettbewerbsfähigkeit sowie unerwartete Veränderungen des Reaktionsprofils der Konkurrenz zu registrieren und daraufhin
zu überprüfen, ob sich strategiebedrohliche Implikationen für das Gesamtportfolio ergeben.[110]

Ad 2.)
Wie in Kapitel 4.1 gezeigt, stellt die Rendite auf das eingesetzte Kapital einen
wesentlichen Entscheidungsfaktor zur Kapitalallokation dar. Werden die erwarteten Renditeansprüche nicht erreicht, kann dies eine Bedrohung für das Gesamtportfolio darstellen (Beispiel: Die Rendite eines Geschäftsbereiches sinkt
dauerhaft unter dessen Kapitalkosten, weswegen sich Kapitalgeber dazu ge-

---

[107] Vgl. Porter (1986), S. 26.
[108] Vgl. Ibid., S. 31ff.
[109] Vgl. Hasselberg (1989), S. 225ff.; Hasselberg (1991), S. 22f.
[110] Vgl. Hasselberg (1989); S. 227ff.

zwungen sehen könnten, Kapital aus dem Unternehmen abzuziehen). Die *Erreichung der Renditeziele* der Geschäftsbereichsstrategien ist daher im Rahmen der strategischen Kontrolle zu überprüfen. Weil Renditevorgaben den Charakter von strategischen Meilensteinen besitzen, ist ihre Überprüfung Aufgabe der strategischen Durchführungskontrolle.[111]

Neben der Verfehlung von Renditezielen kann sich auch durch *Liquiditätsengpässe* eine Bedrohung für Bestand und Erfolg des Gesamtportfolios ergeben. Dabei sind auf Gesamtunternehmensebene zwei Fälle denkbar: Erstens kann sich der Cashflowbedarf eines Geschäftsfeldes als in der Planung zu niedrig dimensioniert erweisen; zweitens kann die Höhe des erwirtschafteten Cashflows eines Geschäftsfeldes niedriger als geplant ausfallen. Im ersten Fall ist daher durch die Prämissenkontrolle zu überprüfen, ob die Annahmen bezüglich des Kapitalbedarfs der Geschäftsfelder weiterhin Gültigkeit besitzen. Im zweiten Fall ist mittels der Durchführungskontrolle die Erreichung der geplanten Cashflow-Meilensteine zu überwachen.[112] Hierbei bietet es sich an, die Entwicklung der wesentlichen strategischen Einflussfaktoren als Vorsteuergrößen des Cashflows mit in die Kontrolle einzubeziehen, um möglichst frühzeitig entsprechende Signale zu erhalten.[113]

Um die Risiken, die in der Selektion der beobachteten Faktoren liegen, zu reduzieren, ist weiterhin auch im Rahmen des Monitoring eine ungerichtete Kontrolle ("strategisches Radar") im Sinne einer strategischen Überwachung durchzuführen.

Bei der gesamthaften Betrachtung der bisher entwickelten Gestaltungsthesen zum Monitoring wird deutlich, dass sich der Umfang der von der Zentrale zu überwachenden Größen in einem überschaubaren Rahmen bewegt. Damit entsprechen die hier entwickelten Gestaltungsthesen der häufig in Literatur und Praxis vorgebrachten Forderung, nur solche Größen in der Zentrale zu überwachen, die in besonderem Maße als relevant für die Realisierung der Portfoliostrategie angesehen werden.[114] Damit wird einerseits verhindert, dass sich die Geschäftsbereiche einer bürokratischen Gängelung ausgesetzt sehen und andererseits gewährleistet, dass sich die Kontrollaktivitäten der Zentrale nicht in einem

---

[111] Vgl. Hasselberg (1991), S. 24; Nuber (1995), S. 318f.
[112] Vgl. Hasselberg (1989), S. 230f.
[113] Ähnlich Strack/Bacher/Engelbrecht (2002), S. 629.
[114] Vgl. bspw. Greiner (2004), S. 135ff. und die dort angegebene Literatur.

überoptimalen Kontrollniveau oder ineffizientem Mikromanagement verlieren.[115] Die Definition von Toleranzgrenzen kann zusätzlich helfen, verfrühte Analysen und Diskussionen von vermeintlichen Fehlentwicklungen zu vermeiden.[116]

Neben dem Aufdecken derjenigen Entwicklungen, die eine wesentliche Bedrohung für die Gesamtportfoliostrategie darstellen, erscheint auch die Reaktion der Zentrale auf einmal entdeckte Fehlentwicklungen erfolgskritisch. Über das weltweit wohl bekannteste und erfolgreichste Konglomerat, das US-Unternehmen GE, wird in diesem Zusammenhang berichtet, dass der ehemalige CEO Jack Welch sich persönlich über den Lösungsfortschritt der wesentlichen Probleme des Unternehmens informieren ließ und dem verantwortlichen Management hierzu ein regelmäßiges persönliches Feedback ausstellte:

"For the next four years, (the manager) faxed weekly reports direct to Welch, detailing his progress. Back would come notes from Welch every three to four weeks. Some would nearly growl for greater progress; others would flatter and cajole. 'You're not going fast enough,' Welch scrawled at one point. The experience astonished (the manager) (...), 'I was so amazed that he could find the time to read my reports and then even send me back notes' (...) 'If you do well, it's great. If you don't, it's bad news. Jack is not famous for patience – which is an understatement.'"[117]

Auf Basis dieses anekdotischen Berichtes kann die Vermutung geäußert werden, dass bei für die Gesamtportfoliostrategie wesentlichen Fehlentwicklungen eine direkte und enge Kontrolle des Bereichsmanagements durch die Zentrale bedeutend für eine erfolgreiche Durchführung der Gesamtportfoliostrategie ist.

Eine zusammenfassende Darstellung der Thesen zum Monitoring erfolgt weiter hinten in Tab. 6.

4.3 Reduktion des Interessenkonfliktes zwischen Eigentümern und Zentralmanagement

Aufgrund der in Kapitel 2.2.2.1 dargelegten verstärkten Auswirkungen eines Agency-Konfliktes zwischen Eigentümern und Managern in einem Konglomerat erhält die Disziplinierung des Zentralmanagements zu einer konsequent am Wertschaffungsziel ausgerichteten Geschäftsführung besondere Relevanz. Mit

---

[115] Vgl. Löffler (1991), S. 116ff.; Greiner (2004), S. 137.
[116] Vgl. Greiner (2004), S. 140f. sowie Schäffer/Künkele (2006), S. 10f. und die dort angegebene Literatur.
[117] Byrne (1998).

den verschiedenen Gestaltungsmöglichkeiten zum Zwecke der Disziplinierung des Managements beschäftigt sich die *Corporate Governance*-Forschung.

Im Rahmen der Corporate Governance-Forschung haben sich verschiedene praxisorientierte Forschungsansätze herausgebildet, die in zwei Gruppen eingeteilt werden können (vgl. Abb. 25). Die Gruppe der *externen* Corporate Governance-Mechanismen umfasst jene Mechanismen, die von außen auf das Unternehmen einwirken. Die hierunter fallenden Ansätze beschäftigen sich mit dem (externen) Kapitalmarkt, dem Arbeitsmarkt für Manager sowie dem Produktmarkt. Zur Gruppe der *internen* Corporate Governance-Mechanismen, die innerhalb des Unternehmens gesteuert werden, gehört die anreizorientierte Vergütung der Manager sowie die Arbeit des Aufsichtsrats in seiner Eigenschaft als Überwachungsorgan des Vorstandes.[118]

Da die externen Corporate Governance-Mechanismen einer Gestaltung durch Unternehmen grundsätzlich nicht zugänglich sind, werden diese von der weiteren Betrachtung ausgeschlossen. Damit liegt der weitere Fokus auf den internen Mechanismen *Anreizsetzung mittels Gestaltung der Vergütung des Zentralmanagements* und *Überwachung durch den Aufsichtsrat*.

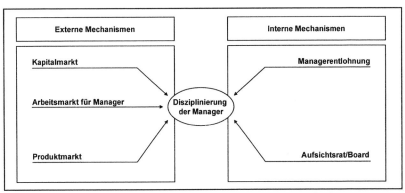

Abb. 25: Kategorisierung von Corporate Governance-Mechanismen.
Quelle: Grothe (2006), S. 29

---

[118] Vgl. Grothe (2006), S. 28.

4.3.1 Anreizsetzung mittels Gestaltung der Vergütung des Zentralmanagements

Durch eine gezielte Gestaltung der Vergütung des Zentralmanagements ist es möglich, die Interessen der Manager mit den Interessen der Eigentümer in Einklang zu bringen.[119] Ein optimaler Entlohnungsvertrag sieht dabei stets die Beteiligung des Managements am Unternehmenserfolg vor.[120] Auch wenn die in der Praxis optimale Anreizintensität nicht aus der Theorie deduziert werden kann,[121] können aus ihr dennoch wertvolle Hinweise zur Ausgestaltung erfolgsabhängiger Vergütungssysteme abgeleitet werden. Die wesentliche sich dabei stellende Frage ist, auf Basis welcher Bemessungsgrundlage eine Erfolgsbeteiligung der Manager erfolgen soll.[122] Da das Unternehmensziel der Wertorientierung bei der Anreizsetzung eine besondere Berücksichtigung finden sollte,[123] bieten sich insbesondere Bemessungsgrundlagen an, die in direktem Bezug zur Wertentwicklung des Unternehmens stehen (*wertorientierte Anreizsysteme*). Im Rahmen wertorientierter Anreizsysteme können Systeme *auf Basis von Aktienkursentwicklungen* sowie solche *auf Basis interner Wertkennzahlen* unterschieden werden.[124]

4.3.1.1 Anreizsysteme auf Basis von Aktienkursentwicklungen

4.3.1.1.1 Aktien

Mit der Ausgabe von Aktien an Manager werden diese unmittelbar am Unternehmen beteiligt und damit in die gleiche Position wie die Eigentümer versetzt. Bei der Überlassung bzw. beim Erwerb der Aktien wird i. d. R. eine mehrjährige Sperrfrist für den Verkauf der Aktien vereinbart. Durch die unmittelbare Beteiligung am Unternehmen tragen die Manager ein Kursrisiko, womit für sie ein Anreiz besteht, sich für die (Aktien-)Wertsteigerung ihres Unternehmens einzusetzen.[125]

---

[119] Vgl. Gugler (2001), S. 44 sowie Kapitel 3.1.2.3.1 dieser Arbeit.
[120] Vgl. Winter (2001), S. 492. Für eine formale Herleitung siehe Holmström (1979) oder Milgrom/Roberts (1992), S. 206ff. Einen guten Überblick über Forschungsarbeiten zur Vergütung von Managern bieten Pavlik/Scott/Tiessen (1993).
[121] Vgl. Winter (2001), S. 492.
[122] Vgl. Kapitel 3.1.2.3.1.
[123] Vgl. Hungenberg (2005), S. 359f. sowie die Ausführungen in Kap. 2.1.4.
[124] Vgl. Plaschke (2003), S. 113ff. Zur konkreten Ausgestaltung von Anreizsystemen für Führungskräfte vgl. Hungenberg (2005), S. 353ff.; Hahn/Willers (2005), S. 365ff.
[125] Vgl. Plaschke (2003), S. 123f.; Schmidt (1990), S. 159ff.

Vorteilhaft an einer Anreizsetzung mittels Aktien ist, dass eine weitgehende Annäherung der Interessen zwischen Prinzipal und Management erreicht wird, da der Manager nur dann eine Einkommenssteigerung (= Aktienwertsteigerung) erreichen kann, wenn auch die Eigentümer eine Vermögensvermehrung erfahren. Ebenso spiegeln sich Entscheidungen des Managements, die erst auf längere Sicht wirken, bereits in den jeweils aktuellen Aktienkursen wieder.[126] Ein weiterer Vorteil ist die neutrale Bewertung der Unternehmensperformance durch den Markt, was den Manipulationsspielraum des Managements begrenzt und eine objektive Erfolgsbeurteilung ermöglicht.[127]

Als Nachteil dieser Form der Anreizsetzung ist demgegenüber anzusehen, dass risikoaverse Manager aussichtsreiche, aber risikobehaftete Entscheidungen unterlassen könnten, um den Wert ihres Aktienpaketes nicht zu gefährden. Weiterhin ist nachteilig, dass die Entwicklung von Aktienkursen stark von Umweltfaktoren abhängt, die nicht durch das Management kontrollierbar sind (z. B. Gesamtmarktentwicklung). Dieses Problem lässt sich jedoch stark reduzieren, wenn statt realer Aktien mit absoluten Kursänderungen die *relative* Aktienkursentwicklung gegenüber einem Index als Bemessungsgrundlage verwendet wird (sog. virtuelle Aktien bzw. Phantom Stocks). Durch den Indexbezug ist es möglich, Umwelteinflüsse zu isolieren und damit eine präzisere Leistungsbewertung des Managements zu konstruieren.[128]

4.3.1.1.2 Aktienoptionen (Stock Options)

Aktienoptionspläne bestehen darin, dass den begünstigten Managern Kaufoptionen für Aktien des Unternehmens übertragen werden. Der Besitzer einer Kaufoption hat das Recht (aber nicht die Pflicht!) zu bestimmten Zeitpunkten bzw. -räumen Aktien des Unternehmens zu einem bei Abschluss des Optionsvertrages festgelegten Preis zu kaufen. Die Optionen können dabei entweder unentgeltlich oder gegen Zahlung einer Optionsprämie übertragen werden.[129]

Liegt der Börsenkurs der Aktie zum Ausübungszeitpunkt über dem im Optionskontrakt festgelegten Preis, kann der Manager durch den Kauf der Aktie und den

---

[126] Annahme: Mindestens halbstrenge Informationseffizienz der Kapitalmärkte. Vgl. Kap. 2.1.3.4.
[127] Vgl. Schmidt (1990), S. 159ff.
[128] Vgl. Winter (2001), S. 502f.; Milgrom/Roberts (1992), S. 240f.; Winter (1996), S. 118f. sowie ausführlich zur relativen Leistungsbewertung Holmstrom (1982).
[129] Vgl. Plaschke (2003), S. 124f.

sofortigen Wiederverkauf am Kapitalmarkt einen Gewinn realisieren. Liegt der Börsenkurs unter dem Ausübungspreis, kann er die Option verfallen lassen. Er realisiert damit keinen Gewinn, erleidet aber auch keinen Verlust. Durch dieses *asymmetrische Chance-Risiko-Profil* soll die Motivationswirkung auf tendenziell risikoaverse Manager erhöht werden, denn die Partizipation an steigenden Kursen ist prinzipiell unbeschränkt, der maximale Verlust jedoch auf die ggf. gezahlte Optionsprämie beschränkt.[130]

In den USA sind Aktienoptionspläne seit Jahren stark verbreitet. Auch in Deutschland erfreuen sie sich einer steigenden Beliebtheit.[131] Ein Grund hierfür ist sicherlich in den zahlreichen Ausgestaltungsmöglichkeiten der Programme im Einzelnen zu sehen. Wie bei Aktien auch liegt den Optionsprogrammen mit der Aktienkursentwicklung eine objektive, zukunftsorientierte Bewertungsgrundlage zugrunde. Vorteilhaft gegenüber Aktien ist, dass durch das asymmetrische Chance-Risiko-Profil von Optionsplänen keine Fehlanreize entstehen, aussichtsreiche aber risikobehaftete Entscheidungen zu vermeiden. Gleichzeitig kann dies jedoch auch als Nachteil angesehen werden, denn ein Manager kann unter Umständen versucht sein, hochriskante Entscheidungen mit geringer oder gar negativer erwarteter Rendite zu treffen, weil er nur an den Chancen, nicht aber an den Verlusten seiner Entscheidung beteiligt ist.[132]

Trotz ihrer grundsätzlichen Eignung als Anreizinstrument und ihrer großen Bedeutung in der Praxis werden Aktienoptionspläne kontrovers diskutiert. Im Mittelpunkt der Kritik steht dabei häufig die konkrete Ausgestaltung der Optionspläne, die es nicht selten dem Management einfach macht, Gelder ohne entsprechende Gegenleistungen zu erhalten. So stellt bspw. WINTER im Rahmen einer empirischen Untersuchung fest, dass die in Deutschland bestehenden Optionsprogramme massive Mängel aufweisen. Er vermutet, dass die heute existierenden Programme vor allem eine Form verdeckter Gehaltszahlungen an das Management darstellen und keine wesentliche Anreizwirkung entfalten.[133]

Für die deutschen Rahmenbedingungen gibt WINTER folgende Hinweise zur optimalen Gestaltung von Optionsplänen:[134]

---

[130] Vgl. Ibid., S. 124f.
[131] Mazer (1988) gibt an, dass 97 Prozent der Fortune 100 Unternehmen Optionspläne eingeführt haben.
[132] Vgl. Coenenberg/Salfeld (2003), S. 235; Winter (1999), S. 48ff.
[133] Vgl. Coenenberg/Salfeld (2003), S. 234f.; Winter (2003), S. 356; Winter (1999), S. 253ff.
[134] Vgl. Winter (1999), S. 237.

- Aufteilung des Optionsplans in mehrere Tranchen, damit über die gesamte Laufzeit des Programms und unabhängig von der Aktienkursentwicklung Anreize gegeben sind
- Ausstattung der Optionen mit relativ hohen Bezugskursen, damit nur eine deutliche Steigerung des Unternehmenswertes zu einer zusätzlichen Vergütung führt
- Bindung der Optionen an die Wertentwicklung eines Indexes, damit externe Einflüsse auf den Unternehmenswert weitgehend isoliert werden können
- Festlegung der Startzeitpunkte der Optionstranchen, starke Beschränkung der Ausübungszeitpunkte der Optionen sowie Durchschnittsbildung von Bezugskursen, damit Manipulationsmöglichkeiten und Insiderprobleme möglichst ausgeschlossen werden können.

4.3.1.2 Anreizsysteme auf Basis interner Wertkennzahlen

Bei nicht-börsennotierten Unternehmen ist eine Anreizsetzung auf Basis von Aktienkursentwicklungen nicht möglich. Im Schrifttum wird daher für diese Unternehmen eine Anreizgestaltung auf Basis *interner Wertkennzahlen* vorgeschlagen. Grundsätzlich ist die Anwendung interner Wertkennzahlen aber auch bei börsennotierten Unternehmen möglich und wird in der Literatur sogar vereinzelt gefordert.[135]

Aufgrund der bereits diskutierten Nachteile von traditionellen buchhalterischen Kennzahlen beschränkt sich die nachfolgende Kennzahlendiskussion ausschließlich auf cashflowbasierte Wertkennzahlen.[136] Neben den dargestellten Größen existieren auch zahlreiche Mischformen (z. B. CVA auf Basis von Fundamentalwerten, interner Investors Value Added), die jedoch hier aus Platzgründen nicht weiter dargestellt werden sollen.[137]

---

[135] Vgl. bspw. Töpfer/Duchmann (2006), S. 39.
[136] Vgl. im Folgenden Plaschke (2003), S. 128ff. Zur Eignung traditioneller buchhalterischer Größen als Bezugsgröße für Anreizsysteme vgl. Plaschke (2003), S. 132ff.
[137] Vgl. hierzu vertiefend Plaschke (2003), S. 184ff.

4.3.1.2.1 Cashflow Return on Investment

Der CFROI stellt eine statische Renditekennzahl dar.[138] Als solche erlaubt sie nur dann eine Aussage über die Wertentwicklung eines Unternehmens, wenn das eingesetzte Kapital unverändert bleibt. In diesem Fall stellt eine Steigerung des CFROI intuitiv eine Wertschaffung dar. Eine Verringerung demhingegen indiziert eine Wertvernichtung. Verändert sich jedoch der Kapitaleinsatz (Bruttoinvestitionsbasis), kann aus der Entwicklung der Rendite keine eindeutige Aussage über die Wertschaffung des Unternehmens mehr abgeleitet werden. Der CFROI ist daher als Bemessungsgrundlage für wertorientierte Anreizsysteme nicht geeignet.[139]

4.3.1.2.2 (Delta) Cash Value Added

Wie bereits dargestellt wird als Cash Value Added (CVA) derjenige absolute Cashbetrag bezeichnet, der nach Abzug der kalkulatorischen Gesamtkapitalkosten verbleibt (Übergewinn).[140] Da ein einmal erzielter positiver Übergewinn in die Überlegungen der Investoren über zukünftige Erwartungen mit einfließt, reicht es i. d. R. nicht, nur die Kapitalkosten auf das bilanziell investierte Kapital zu verdienen. Vielmehr erwarten die Investoren eine Verzinsung des *zu Marktwerten* investierten Kapitals. Zusätzlicher Wert für Investoren wird daher immer nur dann geschaffen, wenn der Übergewinn weiter gesteigert wird (Delta-Cash Value Added) und die Erwartungen der Investoren noch übertrifft.[141]

In der Berechnung des CVA werden nicht nur Renditeveränderungen, sondern auch Kapitalkosten- und Wachstumsüberlegungen mit einbezogen. Mittels des Delta-CVA können Aussagen über die periodenbezogene Wertschaffung im Sinne eines Mehrwertes gemacht werden. Das CVA/Delta-CVA-Konzept stellt damit "das für die periodische Erfolgs- und Wertschaffungsmessung *am besten geeignete Verfahren* dar". Und für den Einsatz im Rahmen von Anreizsystemen können mit dieser Kennzahl "ökonomisch *korrekte Steuerungsimpulse* für die Wertschaffung gegeben, *Manipulierbarkeit vermieden* und eine *weitgehende Objektivität* sichergestellt werden."[142]

---

[138] Vgl. die Darstellung des CFROI in Kap. 3.2.2.2.
[139] Vgl. Plaschke (2003), S. 152ff.
[140] Vgl. die Darstellung des (Delta) CVA-Konzeptes in Kapitel 3.2.2.3.
[141] Vgl. Plaschke (2003), S. 156f.
[142] Ibid., S. 170f. Im Original nicht kursiv.

Dennoch sind am CVA/Delta-CVA-Konzept zwei Schwachpunkte zu konstatieren:[143]

- Zwar vermeidet die Berechnung der Bruttoinvestitionsbasis buchhalterische Verzerrungen, jedoch wird damit nicht der tatsächliche Fundamentalwert des Betrachtungsobjektes abgebildet. Aus Sicht der Investoren müsste daher der Renditeausweis und die Berechnung der absoluten Kapitalkosten *auf Basis des für Opportunitätsinvestitionen zur Verfügung stehenden Wertes,* also auf Basis des Fundamentalwertes, erfolgen.

- Die Erfolgsgrößen Brutto-Cashflow und CVA werden ausschließlich aus historischen Daten berechnet und beziehen zukünftig erwartete Cashflows nicht mit ein. Sie entsprechen damit dem *Realisationsprinzip,* d. h. erst wenn Cashflows realisiert werden, fließen sie in die Berechnung ein. Investoren treffen ihre Entscheidungen demhingegen auf Basis des *Antizipationsprinzips,* d. h. sie überlegen, welche zukünftigen Cashflows sie aus dem Betrachtungsobjekt erwarten können.

4.3.1.2.3 Dynamische Wertkennzahlen

Hinter dynamischen Wertkennzahlen wie dem *Internen Total Business Return* (interner TBR) steht der Versuch, die Gesamtkapitalwertrendite näherungsweise auf internem Wege zu approximieren.[144] Obwohl der interne TBR weitgehend die externen Kennzahlen approximiert und somit eine zumindest theoretisch hohe Kompatibilität mit der Wertschaffung gewährleistet, ist seine Verwendung als Bemessungsgrundlage für Anreizsysteme zu kritisieren. Die Kritik liegt vornehmlich darin begründet, dass die Ermittlung dynamischer Wertkennzahlen einem hohen Maß an Subjektivität unterliegt und daher in besonderer Weise anfällig für Manipulationsversuche ist. So kann bspw. das Management durch einen zu hohen Ausweis künftiger Cashflows in der Planung (Hockeyschläger-Effekt) seine eigene Leistung künstlich "schönrechnen" und damit die eigene Entlohnung verbessern.[145]

---

[143] Vgl. Ibid., S. 171.
[144] Vgl. die Darstellung dynamischer Wertkennzahlen in Kap. 3.2.2.4.
[145] Vgl. Plaschke (2003), S. 181f.

4.3.2 Überwachung durch den Aufsichtsrat

Mit der Überwachung durch den Aufsichtsrat wird nun der zweite der beiden identifizierten internen Corporate Governance-Mechanismen diskutiert. In der Obliegenheit des Aufsichtsrates liegt es, den Vorstand zu überwachen, unternehmerische Fehlleistungen desselben zu verhindern sowie den bestmöglichen Einsatz des Kapitals und anderer Ressourcen zu bewirken.[146] Dabei ist er an keinerlei Weisungen anderer Organe gebunden.[147] In Deutschland stellt der Aufsichtsrat das "zentrale Überwachungsorgan"[148] großer Kapitalgesellschaften und das "wichtigste Gegenstück der Unternehmensführung dar".[149] Mit seiner Effektivität steht und fällt die interne Überwachung der Unternehmensführung insgesamt.[150]

Nach allgemeiner Auffassung hat der Aufsichtsrat die folgenden *zentralen Aufgaben*, zu deren Erfüllung ihm eine Reihe unterschiedlicher Gestaltungs-, Informations- und Mitwirkungsbefugnisse zur Verfügung stehen:[151]

- Auswahl, Bestellung, Ernennung, Wiederwahl und Abberufung der Vorstandsmitglieder inklusive der Verhandlung der Anstellungsverträge
- Formale und materielle Überwachung der Unternehmensführung, insbesondere der strategischen Maßnahmen
- Prüfung und Feststellung des Jahresabschlusses einschließlich des Gewinnverwendungsvorschlages.

Trotz der hohen Bedeutung, die dem deutschen Aufsichtsrat in der Literatur zugesprochen wird, weist der diesbezügliche Forschungsstand einen eher rudimentären Charakter auf.[152] Der nach Kenntnisstand des Autors bislang einzige Beitrag, der sich mit der Überwachungsarbeit deutscher Aufsichtsräte befasst, ist der von GROTHE (2006). Seine Arbeit basiert auf einer persönlichen Befragung von 46 Aufsichtsratsmitgliedern deutscher Aktiengesellschaften und kommt zu dem Ergebnis, dass die Überwachungsarbeit der Aufsichtsräte in Deutschland ein "sehr ernüchterndes Bild" abgibt.[153] Im Einzelnen kritisiert GROTHE die Auf-

---

[146] Vgl. Grothe (2006), S. 2.
[147] Vgl. § 108 Abs. 1 AktG.
[148] Theisen (2003), S. 433.
[149] Ibid., S. 433.
[150] Vgl. Pistor (2003), S. 159.
[151] Vgl. Grothe (2006), S. 50.
[152] Vgl. Ibid., S. 53.
[153] Ibid., S. 361.

sichtsratsarbeit als *zu vergangenheitsorientiert, zu stark nach innen gerichtet*
und als *zu passiv*. Basierend auf den theoretischen und empirischen Erkenntnis-
sen der Arbeit leitet er folgende Gestaltungshinweise für eine "gute" Aufsichtsratsarbeit ab:[154]

- Verstärkte Nutzung von *strategischen Kontrollarten* (strategische Prämis-
  sen-, und Durchführungskontrolle sowie strategische Überwachung) und
  Nutzung unternehmensexterner Informationsquellen
- Verstärkte Nutzung *wertorientierter Kennzahlen* statt Orientierung an
  buchhalterisch geprägten Erfolgsgrößen und dem Jahresabschluss
- Kontrolle im *zeitlichen Gleichlauf* mit den strategischen Planungs- und
  Entscheidungsprozessen des Vorstandes
- Aktive Mitwirkung an der *Festlegung der Unternehmensziele*
- Aufnahme der *strategischen Planung* in den Katalog zustimmungspflich-
  tiger Geschäfte
- Verstärkte *Ausübung des Fragerechtes* und Erlass einer *Informationsord-
  nung*
- Einrichtung eines *entscheidungsvorbereitenden Strategieausschusses*.

Die große Bedeutung einer effektiven Aufsichtsratsarbeit lässt sich auch durch
die Erfahrungen von Private Equity-Gesellschaften stützen, die eine grundsätzliche Ähnlichkeit zu Konglomeraten aufweisen[155] und die in den vergangenen Jahren beeindruckende Erfolge erzielen konnten.[156] Das Geschäftsmodell der PE-
Gesellschaften besteht im Wesentlichen darin, andere Unternehmen aufzukau-
fen, für einen Zeitraum von einigen Jahren zu halten, dabei neu auszurichten und
anschließend wieder zu verkaufen.[157] PE-Gesellschaften sind i. d. R. hochspezia-
lisierte und außerordentlich gut informierte Investoren. Sie sind daher in der Lage, die Strategie des Managements eingehend zu beurteilen und deren Entscheidungen kritisch zu begleiten.[158] Zumindest ein Teil des Erfolges der PE-

---

[154] Vgl. Ibid., S. 361ff.
[155] Vgl. Löffler (1991), S. 127.
[156] So wurden in 2005 weltweit Private Equity-Transaktionen im Wert von 84 Mrd. Dollar
getätigt. Die Summe der von PE-Gesellschaften kontrollierten Finanzmittel beträgt in den
USA ca. 200 Mrd. Dollar, in Europa ca. 40 Mrd. Dollar. Das durchschnittliche jährliche
Wachstum der Branche wird mit ca. 20% angegeben. Vgl. Boston Consulting Group
(2006b), S. 1.
[157] Vgl. Kohlberg Kravis Roberts (1989), S.65f.; Schneck (2006), S. 254.
[158] Speziell zur Unterstützung des Managements bei der Strategiefindung durch PE-
Gesellschaften vgl. Pümpin, et al. (2005).

Gesellschaften wird daher in ihrer *aktiven Interpretation der Aufsichtsratsarbeit* und dem *Einbringen ihrer Expertise* in das Unternehmen gesehen.[159]

4.3.3 Ableitung von Gestaltungsthesen

Im Rahmen dieses Kapitels wurden zwei Corporate Governance-Mechanismen identifiziert, die dazu beitragen können, den Interessenkonflikt zwischen Eigentümern und Zentralmanagement zu reduzieren:

1. Anreizsetzung mittels Gestaltung der Vergütung des Zentralmanagements
2. Überwachung des Zentralmanagements durch den Aufsichtsrat.

Ad 1.)
Aus dem Schrifttum konnten folgende Möglichkeiten extrahiert werden, durch Anreizsetzung den Interessenkonflikt zwischen Eigentümern und Zentralmanagement zu reduzieren:

- **Aktien** sollten stets in der Form virtueller Aktien mit Bindung an die Wertentwicklung eines Indexes ausgegeben werden, um den Einfluss allgemeiner Marktschwankungen auf die Kursentwicklung zu reduzieren.
- **Aktienoptionspläne** weisen gegenüber Aktien größere Gestaltungsmöglichkeiten auf. Sie sollten an die Entwicklung eines Indexes gebunden werden und in mehrere Tranchen aufgeteilt sein. Die Optionen selbst sollten einen hohen Bezugskurs aufweisen. Weiterhin müssen verschiedene Maßnahmen zur Begrenzung von Manipulationen und Insiderproblemen ergriffen werden.
- **Anreizsysteme auf Basis interner Wertkennzahlen** sind weniger anfällig für kurzfristige irrationale Übertreibungen des Kapitalmarktes. Allerdings ist bei ihnen ein Spannungsfeld zwischen theoretisch korrekt ermittelter Wertschaffung auf der einen Seite und Manipulationsfreiheit, Verständlichkeit und Handhabbarkeit auf der anderen Seite zu konstatieren. Die Ermittlung einer geeigneten Bemessungsgrundlage macht somit eine Einzelfallbetrachtung notwendig, wobei im Schrifttum das CVA/Delta-CVA-Konzept für den Regelfall als am besten geeignet angesehen wird.

---

[159] Vgl. Boston Consulting Group (2006b), S. 1ff.

Ad 2.)

Die Kontrolltätigkeit des Aufsichtsrates nimmt die bedeutendste Stellung hinsichtlich der Überwachung des Zentralmanagements ein. Zur Gewährleistung der Effektivität der Aufsichtsratskontrolle sollten die von GROTHE identifizierten Ansatzpunkte befolgt werden. Insbesondere seine Forderung nach der Einrichtung eines entscheidungsvorbereitenden Strategieausschusses sowie einer Aufnahme der strategischen Planung in den Katalog zustimmungspflichtiger Geschäfte ist zu unterstützen, da auf diesem Wege auch die wesentlichen Entscheidungen zur internen Kapitalallokation einer expliziten Kontrolle durch den Aufsichtsrat unterstellt werden.

Eine zusammenfassende Darstellung der Thesen zur Reduktion des Interessenkonfliktes zwischen Eigentümern und Zentralmanagement erfolgt später in Tab. 6.

4.4 Reduktion von Motivationsproblemen auf Divisionsebene

Selbst wenn es der Zentrale stets gelingt, im Rahmen des internen Kapitalmarktes eine effiziente Kapitalallokation herbeizuführen, können dennoch Ineffizienzen entstehen. Denn alleine schon aufgrund der *Möglichkeit* eines späteren Kapitalabzugs – und dem damit einhergehenden Verlust privater Vorteile auf Seiten der Bereichsmanager – reduziert sich für die Geschäftsbereichsmanager der Anreiz, ihre Managerleistung *ex ante* überhaupt zu erbringen.[160] Ihre reduzierte Leistungserbringung resultiert schließlich in einem geringeren Gesamtcashflow, der der Zentrale zur Allokation zur Verfügung steht. Die dadurch auftretenden Ineffizienzen auf dem internen Kapitalmarkt reduzieren (bzw. überkompensieren ggf. sogar!) eine mögliche höhere Wertschöpfung durch die Kapitalumverteilung.[161] GERTNER/SCHARFSTEIN/STEIN (1994) machten auf dieses Problem als Erste aufmerksam:

> "Giving control rights to capital providers through an internal capital allocation process is costly, however, in that it diminishes managerial incentives. Because the manager does not have control, he is more vulnerable to opportunistic behaviour by corporate headquarters. Thus, the manager may not get all of the rents from his efforts, which reduces his incentives".[162]

---

[160] Vgl. die Ausführungen in Kap. 2.2.2.2.2.
[161] Vgl. Brusco/Panunzi (2005), S. 660f.
[162] Gertner/Scharfstein/Stein (1994), S. 2.

Der Motivationsverlust betrifft dabei nicht nur Divisionen, die einen Kapitalabzug zu befürchten haben. Vielmehr existiert das Problem auch bei Geschäftsbereichen, die aufgrund sehr positiver Wertschaffungsaussichten zusätzliches Kapital zugewiesen bekommen sollen. Da sich die Manager dieser Geschäftsbereiche sicher sein können, dass die Zentrale wegen der positiven Aussichten ihrer Division stets bereit sein wird, eventuell bestehende Kapitaldefizite im Nachhinein auszugleichen, haben sie wenig Anreiz zur Generierung von Cashflows durch eigene Leistung. Sie sind vielmehr versucht, auf den erwirtschafteten Cashflows der Divisionen mit weniger guten Wertschaffungsaussichten Trittbrett zu fahren (sog. "Free Rider-Problematik").[163]

4.4.1 Grundsätzliche Möglichkeiten zur Lösung des Motivationsproblems

Das Problem der Zentrale besteht somit darin, dass die Geschäftsbereichsmanager alleine durch die Möglichkeit einer Kapitalreallokation nicht mehr voll zur Erbringung ihrer Managerleistung motiviert sind und sich dies in einer reduzierten Wertschaffung des Gesamtunternehmens zeigt. Ob aber externe Umweltfaktoren für eine reduzierte Wertschaffung verantwortlich sind oder ob die Geschäftsbereichsmanager ihre Leistung nicht in vollem Umfang erbringen, kann die Zentrale i. d. R. jedoch nicht eindeutig feststellen. Ihr Problem lässt sich somit als Principal-Agent-Konflikt der Variante "Hidden Action" klassifizieren. Gemäß der Ausführungen in Kapitel 3.1.2.3 impliziert diese Klassifikation zwei grundsätzliche Ansätze zur Lösung, auf die im Folgenden näher eingegangen werden soll: *Anreizsetzung* und *Kontrolle*.

4.4.1.1 Anreizsetzung durch Beteiligung am Gesamterfolg des Unternehmens

Eine Möglichkeit zur Motivation der Geschäftsbereichsleiter besteht darin, einen Teil ihrer Vergütung an den Erfolg des Gesamtunternehmens zu binden. Der Verlust privater Vorteile durch einen Kapitalabzug würde dann kompensiert durch eine *Teilhabe an der insgesamt höheren Wertschaffung des Gesamtunternehmens* aufgrund der Kapitalreallokation.[164]

An diesem Vorgehen ist jedoch problematisch, dass nicht klar ist, in welcher Höhe eine Teilhabe am Gesamterfolg im Einzelfall notwendig ist, um einen Geschäftsbereichsmanager zur Leistung zu motivieren. Zudem kann eine Kopplung

---

[163] Vgl. Gautier/Heider (2005), S. 4.
[164] Vgl. Wulf (2002), S. 221 und Ozbas (2005), S. 218.

an den Erfolg des Gesamtunternehmens nicht beliebig ausgeweitet werden, um einen individuellen Leistungsanreiz zu erhalten.[165] Vor allem Manager von besonders aussichtsreichen Geschäftsbereichen werden außerdem noch zusätzlich zum Trittbrettfahren motiviert, da diese bei einer reduzierten Leistungserbringung weniger an ihrer eigenen Leistung und mehr an der Leistung der anderen Bereiche beteiligt werden und dennoch aufgrund der sehr positiven Aussichten ihres Geschäftsbereichs auf eine Kapitalallokation hoffen können. Eine Beteiligung am Gesamterfolg des Unternehmens ist daher nicht als geeignet anzusehen, das Motivationsproblem zu lösen.

4.4.1.2 Individuelle Leistungsanreize

Demgegenüber erscheinen individuelle Leistungsanreize gut geeignet, eine Motivation von Geschäftsbereichsmanagern auch bei Abzug von Kapital aus ihrem Bereich herzustellen. Insbesondere ist in ihrer Verwendung der Vorteil zu sehen, dass auch "trittbrettfahrende" Geschäftsbereichsleiter motiviert werden können, weil nur die *eigene* Leistung als Bemessungsgrundlage herangezogen wird.

Individuelle Leistungsanreize können grundsätzlich auf gleiche Art und Weise hergestellt werden, wie dies auch für das Zentralmanagement möglich ist (vgl. Kap. 4.3.1). Da die Geschäftsbereiche eines Konglomerates i. d. R. jedoch nicht börsennotiert sind,[166] ist eine Anreizgestaltung mittels Aktien oder Aktienoptionen grundsätzlich nicht möglich. Die Geschäftsbereichsleiter können daher lediglich auf Basis der *Entwicklung interner Wertkennzahlen* ihrer Bereiche incentiviert werden.[167]

4.4.1.3 Kontrolle der Leistung der Geschäftsbereichsmanager

Eine Lösung des beschriebenen Motivationsproblems ist grundsätzlich auch durch eine *Kontrolle der Leistung* der Geschäftsbereichsmanager möglich. Aufgrund der Unbeobachtbarkeit der Handlungen eines Bereichsmanagers für die

---

[165] Vgl. Milgrom/Roberts (1992), S. 274, die diesen Aspekt anhand der Entlohnung von Partnern in Anwaltskanzleien veranschaulichen.

[166] Eine grundsätzlich mögliche, aber in Deutschland bislang kaum vorkommende Ausnahme bilden die sog. Tracking Stocks (auch: Geschäftsbereichsaktien, divisionalisierte Aktien). Bei Tracking Stocks werden Stammaktien emittiert, die mit Bezugsrechten auf den Gewinn eines bestimmten Geschäftsfeldes ausgestattet sind. Vgl. Plaschke (2003), S. 122 und die dort angegebene Literatur.

[167] Vgl. Schmidt (1990), S. 162; Plaschke (2003), S. 250.

Zentrale wird sich die Beurteilung über seine Leistung an der Performance des von ihm geleiteten Geschäftsbereichs orientieren. Dabei ist jedoch festzustellen, dass die Zentrale ihre Unsicherheit bezüglich des Leistungsverhaltens der Geschäftsbereichsmanager lediglich *reduzieren* kann. Eine *Gewissheit* darüber, ob die Performance eines Geschäftsbereichs auf den Einsatz und auf Entscheidungen des Bereichsmanagers oder auf externe Effekte zurückzuführen ist, kann sie mit ihren Kontrollaktivitäten i. d. R. nicht erreichen.[168]

In der Literatur wird betont, dass im Rahmen der Kontrolle der Leistung der Geschäftsbereichsmanager deren *Entscheidungsautonomie* gewährleistet bleiben muss und sich die Zentrale keinesfalls in die Belange der Geschäftsbereiche einmischen darf. Erst unter dieser Voraussetzung kann bei einer unzureichenden Performance das jeweilige Bereichsmanagement konsequent zur Verantwortung gezogen werden:

"Konzernvorstände sollten (...) sich auf die Performance-Kontrolle der Bereichsmanager beschränken. Die Entscheidungsautonomie der Bereichsmanager kann dann mit rigoroser Kontrolle und Verantwortlichkeit, wenn die erwartete Rentabilität nicht erreicht wird, verbunden werden. Nur so kann das Konzernmanagement den Kapitalmarkt effizient substituieren, der im Idealfall das auf die Unternehmensführung spezialisierte Management autonom agieren lässt, solange eine befriedigende Marktentwicklung vorliegt, es im anderen Fall aber sofort durch Takeover ablöst."[169]

4.4.2 Ableitung von Gestaltungsthesen

In diesem Kapitel konnte herausgearbeitet werden, dass der Zentrale zwei grundsätzlich geeignete Möglichkeiten zur Verfügung stehen, einem Motivationsverlust der Geschäftsbereichsmanager durch den internen Kapitalmarkt entgegenzuwirken: *Individuelle Leistungsanreize* und *Performancekontrolle*. Beide Möglichkeiten können prinzipiell isoliert oder in Kombination angewendet werden.

Individuelle Leistungsanreize für Geschäftsbereichsmanager sollten unter Berücksichtigung des Wertschaffungsziels an die Entwicklung von internen Wertkennzahlen der jeweiligen Geschäftsbereiche gekoppelt werden. Hierfür bieten sich insbesondere Kennzahlen auf Basis des CVA/Delta-CVA-Konzeptes an.[170]

---

[168] Vgl. Kap. 3.1.2.3.
[169] Löffler (1991), S. 120.
[170] Vgl. die Ausführungen in Kap. 4.3.1.2.2.

Für eine effektive *Kontrolle der Leistung* der Geschäftsbereichsmanager ist zunächst die Wahrung ihrer Entscheidungsautonomie notwendig. Erst wenn eine unbefriedigende Performance ausschließlich auf Handlungen des Geschäftsbereichsmanagements zurückgeführt werden kann, sind eindeutige Verantwortlichkeiten gegeben und das Geschäftsbereichsmanagement kann konsequent zur Verantwortung gezogen werden. Die Effektivität der Kontrolle ist darüber hinaus entscheidend dadurch geprägt, ob es der Zentrale gelingt, bei der Beurteilung der Performance eines Geschäftsbereichs eindeutig zwischen der Leistung des Geschäftsbereichsmanagers und externen Umwelteinflüssen zu unterscheiden.

Eine zusammenfassende Darstellung der Thesen zur Reduktion von Motivationsproblemen auf Divisionsebene erfolgt weiter hinten in Tab. 6.

4.5 Reduktion von Influence Costs

4.5.1 *Arten von Influence Costs und Bedingungen zu ihrer Entstehung*

In einem Unternehmen können Kosten dadurch entstehen, dass Mitarbeiter ihre Arbeitszeit oder andere Ressourcen dafür aufwenden, die Entscheidungen anderer im Unternehmen so zu beeinflussen, dass sie aus den getroffenen Entscheidungen private Vorteile erzielen.[171]

Im Rahmen interner Kapitalmärkte können beispielsweise Geschäftsbereichsleiter geneigt sein, die Zentrale mit gefärbten oder unvollständigen Informationen zu versorgen, um eine Kapitalallokation in ihrem Sinne zu erwirken. Aber auch schon eine bloße Beschäftigung der Divisionsleiter (und ggf. deren Mitarbeiter) mit der Suche nach geeigneten Wegen zur Beeinflussung der Zentrale bindet eigene Ressourcen und solche des Unternehmens. Aus dem politischen Ringen um die Verteilung persönlicher Vor- und Nachteile entstehen dem Unternehmen somit Kosten, die im Schrifttum als *Influence Cost* (deutsch etwa: Einflusskosten) bezeichnet werden.[172] Influence Costs können beträchtliche Größenordnungen erreichen und im Extremfall ganze Organisationen lähmen.[173]

---

[171] Vgl. Milgrom/Roberts (1999), S. 80 sowie die Ausführungen in Kapitel 2.2.2.2.1.

[172] Vgl. Milgrom (1988); Milgrom/Roberts (1988); Milgrom/Roberts (1990);
Meyer/Milgrom/Roberts (1992); Milgrom/Roberts (1992); Milgrom/Roberts (1999).

[173] So führen Milgrom/Roberts (1992), S. 194 und Milgrom/Roberts (1999), 84f. das Scheitern der Übernahme von Houston Oil and Minerals durch Tenneco auf hohe Influence

Für eine maximale Wertschaffung eines Unternehmens ist es notwendig, Influence Costs unter den jeweils gegebenen spezifischen Rahmenbedingungen zu minimieren. Die Literatur unterscheidet dabei drei Arten von Influence Costs:[174]

1. Kosten, die *durch den Ressourceneinsatz* zur Beeinflussung von Entscheidungen verursacht werden (Beispiel: Ein Divisionsmanager beauftragt seine Mitarbeiter, Argumente zugunsten einer Akquisition zu erarbeiten, aus der er sich private Vorteile verspricht)
2. Kosten, die durch *falsche Entscheidungen* des Unternehmens entstehen, weil die zugrunde gelegten Informationen durch Betroffene im Vorfeld gefärbt wurden (Beispiel: Die Zentrale trifft aufgrund von zu positiv dargestellten Informationen eine Investitionsentscheidung, die nach Wissen des Divisionsmanagers in Wirklichkeit einen negativen NPV aufweist, aus der er persönlich aber private Vorteile zieht)
3. Kosten, die *durch Maßnahmen der Organisation* entstehen, die auf die Reduktion von Influence Activities abzielen (Beispiel: Die Zentrale verringert den Anreiz zur Aufnahme von Influence Activities durch die regelmäßige Beauftragung externer Gutachter vor wichtigen Entscheidungen).

Zur Ableitung von Gestaltungsthesen zur Minimierung von Influence Costs im Rahmen interner Kapitalmärkte erscheint es zunächst zweckdienlich, die zur ihrer Entstehung notwendigen Bedingungen herauszuarbeiten. Damit Influence Costs in einem Unternehmen entstehen können, müssen folgende Bedingungen gleichzeitig erfüllt sein:[175]

1. Eine Entscheidung oder eine potenzielle Entscheidung muss getroffen werden, die geeignet ist, die Verteilung von Nutzen und Lasten in der Organisation zu beeinflussen.
2. Während des Entscheidungsprozesses müssen die von der Entscheidung betroffenen Parteien kommunikativen Zugang zu den Entscheidern haben und …
3. …die Entscheidung beeinflussen können.

Costs zurück. Für eine Diskussion von Influence Costs am Beispiel GM/Adam Opel AG vgl. Dietrich (2005), S. 316ff.
[174] Vgl. Milgrom/Roberts (1999), S. 81ff. und S. 89 sowie Milgrom/Roberts (1992), S. 193.
[175] Vgl. Milgrom/Roberts (1992), S. 272.

Ad 1.)

Die erste Bedingung ist bei einem aktiven internen Kapitalmarkt regelmäßig erfüllt, da permanent Kapitalumverteilungen erfolgen bzw. zur Debatte stehen. Ständig werden daher einige Geschäftsbereichsleiter aufgrund der privaten Vorteile, die sie aus einer erhöhten Kapitalallokation ziehen, besser und andere entsprechend schlechter gestellt.

Ein Ansatzpunkt zur Reduktion von Influence Costs kann darin bestehen, die Aufnahme von Influence Activities dadurch zu unterbinden, dass die Vorteile aus einer Kapitalallokation nur für kurze Zeit genossen werden können, bzw. die Nachteile aus einem Kapitalabzug nur für kurze Zeit ertragen werden müssen. Durch eine regelmäßige Versetzung der Geschäftsbereichsleiter in andere Geschäftsbereiche (*Job Rotation*) könnte daher die grundsätzliche Motivation zur Aufnahme von Influence Activities reduziert werden.

Ad 2.)

Die zweite notwendige Bedingung kann nur dann ausgeschlossen werden, wenn die Zentrale auf eine Beteiligung der Geschäftsbereiche im Rahmen der Kapitalallokation gänzlich verzichten würde, ihre Entscheidung also quasi "am grünen Tisch" festlegen würde. Ein solches Vorgehen kann dem Anspruch einer dem externen Kapitalmarkt überlegenen internen Kapitalallokation jedoch nicht gerecht werden, da mit einem Verzicht auf die Beteiligung der Geschäftbereiche an der Entscheidungsfindung nicht nur deren mögliche Einflussnahme entfällt, sondern auch deren Expertise nicht mehr genutzt werden kann.

Ad 3.)

Die dritte Bedingung schließlich impliziert eine weitere Möglichkeit zur Reduktion von Influence Costs, die in der Unterbindung der in der Kommunikation liegenden Einflussnahme liegt. Die Zentrale kann in diesem Zusammenhang Maßnahmen entwickeln, die eine Färbung von Informationen aufdeckt (*Kontrolle*) oder unattraktiv macht (*Anreize*).

4.5.2 Ableitung von Gestaltungsthesen

4.5.2.1 Job Rotation

Ein Wechsel von Mitarbeitern zwischen unterschiedlichen Geschäftsbereichen (Job Rotation) wird in der Literatur zumeist unter dem Ziel gesehen, zu einem besseren Verständnis der Geschäftsbereiche untereinander bzw. zwischen Geschäftsbereichen und Zentrale beizutragen.[176] Weiterhin wird Job Rotation mitunter auch unter Aspekten der persönlichen Weiterentwicklung von Führungskräften empfohlen, die letztendlich auch den Unternehmen zugute kommt:

> "Exposure to many disparate businesses (...) give executives more ideas and confidence than most business people ever aquire (...) Executives raised in such an environment get a couple of advantages. First, they just know more. Managerially, they've seen the world. They've built a greater fund of ideas and practices than managers who've spent a career in one industry. Second, they've seen ideas applied successfully across industries, making them less afraid to try the unconventional. You're very reluctant to turn the world upside down if it's the only world you know."[177]

Im Zusammenhang mit der Gestaltung effizienter interner Kapitalmärkte wird mit Job Rotation jedoch ein anderes Ziel verfolgt. Der Wechsel von Mitarbeitern zwischen unterschiedlichen Geschäftsbereichen wird hier aus der Logik heraus vorgeschlagen, zur Reduktion von Influence Costs beizutragen:

> "[M]anagers' incentives to lobby for a lot of capital in any given division will be reduced if they think that they will be leaving the division soon anyway."[178]

Einer möglichen Reduzierung von Influence Costs durch Job Rotation stehen jedoch auch Nachteile gegenüber. So reduziert Job Rotation tendenziell den Aufbau geschäftsbereichsspezifischen Fachwissens auf Seiten der Bereichsmanager[179] und führt zu Effizienzverlusten aufgrund der notwendigen Einarbeitungszeiten. Dennoch ist bei zusammenfassender Betrachtung festzustellen, dass mit Job Rotation ein zumindest grundsätzlich geeignetes Mittel zur Reduktion von Influence Activities zur Verfügung steht.

4.5.2.2 Maßnahmen zur Induzierung einer wahrheitsgemäßen Berichterstattung

Dass Planungen, auf Basis derer eine Kapitalallokation erfolgt, häufig bewusst durch das Bereichsmanagement "geschönt" werden, ist hinlänglich bekannt.[180] Derartige Manipulationen können zu Fehlallokationen führen und die Wertschaffung des Unternehmens insgesamt signifikant schmälern. Es ist daher zu überlegen, wie im Rahmen des Kapitalallokationsprozesses die Abgabe mög-

---

[176] Vgl. Schmidt (1990), S. 137; Burger/Ulbrich (2005), S. 460f.
[177] Fortune (1999), zitiert nach Ozbas (2005), S. 220.
[178] Stein (2003), S. 142. Ähnlich auch Ozbas (2005), S. 220f.
[179] Vgl. Schmidt (1990), S. 137ff.
[180] Vgl. bspw. AK-Finanzierung (1994), S. 899.

lichst unverzerrter Planungen nach bestem Wissen der Geschäftsbereichsmanager an die Zentrale sichergestellt werden kann. Eine Klassifikation dieses Principal-Agent-Konfliktes als ein Problem der "Hidden Information" impliziert gemäß der Ausführungen in Kapitel 3.1.2.3 zwei grundlegende Ansatzpunkte zu seiner Lösung: *Kontrolle* und *Anreizsetzung*.

4.5.2.2.1 Kontrolle der Unverfälschtheit der Planung

Eine Kontrolle darüber, ob die Planungen der Geschäftsbereiche keine beabsichtigten Verzerrungen beinhalten, kann die Zentral beispielsweise im Rahmen der weiter oben vorgeschlagenen internen Analystenkonferenz erreichen.[181] Aufgrund der Marktferne der Zentrale ist dies jedoch grundsätzlich als schwierig einzuschätzen, so dass auch im Rahmen der internen Analystenkonferenz nicht mit Sicherheit gewährleistet sein wird, dass "schöngerechnete" Geschäftsbereichspläne die Allokationsentscheidung der Zentrale negativ beeinflussen.

Als *ergänzendes* Mittel für eine wirksame Vermeidung von Planmanipulationen erscheinen Kontrollaktivitäten daher geeignet, als *alleiniges* Instrument jedoch als ungenügend.[182]

4.5.2.2.2 Anreize zur Induzierung einer wahrheitsgemäßen Planung

Eine zweite Möglichkeit zur Sicherstellung einer möglichst wahrheitsgemäßen Planung besteht in dem Setzen *materieller Anreize*. In der Literatur wird diesbezüglich drei Anreizmechanismen eine herausgehobene Bedeutung zugesprochen:[183]

1. Weitzman-Schema
2. Profit-Sharing
3. Groves-Schema.

Ad 1.)
Das *Weitzman-Schema*[184] als ein mögliches Anreizschema wurde insbesondere in der ehemaligen Sowjetunion ausführlich diskutiert und angewendet, darüber

---

[181] Vgl. Kap. 4.1.3.1.3.
[182] Vgl. ähnlich Bosse (2000), S. 229.
[183] Vgl. im Folgenden Pfaff (2002), S. 237ff.
[184] Vgl. Weitzman (1976).

hinaus aber auch in marktwirtschaftlichen Unternehmen angewandt. Seine Besonderheit liegt darin, dass die Entlohnung der Geschäftsbereichsmanager von der Qualität der Planung abhängig gemacht wird. Dies funktioniert im Einzelnen wie folgt (vgl. auch Abb. 26):

Der Geschäftsbereichsleiter erhält als Prämie zunächst einen Anteil $\alpha_2 > 0$ seines *angekündigten* Planergebnisses. Liegt der tatsächlich erwirtschaftete Bereichsgewinn über seinen anfänglich gemachten Planangaben, erhält er *zusätzlich* einen Anteil $\alpha_1 > 0$ der Planübererfüllung. Liegt das Ergebnis jedoch unter der Planangabe, wird seine Prämie um einen Anteil $\alpha_3 > 0$ der Planverfehlung *gekürzt*. Durch eine geschickte Wahl der Prämiensätze α_1 bis α_3 (wobei $0 < \alpha_1 < \alpha_2 < \alpha_3$ gelten muss) kann sichergestellt werden, dass der Bereichsleiter unverzerrt berichtet.

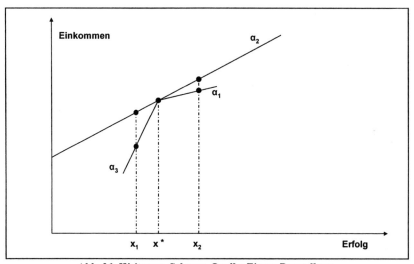

Abb. 26: Weitzman-Schema. Quelle: Eigene Darstellung.

Mit anderen Worten: Der Divisionsmanager muss sich ein selbstgewähltes Erfolgsniveau zum Ziel setzen (in der Abbildung x^*), das die Grundlage seiner Entlohnung bildet. Eine Überschreitung dieses Niveaus (x_2) wird vom Unternehmen relativ moderat belohnt, eine Unterschreitung (x_1) relativ stark bestraft. Aus diesem Mechanismus ergibt es sich, dass es für den Divisionsmanager stets rational ist, wahre Planungen an die Zentrale weiterzuleiten.

Trotz seiner intuitiv eingängigen Struktur zeigt das Weitzman-Schema bei Anwendung in internen Kapitalmärkten eine wesentliche Schwäche.[185] Seine wahrheitsinduzierende Wirkung geht nämlich dann verloren, sobald die Bereichsmanager erkennen, dass ihre Informationen als Grundlage zur Kapitalallokation verwendet werden. Ihre Entlohnung hängt dann nämlich nicht mehr nur von ihrem eigenen Bericht und dem Ergebnis ihrer eigenen Sparte ab, sondern auch von der Berichterstattung der anderen Bereiche und den Planungen der Zentrale. Es kann mathematisch gezeigt werden, dass unter diesen Bedingungen nicht mehr von unverfälschten Berichten der Geschäftsbereichsmanager ausgegangen werden kann.[186] Das Weitzman-Schema ist daher für eine Verwendung in internen Kapitalmärkten nicht geeignet.

Ad 2.)
Profit-Sharing[187] stellt die zweite Möglichkeit dar, den Bereichsmanagern einen Anreiz zur unverfälschten Planung zu setzen. Dabei erhält jeder Geschäftsbereichsleiter einen vorab festgelegten Anteil des am Periodenende erwirtschafteten *Gesamtunternehmens*ergebnisses. Gibt dann ein Bereichsleiter seine Planung verfälscht an die Zentrale weiter und führt dieses in der Konsequenz zu Kapitalfehlallokationen, die das erwirtschaftete Gesamtunternehmensergebnis reduzieren, *senkt dies auch die individuelle Entlohnung* des Bereichsleiters. Die Geschäftsbereichsleiter haben daher einen Anreiz zur wahrheitsgemäßen Planweitergabe an die Zentrale.

Eine Schwäche des Profit-Sharing ist es, dass theoretisch immer nur dann ein Anreiz zur unverzerrten Berichterstattung besteht, wenn *auch alle anderen Bereichsleiter* wahrheitsgemäß berichten. Es lässt sich zeigen, dass in bestimmten Situationen bereits die Vermutung eines einzelnen Bereichsleiters, dass ein anderer Divisionsleiter Informationen verfälscht weitergibt, genügen kann, einen Anreiz zu eigener Falschberichterstattung zu erzeugen. Diese Situationen sind jedoch an strenge Bedingungen geknüpft, so dass sie in der Praxis selten auftreten und daher diese Schwäche nicht überbewertet werden sollte.[188]

---

[185] Weitere Schwächen offenbart das Weitzman-Schema bei Unsicherheiten bezüglich des Leistungsverhaltens der Divisionsleiter. Vgl. Pfaff (2002), S. 239.

[186] Vgl.Ewert/Wagenhofer (2005), S. 494ff., die dies anhand eines Zahlenbeispiels demonstrieren. Vgl. ebenso Bosse (2000), S. 248. Der AK-Finanzierung (1994), S. 908ff. erkennt dieses Defizit nicht und kommt daher zu der (irrigen) Auffassung, dass das Weizman-Schema für eine Anwendung im Rahmen der Kapitalallokation geeignet und dem Groves-Schema überlegen ist.

[187] Vgl. Loeb/Magat (1978), S. 112f.; Fent (1996), S. 110f.

[188] Vgl. Ewert/Wagenhofer (2005), S. 499ff.

Die wahrheitsgemäße Berichterstattung der Geschäftsbereichsleiter wird beim Profit-Sharing durch eine Verletzung des *Controllability Prinzips* erkauft. Dieses besagt, dass nur solche Leistungen als Bemessungsgrundlage für die Entlohnung herangezogen werden sollten, die direkt durch den jeweils Betroffenen beeinflussbar sind.[189] Dieses Prinzip wird beim Profit-Sharing nicht beachtet, da die Entlohnung eines Divisionsmanagers nicht mehr nur von der eigenen Leistung, sondern auch von der der anderen Divisionsmanager abhängig ist. Die Verletzung dieses Prinzip kann als unfair angekreidet werden, aber auch eine andere Betrachtungsweise ist möglich: Würde die Entlohnung der Divisionsmanager ausschließlich von Größen aus dem eigenen Verantwortungsbereich abhängen, würden Bereichsegoismen gefördert, die bei knappen Mitteln grundsätzlich auf Kosten der Zielerreichung anderer Bereiche gingen.[190]

Ad 3.)

Das *Groves-Schema*[191] stellt die dritte Möglichkeit zur Induzierung unverfälschter Bereichsplanungen dar. Dieses Anreizsystem modifiziert das Vorgehen des Profit-Sharing so, dass es für jeden Manager optimal wird, wahrheitsgemäß zu berichten, *unabhängig* davon, ob die jeweils anderen Manager wahre Berichte abgeben oder nicht. Dazu werden neben dem *realisierten* eigenen Bereichsgewinn die *geplanten* Gewinne der jeweils anderen Bereiche in die Entlohnungsfunktion mit einbezogen. Ein Divisionsleiter muss also beispielsweise Einkommensverluste dadurch hinnehmen, dass seine unwahre Planweitergabe zu reduzierten Plangewinnen in anderen Divisionen führt.[192]

Da die Entlohnung eines Managers umso höher ist, je höher die geplanten Gewinne der jeweils anderen Bereiche ausfallen, kann es beim Groves-Schema dazu kommen, dass Bereichsmanager untereinander Absprachen treffen und jeweils zu hohe Gewinnprognosen abgeben. Falls diese Übertreibungen kein Abweichen von der optimalen Mittelallokation bedingen, steigen für die Zentrale "nur" die Gehaltskosten für die Divisionsmanager. Wenn durch die Übertreibungen aber auch die Mittelallokation ineffizient wird, entsteht dem Gesamtunternehmen daraus ein weiterer Verlust. Der letztgenannte Fall ist jedoch als nicht sehr wahrscheinlich anzusehen, da bei ineffizienter Kapitalallokation sich mindestens eine Division schlechter stellt und nur bei Zahlung von verdeckten Sei-

---

[189] Vgl. zum Controllability-Prinzip Reichelstein (2002), Sp. 1705.
[190] Vgl. Ewert/Wagenhofer (2005), S. 505f.
[191] Vgl. Groves (1973) und Groves/Loeb (1979) sowie Fent (1996), S. 15ff.
[192] Vgl. Ewert/Wagenhofer (2005), S. 501f.

tenzahlungen durch die anderen Bereiche zu einer Teilnahme zu bewegen sein wird.[193] Auch diese Schwäche ist daher nicht überzubewerten.

Ebenso wie das Profit-Sharing erkauft sich auch das Groves-Schema eine wahrheitsgemäße Berichterstattung der Geschäftsbereichsleiter durch eine Verletzung des Controllability-Prinzips. Es kann sich daher – je nach Sichtweise – in analoger Weise dem Vorwurf der Unfairness ausgesetzt sehen.[194]

Als *Zwischenfazit* kann somit festgehalten werden, dass von den im Schrifttum diskutierten Ansätzen nur das Profit-Sharing und das Groves-Schema für eine Verwendung in internen Kapitalmärkten geeignet sind.

In der bisherigen Betrachtung wurde unterstellt, dass die Divisionsmanager keinerlei direkten privaten Nutzen aus der Kontrolle von Ressourcen ziehen. Hiervon kann jedoch in der Praxis nicht ausgegangen werden.[195] Zu überlegen ist daher, inwieweit sich Profit-Sharing und Groves-Schema auch dann noch für die Verwendung in internen Kapitalmärkten eignen, wenn die Bereichsmanager aus den ihnen zugeteilten Ressourcen private Vorteile erzielen.[196]

Da in die Zielfunktion der Divisionsmanager unter der Annahme von Ressourcenpräferenzen nun nicht mehr nur die monetäre Entlohnung, sondern auch der private Nutzen aus den zugewiesenen Finanzmitteln einfließt, geht der Anreiz für eine wahrheitsgemäße Berichterstattung verloren. Beispielsweise könnte der Bereichsmanager die erwartete Rendite seiner Projekte zu hoch ansetzen, auch wenn dies für ihn persönlich eine geringere finanzielle Entlohnung zur Folge hat, aber der durch die höheren zugewiesenen Finanzmittel entstandene private Vorteil seinen Einkommensverlust überkompensiert.

Bei der Verwendung von Bereichs-*Residual*gewinnen anstatt von Bereichsgewinnen als Beurteilungsgröße lässt sich ein wahrheitsinduzierender Anreiz wiederherstellen. Dabei genügt es in der Theorie, den Kapitalkostensatz zur Berechnung des Bereichs-Residualgewinns so anzuheben, dass die Ressourcenpräferenzen des Managers gerade neutralisiert werden. Im Fall des Profit-Sharings

---

[193] Vgl. Ibid., S. 502ff.
[194] Vgl. Ibid., S. 505f.
[195] Vgl. Kapitel 3.1.1.
[196] Eine Berücksichtigung von Arbeitsleid wird an dieser Stelle nicht vorgenommen, da dieses bei höherrangigen Managern tendenziell als weniger relevant angesehen wird. Vgl. Holmstrom/Ricart i Costa (1986), S. 835f. und Jennergren (1980), S. 190.

wird die Berechnungsgrundlage dann beispielsweise dergestalt abgewandelt, dass der Bereichsmanager einen Anteil an der Summe aus dem *modifizierten* Residualgewinn seines Bereiches und den mit dem *normalen* Kapitalkostensatz berechneten Residualgewinnen der jeweils anderen Divisionen erhält. Im Fall des Groves-Schemas erhält der Bereichsmanager analog einen Anteil an der Summe aus dem *modifizierten* Residualgewinn seines Bereiches und den mit dem *normalen* Kapitalkostensatz berechneten geplanten Residualgewinnen der jeweils anderen Bereiche.[197] In der Praxis ist die Bestimmung der zur Neutralisierung der Ressourcenpräferenzen notwendigen Erhöhung des Kapitalkostensatzes jedoch regelmäßig nicht exakt möglich, was als Schwäche des Verfahrens gesehen werden muss.

Auch wenn aus theoretischer Sicht sowohl das Profit-Sharing als auch das Groves-Schema für die Anwendung in internen Kapitalmärkten geeignet erscheinen, kommen Groves-Schemata in der Praxis äußerst selten vor. Neben der geringen Resistenz gegenüber Absprachen der Divisionsmanager untereinander scheint dies vor allem an der hohen Komplexität des Verfahrens zu liegen.[198] WALLER/BISHOP stellen hierzu in einem Experiment mit 72 Studenten der Betriebswirtschaftslehre fest, dass selbst nach dem Durchspielen von zehn Budgetierungsrunden die Studenten mehrheitlich noch nicht verstanden hatten, was sie genau tun mussten, um ihren Bonus zu maximieren.[199]

Aus Gründen der Praxistauglichkeit wird daher der Einsatz von *Profit-Sharing* (auf Basis von Bereichs-Residualgewinnen und unter Verwendung eines erhöhten Kapitalkostensatzes für den jeweils betrachteten Geschäftsbereich) empfohlen.

Eine zusammenfassende Darstellung der Thesen zur Reduktion von Influence Costs erfolgt in Tab. 6.

4.6 Zusammenfassung

Die folgende Tab. 6 fasst die entwickelten Thesen zur Gestaltung effizienter interner Kapitalmärkte nochmals in einer Übersicht zusammen. Der theoretische Teil der Arbeit ist damit abgeschlossen.

---

[197] Vgl. Ewert/Wagenhofer (2005), S. 514ff.
[198] Vgl. Pfaff (2002), S. 239 und Ewert/Wagenhofer (2005), S. 505.
[199] Vgl. Waller/Bishop (1990), S. 812f.

Gestaltungshebel	Abgeleitete Gestaltungsthesen
Qualität Winner-Picking – Prozess	1. Bewertung der *Attraktivität bestehender Bereichsstrategien* anhand der Kriterien Visions-/Strategiefit sowie CFROI-Spread (bereichsspezifische Kapitalkostensätze). 2. Ableitung *möglicher strategischer Stoßrichtungen* für das Gesamtunternehmen durch die Zentrale und Vorgabe *verbindlicher Leitplanken* zur Entwicklung von Neu-Strategien auf Geschäftsfeldebene. 3. Ausformulieren von Neu-Strategien als *Businessplan* durch die Geschäftsbereiche, dabei Ableiten finanzieller Werttreiber auf Basis einer vorgeschalteten *Prognose strategischer Einflussfaktoren.* 4. Bewertung der *Attraktivität von Neu-Strategien* anhand der Kriterien Visions-/Strategiefit sowie VROI. 5. Durchführen von *Sensitivitätsanalysen* im Rahmen der Bewertung. 6. Abhalten einer *"internen Analystenkonferenz",* auf der die Geschäftsbereiche ihre "Story", Planungen und Bewertungen präsentieren und dies von der Zentrale kritisch hinterfragt wird. 7. Entwickeln *alternativer Konzernentwicklungspfade,* dabei Aufrechterhalten eines *Wettbewerbsverhältnisses* um knappes Kapital (generierter Cashflow und Assets) zwischen bestehenden Geschäftsbereichsstrategien und Neu-Strategien untereinander und gegeneinander. 8. *Entscheidung* für einen Konzernentwicklungspfad anhand der Kriterien Visions-/Strategiefit, finanzielle Attraktivität (Present Value) sowie finanzielle Durchführbarkeit. 9. Ableiten der *Finanz- und Budgetplanung* aus dem gewählten Konzernentwicklungspfad.
– Organisatorische Voraussetzungen	10. *Rolle der Zentrale* als Treiber und Koordinator des Winner-Picking-Prozesses sowie methodischer Unterstützer der Geschäftsbereiche. 11. *Strikte Kompetenzabgrenzung* bei der Entwicklung von Geschäftsbereichs- und Gesamtportfoliostrategie. 12. *Verzicht auf Doppelvorstandschaften.* 13. *Direkte Kapitalallokation* auf Geschäftsbereiche.
Qualität Monitoring	14. Durchführen einer strategischen Prämissenkontrolle: Überwachung der Validität der Auswahl der Geschäftsfeldstrategien sowie der ausreichenden Dimensionierung der Cashflowbedarfe der Bereiche.

Gestaltungshebel	Abgeleitete Gestaltungsthesen
	15. Durchführen einer strategischen Durchführungskontrolle: Überwachung der Höhe der erwirtschafteten Cashflows der Geschäftsbereiche und des Erreichens von Rentabilitätszielen. 16. Durchführen einer strategischen Überwachung im Sinne einer ungerichteten Kontrolle (strategisches Radar). 17. Fokussierung der Kontrolle auf für die Durchführung der Portfoliostrategie relevante Größen und Definition von Toleranzgrenzen. 18. *Direkte und enge Erfolgskontrolle* des Geschäftsbereichsmanagements durch die Zentrale bei portfoliostrategiebedrohlichen Fehlentwicklungen.
Reduktion Interessenkonflikt Eigentümer/ Zentralmanagement – Anreize	19. Enge Kopplung der Interessen des Zentralmanagements an diejenigen der Eigentümer durch – anreizkonform ausgestaltete Aktien(options)programme – Anreizsysteme auf Basis interner Wertkennzahlen (insb. CVA, Delta-CVA).
– Aufsichtsratskontrolle	20. Effektive Gestaltung der Überwachungsaktivitäten des Aufsichtsrates beispielsweise durch – Nutzung strategischer Kontrollarten und unternehmensexterner Informationsquellen – Nutzung wertorientierter Kennzahlen – Kontrolle im zeitlichen Gleichlauf mit den Entscheidungen des Vorstandes – Aktives Mitwirken bei der Festlegung der Unternehmensziele – Aufnahme der strategischen Planung in den Katalog zustimmungspflichtiger Geschäfte – Verstärkte Ausübung des Fragerechts und Erlass einer Informationsordnung – Einrichtung eines entscheidungsvorbereitenden Strategieausschusses.
Reduktion Motivationsprobleme auf Divisions-Ebene	21. Setzen individueller Leistungsanreize für die Geschäftsbereichsleiter durch Anreizsysteme auf Basis bereichsspezifischer Wertkennzahlen (insb. CVA, Delta-CVA). 22. Kontrolle der Leistungserbringung der Geschäftsbereichsmanager, dabei strikte Wahrung ihrer Entscheidungsautonomie.

Gestaltungshebel	Abgeleitete Gestaltungsthesen
Reduktion von Influence Costs	
– Job Rotation	23. Regelmäßige Rotation der Geschäftsbereichsmanager.
– Anreize zur Induzierung einer wahrheitsgemäßen Planung	24. Einsatz von Profit-Sharing (auf Basis von Bereichs-Residualgewinnen und unter Verwendung eines erhöhten Kapitalkostensatzes für den jeweils betrachteten Geschäftsbereich).

Tab. 6: Zusammenfassung der Gestaltungsthesen.
Quelle: Eigene Darstellung.

5 Empirisches Forschungsdesign

Bei der Planung jedes empirischen Forschungsprojektes ist festzulegen, welche Größen *wie*, *wo* und *in welchem Zeitraum* erfasst werden sollen.[1] In diesem Kapitel werden daher zunächst die im Rahmen des globalen und des spezifischen Forschungsdesigns der Arbeit zur Verfügung stehenden Alternativen erläutert und vor dem Hintergrund des gesteckten Forschungsziels gegeneinander abgewogen. Hierauf aufbauend erfolgt die Darstellung der Datenerhebung sowie eine Beschreibung der in Bezug auf die gewonnenen Daten verfolgten Auswertungsstrategie.

5.1 Planung des globalen Forschungsdesigns

Für die Festlegung des globalen Forschungsdesigns sind Aussagen zur methodischen Vorgehensweise der Datenerhebung zu treffen. Hierbei lassen sich grundsätzlich Experimente, Einzelfallstudien und Feldstudien unterscheiden.[2]

Experimente bieten die Möglichkeit, manipulierend in den zu untersuchenden Objektbereich einzugreifen. Dabei kann zwischen Aktionsforschung, Feldexperiment und Laborexperiment unterschieden werden.[3] Angesichts der hohen Risiken, die mit einer Manipulation interner Kapitalmärkte realer Unternehmen verbundenen sind, und angesichts des bislang geringen Forschungsstandes zum Thema kann kaum davon ausgegangen werden, kooperationswillige Firmen für eine Teilnahme an Aktionsforschung oder Feldexperimenten zu finden. Auch Laborexperimente scheiden aus, da sich der Prozess der internen Kapitalallokation als äußerst komplex darstellt und eine gute Vergleichbarkeit von Laborbedingungen und realer Situation nicht zu vermuten ist.[4] Experimente sind daher für die eigene Untersuchung nicht geeignet.

Bei einer *Einzelfallstudie* werden Daten einer einzelnen Untersuchungseinheit gesammelt und ausgewertet. Hierbei wird eine sehr reichhaltige Beschreibung der ausgewählten Untersuchungseinheit erreicht.[5] Zur Erreichung des gesteckten Forschungsziels ist jedoch eine Datenerhebung aus mehreren unterschiedlichen

---

[1] Vgl. Kubicek (1975), S. 35.
[2] Vgl. Ibid., S. 34ff.
[3] Vgl. zum Experiment Roth (1995), S. 108ff.; Kubicek (1975), S. 67ff.
[4] Vgl. Kubicek (1975), S. 67ff.; Kubicek (1977), S. 11; Chmielewicz (1993), S. 148f.
[5] Vgl. bspw. Roth (1995), S. 267ff.

Unternehmen notwendig. Daher ist auch die Einzelfallstudie für die vorliegende Untersuchung nicht geeignet.

Es bietet sich daher an, die Untersuchung in Form einer *Feldstudie* durchzuführen. Feldstudien können grundsätzlich in Längsschnittuntersuchung, komparativ-statische Analyse und Querschnittuntersuchung unterschieden werden. In der vorliegenden Arbeit wird eine *Querschnittuntersuchung* gewählt, bei der die Daten – anders als bei den beiden verbleibenden Varianten – einmalig erhoben und ausgewertet werden.[6]

Die Entscheidung für eine Querschnitt-Felduntersuchung macht im nächsten Schritt weitere Aussagen zum spezifischen Forschungsdesign notwendig. Damit sind das konkrete Verfahren der Datenerhebung und die Auswahl der Untersuchungseinheiten angesprochen.

5.2 Planung des spezifischen Forschungsdesigns

5.2.1 Datenerhebungsverfahren

Bezüglich möglicher Verfahren der Datenerhebung lässt sich zunächst eine Unterscheidung in Beobachtung, Inhaltsanalyse und Befragung treffen.[7]

Unter *Beobachtung* wird "das systematische Erfassen, Festhalten und Deuten sinnlich wahrnehmbaren Verhaltens zum Zeitpunkt des Geschehens"[8] verstanden. Da kaum von der Bereitschaft einer Vielzahl von Unternehmen zu dauerhaften Forschungsaufenthalten auszugehen ist und dies auch aus forschungsökonomischen Überlegungen heraus nicht durchführbar erscheint, scheidet eine Beobachtung für die vorliegende Arbeit aus.

Bei der *Inhaltsanalyse* werden vornehmlich Texte (aber auch Rundfunk- und Fernsehsendungen, etc.) einer quantifizierenden Analyse unterzogen.[9] Diese Methode erscheint angesichts des zu erwartenden geringen Detailgrades verfügbarer Informationen ebenfalls nicht geeignet, zur Erreichung der gesteckten Forschungsziele beizutragen.

---

[6] Vgl. für eine vergleichende Gegenüberstellung der Varianten der Feldstudie bspw. Diekmann (2005), S. 266ff.; Roth (1995), S. 309ff.
[7] Vgl. Schnell/Hill/Esser (1995), S. 297ff.; Kubicek (1975), S. 36.
[8] Atteslander (1995), S. 87. Vgl. weiterhin zur Beobachtung Diekmann (2005), S. 456ff.; Flick (2004), S. 199ff.; Flick, et al. (1995), S. 189ff.; Roth (1995), S. 126ff.
[9] Vgl. Lamnek (2005), S. 478ff.; Schnell/Hill/Esser (1995), S. 372ff.; Roth (1995), S. 175ff.

Als Erhebungsverfahren wird daher die *Befragung* gewählt. Diese kann in Form einer schriftlichen, telefonischen oder persönlichen Befragung erfolgen.[10]

Eine *schriftliche (postalische) Befragung* setzt die Nutzung eines standardisierten Fragebogens voraus. Der größte Vorteil liegt hierbei bei den im Vergleich niedrigeren Kosten. Allerdings würde bei einer schriftlichen Befragung im Vornherein auf die Möglichkeit verzichtet werden, unerwartete Antworten tiefergehend zu diskutieren, auf besondere Aspekte näher einzugehen, metasprachliche Äußerungen zu erfassen sowie kontextabhängige und alltagsweltliche Deutungszusammenhänge zu entdecken.[11] Weitere Probleme entstehen durch die i. d. R. sehr niedrige Rücklaufquote bei schriftlichen Befragungen sowie durch die Tatsache, dass die konkrete Erhebungssituation nicht kontrolliert werden kann und damit unklar bleibt, wer die gestellten Fragen tatsächlich beantwortet bzw. wie ernsthaft derjenige dabei vorgeht.[12] Daher scheidet eine schriftliche Befragung als Verfahren der Datenerhebung für die vorliegende Untersuchung aus.

Auch eine *telefonische Befragung* scheint nicht zur Erreichung der Forschungsziele geeignet. Zwar weisen telefonische Befragungen erhebliche zeitökonomische Vorteile auf, jedoch gestaltet sich die Diskussion komplexer Sachverhalte am Telefon erfahrungsgemäß schwierig. Auch wird der Aufbau einer vertrauensvollen Gesprächsatmosphäre, die angesichts des Themas der Befragung zwingend notwendig erscheint, wesentlich erschwert.[13]

Vor dem Hintergrund der gemachten Ausführungen liegt es daher nahe, die Befragung in Form einer *persönlichen Befragung (Interview)* durchzuführen. Hierfür sprechen – insbesondere in Abgrenzung zu den anderen beiden alternativ möglichen Befragungsformen – die folgenden Vorteile:[14]

- In der Regel gelingt es mit einem persönlichen Gespräch besser, die Zielgruppe zu einer Teilnahme zu motivieren.[15]

---

[10] Vgl. Schnell/Hill/Esser (1995), S. 299; Laatz (1993), S. 103ff.; Diekmann (2005), S. 373.
[11] Vgl. Berg (2003), S. 117.
[12] Zu den Vor- und Nachteilen schriftlicher Befragungen vgl. bspw. Schnell/Hill/Esser (1995), S. 333ff.; Laatz (1993), S. 109ff.; Diekmann (2005), S. 439ff.
[13] Zu den Vor- und Nachteilen telefonischer Befragungen vgl. Schnell/Hill/Esser (1995), S. 338ff.; Laatz (1993), S. 112ff.; Diekmann (2005), S. 429ff.
[14] Vgl. im Folgenden auch Berg (2003), S. 117f.; Grothe (2006), S. 109.
[15] Laut Laatz (1993), S. 108 wird eine Stichprobe bei persönlichen Interviews für gewöhnlich deutlich besser ausgeschöpft als bei vergleichbaren postalischen Befragungen.

- Die Erhebungssituation ist definiert, d.h. es ist insbesondere bekannt, welche Person die Fragen beantwortet.
- Durch den direkten persönlichen Kontakt mit dem Gesprächspartner besteht eine Möglichkeit zum Aufbau der notwendigen vertrauensvollen Atmosphäre.
- Einzelne Fragen oder unerwartete Antworten können vertiefend erläutert werden.
- Auftretende Missverständnisse können leichter erkannt und ausgeräumt werden.
- Aus der Theorie abgeleitete Forderungen können besser auf etwaige Umsetzungsprobleme in der Praxis untersucht werden.
- Aktuelle und unternehmensspezifische Aspekte können leicht in die Befragung mit einbezogen werden.
- Erkenntnisse und Lerneffekte aus den bereits durchgeführten Interviews können in späteren Befragungen genutzt werden, so dass eine kontinuierliche Verbesserung der Gesprächsverläufe erwartet werden kann.

Jedoch ist die Durchführung von persönlichen Interviews auch mit Nachteilen behaftet, die an dieser Stelle nicht verschwiegen werden sollen:

- Erheblich höherer Kosten-, Reise- und Zeitaufwand[16]
- Problematische Kontaktaufnahme zu den Gesprächspartnern durch vorgeschaltete "Gatekeeper" (z. B. Sekretariate)
- Möglicherweise problematische Verfügbarkeit der Gesprächspartner während der Erhebungsphase aufgrund enger Terminpläne.

Nach der Entscheidung für eine Datenerhebung mittels persönlicher Befragung soll als nächstes bestimmt werden, wie stark strukturiert die Erhebung erfolgen soll. Diesbezüglich kann zwischen wenig strukturierten *(offenen)* und *stark strukturierten* Formen der Befragung unterschieden werden.[17]

Bei *stark strukturierten Befragungen* wird der genaue Wortlaut der Fragen, die Fragenreihenfolge, die Antwortmöglichkeiten sowie das Interviewerverhalten und die Interviewsituation bis in jede Einzelheit durch einen Fragebogen vorgegeben. Für stark strukturierte Befragungen sprechen insbesondere die Ver-

---

[16] Laut Ibid., S. 108 belaufen sich die reinen Erhebungskosten bei einer postalischen Befragung nur auf ein Fünftel bis ein Zehntel der Kosten einer persönlichen Befragung.

[17] Vgl. Schnell/Hill/Esser (1995), S. 300ff.; Laatz (1993), S. 104; Atteslander (2006), S. 129ff.

gleichbarkeit der Ergebnisse sowie eine vergleichsweise leichte quantitative Auswertung. Kritisch wird demhingegen die oft künstliche Interviewsituation und die geringe Kontextsensitivität des Verfahrens gesehen.[18]

Mit Hilfe von *offenen Befragungen* ist es demhingegen eher möglich, spezifischen Problemfeldern detailliert nachzugehen, die dominierende Perspektive des Forschers zu verlassen und der Komplexität des Einzelfalles gerecht zu werden. Die Offenheit des Verfahrens bringt jedoch auch eine reduzierte Vergleichbarkeit der Ergebnisse mit sich. Einen Extrempol des offenen Interviews bildet das vollkommen freie Gespräch mit nur sehr allgemeiner Vorgabe des Themas und völlig non-direktivem Verhalten des Interviewers. Häufig wird jedoch in offenen Befragungen ein Gesprächsleitfaden genutzt, der sicherstellen soll, dass zumindest alle interessierenden Punkte auch im Gespräch adressiert werden (*teilstrukturiertes Interview*).[19]

Wie weiter oben ausgeführt ist es das empirische Ziel der vorliegenden Arbeit, eine Bestandsaufnahme der betrieblichen Praxis interner Kapitalmärkte in deutschen Konglomeraten vorzunehmen sowie Erfahrungswissen und Einschätzungen aus Sicht der Unternehmenspraxis zu gewinnen.[20] Zur Erfüllung dieses Ziels erscheinen offene Formen der Befragung besser geeignet als stark strukturierte Varianten. Durch die Verwendung eines Leitfadens soll dabei jedoch sichergestellt werden, dass keine relevanten Aspekte im Gespräch ausgelassen werden und die in dieser Arbeit entwickelten Thesen zur Gestaltung effizienter interner Kapitalmärkte in die Befragung mit einfließen.[21] Der zur Datenerhebung verwendete Leitfaden ist dem Anhang dieser Arbeit zu entnehmen.

Die Durchführung von Leitfadeninterviews stellt besondere Anforderungen an die Kompetenz des Interviewers. Neben der reinen Kenntnis des Gegenstandes der Befragung muss dieser in der Lage sein, das Thema in verständliche Fragen oder Anreize umzusetzen. Weiterhin muss er durch seine Persönlichkeit und sein Verhalten eine permissive, offene Atmosphäre schaffen und den Befragten zum Reden bringen.[22] Die an den Interviewer gestellten speziellen Anforderungen können für die vorliegende Arbeit als weitgehend erfüllt angesehen werden.

---

[18] Zur stark strukturierten Befragung und seiner Kritik vgl. bspw. Lamnek (2005), S. 330ff.; Laatz (1993), S. 106f.; Diekmann (2005), S. 443f.; Trinczek (2005), S. 211.

[19] Zur offenen Befragung, ihren verschiedenen Ausprägungen und ihrer Kritik vgl. bspw. Laatz (1993), S. 104ff.; Diekmann (2005), S. 443ff.; Lamnek (2005), S. 329ff.

[20] Vgl. Kapitel 1.2 dieser Arbeit.

[21] Vgl. Flick/von Kardorff/Steinke (2004), S. 139f.; Meuser/Nagel (1991), S. 448.

[22] Vgl. Atteslander (1995), S. 198; Trinczek (2005), S. 218f.; Lamnek (2005), S. 354.

Hierfür spricht zum einen das im Zuge der Beschäftigung mit dem Thema der Arbeit erworbene Wissen, zum anderen die berufliche Erfahrung des Verfassers mit leitfadengestützten Top-Management-Interviews. Um den Interviewablauf und das Frageverhalten zu erproben und zu optimieren, wurde weiterhin vor der eigentlichen empirischen Datenerhebung eine Probebefragung mit einem Geschäftsbereichs-Finanzvorstand eines großen deutschen Konglomerates durchgeführt.

5.2.2 Auswahl der Untersuchungseinheiten

Vor dem Hintergrund der empirischen Zielsetzung dieser Arbeit liegt es nahe, bei der Befragung auf diejenigen Personen abzustellen, die in Konglomeraten Verantwortung für die interne Kapitalallokation tragen oder über einen privilegierten Zugang zu entsprechenden Informationen verfügen. Damit sind *Experten* für interne Kapitalmärkte in Konglomeraten angesprochen.[23]

Da die interne Kapitalallokation in der Unternehmenspraxis eine hohe Bedeutung einnimmt und i. d. R. zentral gesteuert wird, sind Experten für interne Kapitalmärkte vor allem in den obersten Entscheidungshierarchien der Unternehmenszentrale zu erwarten. Aufgrund der Nähe des Themas zum Finanzbereich bieten sich vor allem die *Finanzvorstände* eines Unternehmens für eine Expertenbefragung an. Je nach konkreter Zuständigkeit und Kompetenzverteilung im Unternehmen können auch leitende Mitarbeiter der Finanzabteilung, der strategischen Planung oder des Controllings für ein Experteninterview in Frage kommen.

Mit diesen Ausführungen ist die Planung des spezifischen Forschungsdesigns abgeschlossen. Der Blick kann nun auf die Durchführung der Erhebung gelenkt werden.

5.3 Durchführung der Erhebung

5.3.1 Identifikation relevanter Unternehmen

Vor Beginn der eigentlichen Datenerhebung mittels leitfadengestützter Experteninterviews mussten zunächst sämtliche Unternehmen identifiziert werden, die

---

[23] Zum Expertenbegriff vgl. Meuser/Nagel (1991), S. 442f.; Liebhold/Trinczek (2002), S. 35ff.; Bogner/Littig/Menz (2005), S. 39ff.

als Konglomerat im Sinne dieser Arbeit gelten können. Hierzu wurde eine kombinierte Datenbankabfrage der beiden kommerziellen Datenbanken *Thomson Financial Datastream* und *Bloomberg*[24] durchgeführt. Dabei wurde der Konglomeratsbegriff dieser Arbeit[25] durch folgende Abfrageparameter operationalisiert:

1. Unternehmen mit Hauptsitz in Deutschland
2. Börsennotierung
3. Umsatz in 2005 von mindestens 2 Mrd. €
4. Umsätze in mindestens zwei Geschäftsfeldern, die sich in den ersten beiden Stellen ihres SIC-Codes unterscheiden. Jedes dieser Geschäftsfelder muss einen Anteil von mindestens 10% am Gesamtumsatz des Unternehmens besitzen
5. Ausschluss von Unternehmen, bei denen ein einzelner Aktionär mehr als 75% der Aktien hält
6. Ausschluss von Unternehmen aus dem Finanzsektor (SIC 6000-6999).

Ad 1.)
Da sich das geographische Interesse der vorliegenden Arbeit auf Deutschland bezieht, wurden nur Unternehmen mit Hauptsitz in der Bundesrepublik Deutschland selektiert.

Ad 2.)
Die Beschränkung der Abfrage auf börsennotierte Unternehmen erfolgte aus einem inhaltlichen und einem praktischen Grund. Aus inhaltlicher Sicht, um eine Vergleichbarkeit zu vorangegangenen Studien mit ihren in der Regel expliziten Aktienmarktbezügen herstellen zu können. Aus praktischer Sicht, weil die Datenbanken Thomson Financial Datastream und Bloomberg jeweils nur börsennotierte Unternehmen umfassen und nach Kenntnis des Verfassers für nichtbörsennotierte Unternehmen keine vergleichbaren Datenbanken existieren.

Ad 3.)
Aufgrund der höheren Entscheidungskomplexität und der größeren Anzahl von potenziell widerstreitenden Interessen sind Schwierigkeiten im Rahmen der in-

---

[24] Thomson Financial Datastream und Bloomberg gelten als weltweit führende Anbieter für Daten, Nachrichten und Analysen für die Finanzindustrie. Vgl. www.thomson.com bzw. www.bloomberg.com. Der Verfasser dankt der Boston Consulting Group für die Bereitstellung der Daten.
[25] Vgl. Kapitel 2.1.2.

ternen Kapitalallokation vor allem bei großen Unternehmen zu erwarten. Auch die Existenz einer Unternehmenszentrale im Sinne dieser Arbeit wird bei kleineren Unternehmen i. d. R. nicht gegeben sein.[26] Die Abfrage berücksichtigt daher nur Unternehmen, die im Geschäftsjahr 2005 einen Umatz von mehr als 2 Mrd. €. erzielt haben.

Ad 4.)

Als notwendiges Kriterium für die Klassifizierung eines Unternehmens als Konglomerat wurde die Existenz von mindestens zwei unverwandten Geschäftsbereichen definiert.[27] Um bei der Identifikation von unverwandten Geschäftsbereichen subjektive Einschätzungen zu vermeiden, wurde bei der Datenbankabfrage auf die objektive und weit verbreitete Branchenklassifizierung mittels der *Standard Industry Classification Codes* (SIC-Codes) zurückgegriffen (vgl. Tab. 7).

Die SIC-Codes wurden vom United States Census Bureau eingeführt und stellen einen vierstelligen Zahlencode dar, bei dem die erste Ziffer den Hauptwirtschaftszweig, die zweite den Wirtschaftszweig, die dritte den Wirtschaftsbereich und die letzte Ziffer die Branche angibt.[28] Entsprechend einer im Schrifttum weit verbreiteten Vorgehensweise gelten Geschäftsbereiche immer dann als *unverwandt*, wenn sie aus *unterschiedlichen Wirtschaftszweigen* stammen.[29] Es wurden daher nur solche Unternehmen selektiert, bei denen sich mindestens zwei Geschäftsbereiche in den ersten beiden Stellen ihrer SIC-Codes unterscheiden. Um zu verhindern, dass im Wesentlichen fokussierte Unternehmen mit marginalen Nebengeschäften als Konglomerat eingestuft werden, wurde zusätzlich gefordert, dass die Geschäftsfelder mindestens 10% zum Gesamtumsatz des Unternehmens beitragen.

SIC-Typ	Bezeichnung	Beispiel
1xxx	Hauptwirtschaftszweig	Hauptwirtschaftszweig Handel
11xx	Wirtschaftszweig	Wirtschaftszweig Großhandel-Verbrauchsgüter
111x	Wirtschaftsbereich	Wirtschaftsbereich Papier und Papierprodukte
1111	Branche	Branche Druck- und Schreibpapier.

Tab. 7: Systematik der SIC-Codes.
Quelle: Beckmann (2006), S. 206.

---

[26] Für diese Argumentation spricht auch, dass eine versuchsweise durchgeführte Ansprache von kleineren Unternehmen nur auf eine sehr geringe Resonanz traf.

[27] Vgl. Kapitel 2.1.2.

[28] Vgl. Beckmann (2006), S. 84; Laucher (2005), S. 73.

[29] Dieses Vorgehen gilt als der bis heute gebräuchlichste Ansatz zur Identifikation von Konglomeraten. Vgl. Laucher (2005), S. 73 sowie kritisch Wagner (2001), S. 24f.

Ad 5.)

Um zu vermeiden, dass vollständig beherrschte Tochtergesellschaften, die in einen übergeordneten internen Kapitalmarkt der Muttergesellschaft eingebunden sind, in der Trefferliste erscheinen, wurden diejenigen Unternehmen aus der Liste entfernt, bei denen ein einzelner Aktionär mehr als 75% der Aktienanteile hält.[30]

Ad 6.)

Da Unternehmen aus dem Finanzsektor speziellen Rechnungslegungsvorschriften unterliegen und diese Tatsache im Rahmen des Winner-Pickings – unter anderem – eine gesonderte Diskussion spezifischer Kennzahlen des Finanzsektors nach sich ziehen müsste, wurden Banken, Versicherungen und sonstige Finanzdienstleister (SIC 6000-6999) aus der Ergebnisliste gestrichen.

Als Ergebnis der Datenbankabfrage konnte die in Tab. 8 dargestellte Trefferliste generiert werden. Diese umfasst insgesamt 18 Unternehmen.

5.3.2 Ansprache der Experten

Nach der Identifikation der Unternehmen, die als Konglomerat im Sinne dieser Arbeit gelten können, mussten in einem zweiten Schritt Experten für die jeweiligen internen Kapitalmärkte angesprochen werden. Da vor allem Finanzvorstände als Experten für interne Kapitalmärkte gelten können,[31] richtete sich die Ansprache zunächst an sie. In den Fällen, in denen nicht auf persönliche oder universitäre Kontakte zurückgegriffen werden konnte,[32] erfolgte die Ansprache der Finanzvorstände in folgenden fünf Schritten:

1. Ermittlung des Namens des Finanzvorstandes über den Internetauftritt des Unternehmens.
2. Anruf in der Telefonzentrale des Unternehmens mit der Bitte, mit dem Sekretariat des Finanzvorstandes verbunden zu werden.
3. Vorstellen des Promotionsprojektes gegenüber der Mitarbeiterin im Sekretariat in wenigen Worten.

---

[30] Den verbleibenden Aktionären ist es damit nicht mehr möglich, eine s.g. "Sperrminorität" von 25% der Stimmen aufzubringen, die bspw. für Satzungsänderungen (§ 179 Abs. 2 AktG) oder für die Liquidation des Unternehmens (§ 262 Abs. 2 Nr. 1 AktG) notwendig ist.

[31] Vgl. die Ausführungen Kapitel 5.2.2.

[32] Eine Ansprache über persönliche bzw. universitäre Kontakte erfolgte in zwei Fällen.

4. Bitte um Rat, in welcher Form eine Interviewanfrage am besten an den Finanzvorstand herangetragen werden kann. In der Regel erfolgte daraufhin das Angebot, die Interviewanfrage in einer kurzen E-Mail zu formulieren.

5. Verschicken einer E-Mail, die ein kurzes persönliches Anschreiben sowie ein Kurzexposé des Promotionsprojektes enthält.[33]

In der Regel erfolgte innerhalb weniger Tage durch das Sekretariat eine Rückmeldung, ob der Finanzvorstand selbst für ein Gespräch zur Verfügung steht, ob hierfür ein anderer qualifizierter Mitarbeiter identifiziert werden konnte, bzw. dass grundsätzlich kein Interview möglich ist.

5.3.3 Durchführung der Interviews

Die Interviews wurden im Zeitraum November 2006 bis April 2007 am Standort der befragten Experten durchgeführt.[34] Sie dauerten jeweils zwischen 60 und 120 Minuten.

Zur Vorbereitung der Gespräche wurde vorab eine ausführliche Dokumentenanalyse zum jeweiligen Unternehmen durchgeführt. Hierzu wurde der *Internetauftritt* des Unternehmens gesichtet, *(Zeitungs-)datenbanken* abgefragt sowie aktuelle *Geschäftsberichte, Analystenreports und Kapitalmarktpräsentationen* analysiert. Das so gesammelte Wissen wurde im Interview dazu genutzt, Fragen oder Sachverhalte exemplarisch anhand von Unternehmensspezifika zu diskutieren. Es diente weiterhin der Validierung der Aussagen der Befragten.

Um die vorherrschende Erwartungshaltung der befragten Manager an das Interview zu erfüllen, wurden zu Beginn des Interviews zunächst eher geschlossene Fragen in einem Frage-Antwort-Stil gestellt. Nachdem eine vertrauensvolle Gesprächsatmosphäre hergestellt worden war, wurde anschließend auf einen diskursiv-argumentativen Gesprächsstil umgeschwenkt. Hierbei räumt der Interviewer dem Befragten zwar hinreichend Zeit und Freiraum ein, seine Position zu entfalten, konfrontiert ihn aber im Verlauf des Interviews immer wieder mit Gegenpositionen. Ziel ist es dabei, dass der Interviewte seine subjektiven Relevanzstrukturen diskursiv entfaltet.[35]

---

[33] Anschreiben und Kurzexposé sind dem Anhang dieser Arbeit zu entnehmen.
[34] Ein Interview wurde als Telefoninterview durchgeführt.
[35] Vgl. Trinczek (2005), S. 213 ff.; Liebold/Trinczek (2005), S. 43 ff.

Unternehmen	Umsatz 2005 in Mio. €	Tätigkeitsfelder
Adidas	6.635	Schuhe; Bekleidung; Sportartikel
BASF	42.744	Chemikalien; Erdölindustrie
Beiersdorf	4.776	Parfüm, Kosmetika und andere Körperpflegemittel; andere Papiererzeugnisse (Tesa)
Fraport	2.089	Lufttransport; Handel und Immobilien
Fresenius	7.889	Pharmazeutika; elektromedizinische und elektrotherapeutische Produkte; Management-Dienstleistgn.
GEA Group	4.497	Maschinenherstellung allgemein; Großhandel Verbrauchsgüter; Hoch- und Tiefbau; Umweltschutzmaßnahmen
Bilfinger Berger	6.205	Hoch- und Tiefbau; Dienstleistungen
KarstadtQuelle	15.845	Versandhäuser; Warenhäuser; Reisebüros; Immobiliendienste; kommerzielle Dienstleistungen
Linde	9.501	Industriegase; Zugmaschinen, Flurförder-, Containerhandlinggeräte
MAN	14.671	Kraftfahrzeuge; Maschinenherstellung allgemein
Metro	55.722	Großhandel mit Verbrauchsgütern; Warenhäuser; Lebensmitteleinzelhandel
Rheinmetall	3.454	Raketen und Raumfahrzeuge; Vergaser, Kolben, -ringe, Ventile
RWE	40.518	Strom-, Gas-, Wasser-, Abwasser-, Abfallbetriebe; Tiefbau- und Großprojektbau; Erdölindustrie
K+S	2.815	Mineralien für Chemie- und Düngemittelindustrie; Chemische Industrie; Dienstleistungen; LKW-Transporte, Lagerhausbetrieb, Logistik
Siemens	75.445	Elektro- und Elektronikindustrie; Ausrüstung für Wissenschaft, Technik und Medizin; Großhandel; Stromerzeugung; Immobiliendienste; Gebäudetechnik; Schienenfahrzeuge
Salzgitter	7.151	Hütten, Stahlwerke, Walzwerke und -erzeugnisse; Schmiedestücke; Großhandel
ThyssenKrupp	42.064	Hütten, Stahlwerke, Walzwerke und -erzeugnisse; Kfz-Teile und Zubehör; Aufzüge und Rolltreppen; Ingenieurdienstleistungen; Großhandel
TUI	18.201	Tourismus; Schifffahrt

Tab. 8: Grundgesamtheit der empirischen Untersuchung.
Quelle: Eigene Darstellung.

Von einer vollständigen Protokollierung der Interviews mittels Tonband oder Video wurde angesichts der Sensibilität des Themas und der damit verbundenen Gefahr einer Belastung der Gesprächssituation abgesehen. Um jedoch das Risiko von Informationsverlusten zu reduzieren, wurden wichtige Aspekte noch während des Interviews stichpunktartig festgehalten. Unmittelbar im Anschluss an das Interview wurde ein vollständiges Gesprächsprotokoll als Paraphrase angefertigt.

5.3.4 Teilnehmende Unternehmen und befragte Experten

Von den 18 Unternehmen der Grundgesamtheit nahmen insgesamt neun Unternehmen an der Untersuchung teil und stellten einen Experten als Gesprächspartner zur Verfügung. Dies entspricht einer Teilnahmequote von 50%. Eine Beschreibung der Grundgesamtheit sowie der Gruppe der befragten Unternehmen bezüglich der Kriterien *Indexzugehörigkeit, Umsatzgröße* und *Anzahl unverwandter Geschäftsbereiche* zeigt Abb. 27.

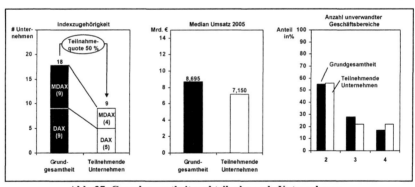

Abb. 27: Grundgesamtheit und teilnehmende Unternehmen.
Quelle: Eigene Darstellung.

Die Teilnahmequote von 50% kann – trotz fehlender Vergleichswerte im Schrifttum – als insgesamt sehr erfreulich bezeichnet werden. Dies umso mehr, wenn in Betracht gezogen wird, dass sich unter den Gesprächspartnern alleine vier Finanz-/Controllingvorstände von DAX- und MDAX-Unternehmen befinden, die i. d. R. für empirische Untersuchungen als nur sehr schwer zugänglich gelten (vgl. Abb. 28).

Rückblickend erweist sich die hohe Kooperationsbereitschaft der Praxis als sehr bedeutend für die wissenschaftliche Qualität der Arbeit. Sie macht weiterhin das große Interesse deutlich, das dem Thema "Gestaltung effizienter interner Kapitalmärkte" entgegengebracht wird.

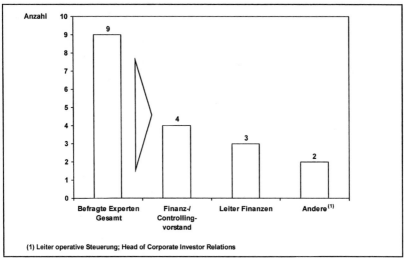

Abb. 28: Zusammensetzung der befragten Experten.
Quelle: Eigene Darstellung.

5.4 Datenauswertung

Aufgrund der qualitativen Ausrichtung der Arbeit ist das Ziel der Datenauswertung, "das Überindividuell-Gemeinsame herauszuarbeiten, Aussagen über Repräsentatives, über gemeinsam geteilte Wissensbestände, Relevanzstrukturen, Wirklichkeitskonstruktionen, Interpretationen und Deutungsmuster zu treffen."[36] Dabei muss darauf geachtet werden, dass die Analyse nachvollziehbar und die Gewinnung von Aussagen für Dritte kontrollierbar bleibt.[37]

Um den Anforderungen an Nachvollziehbarkeit und Kontrollierbarkeit der Interviewauswertung gerecht zu werden, wurde ein sechsstufiges Verfahren zur Anwendung gebracht, das sich auf die Beiträge von MEUSER/NAGEL (1991) und LIEBHOLD/TRINCZEK (2002) stützt:[38]

---

[36] Meuser/Nagel (1991), S. 452.
[37] Vgl. Meuser/Nagel (1991), S. 451.
[38] Vgl. im Folgenden Liebhold/Trinczek (2002), S. 48ff.; Meuser/Nagel (1991), S. 451ff.

1. Schriftliches Fixieren des Experteninterviews direkt nach dem Gespräch in Form einer Paraphrase
2. Inhaltliche Verschlagwortung des Interviews durch das Einfügen thematischer Überschriften
3. Neuordnung des gesamten empirischen Materials unter die thematischen Überschriften
4. Systematischer inhaltlicher Vergleich der Passagen aus den verschiedenen Interviews mit dem Ziel, Gemeinsamkeiten, Unterschiede, Abweichungen und Widersprüche herauszuarbeiten
5. Treffen verallgemeinernder Aussagen über das vorliegende empirische Material (= empirische Generalisierung)
6. Theoretische Generalisierung und Konfrontation der Ergebnisse mit den ursprünglichen Gestaltungsthesen bzw. dem Bezugsrahmen. Je nach Ergebnis dieser Konfrontation gelten die ursprünglichen Überlegungen als *vorläufig bestätigt* bzw. müssen *inhaltlich angereichert* oder gar *gänzlich neu formuliert* werden.

Bei der qualitativen Auswertung der Interviews kam die Spezialsoftware MAXqda-2 zum Einsatz. MAXqda-2 ist eine vergleichsweise weit verbreitete professionelle Software, die zur Analyse qualitativer Daten entwickelt wurde. Sie unterstützt den Anwender bei der systematischen Auswertung und Interpretation von Texten sowie beim Herausarbeiten und Prüfen von theoretischen Schlussfolgerungen.[39]

Neben der beschriebenen qualitativen Auswertung der Experteninterviews wurde in einigen Fällen auch eine *quantitative* Auswertung durchgeführt. Hierzu mussten die qualitativen Interviewergebnisse zunächst codiert werden, um sie der quantitativen Analyse zu eröffnen.[40] Als Beispiele hierfür seien die Frage nach den in den Unternehmen verwendeten Spitzenkennzahlen und das Ausmaß der Verwendung bereichsspezifischer Kapitalkosten genannt.[41]

---

[39] Für eine umfassende Einführung in die Software MAXqda sowie eine Darstellung der Leistungsfähigkeit der computerunterstützten Analyse qualitativer Daten vgl. Kuckartz (2005). Für Anwendungsbeispiele aus der Forschungspraxis vgl. Kuckartz/Grunenberg/Lauterbach (2004). Für allgemeine Informationen zu MAXqda-2 vgl. www.maxqda.de.
[40] Vgl. zu diesem Vorgehen Wollnik (1977), S. 51.
[41] Vgl. Kap. 6.1.1.1.1.

6 Empirische Befunde

Nach Darlegung des empirischen Forschungsdesigns kann nun der Blick auf die Befunde der empirischen Untersuchung gelenkt werden. Hierbei richtet sich die Kapitelstruktur nach den insgesamt fünf im Bezugsrahmen identifizierten Gestaltungshebeln. Zunächst wird zu jedem der Gestaltungshebel die in der Praxis aufgefundene Ausgestaltung beschrieben. Soweit möglich werden diese Ergebnisse mit anderen empirischen Arbeiten in Bezug gesetzt. Anschließend erfolgt eine Diskussion von Implikationen der Befunde bezüglich der abgeleiteten Gestaltungsthesen, bei der insbesondere eine Abwägung zwischen der theoretischen Effektivität der Gestaltungsthesen und ihrer Praxistauglichkeit getroffen werden soll. Da in den Gesprächen ein wesentlicher Schwerpunkt auf Aspekte des Winner-Pickings gelegt wurde, soll auch hier eine ausführlichere Darstellung von Befunden und Implikationen als bei den übrigen Hebeln erfolgen. Kapitelabschließend werden der Praxis thesenartig Handlungsempfehlungen zur weiteren Optimierung der Gestaltung interner Kapitalmärkte gegeben.

6.1 Qualität des Winner-Pickings

6.1.1 Aktuelle Ausgestaltung in der Praxis

Die Darstellung der empirischen Befunde zum Winner-Picking soll entlang der diesbezüglich abgeleiteten Gestaltungsthesen erfolgen (vgl. hierzu nochmals die Zusammenfassung der Thesen in Abb. 29). Dieses Kapitel gliedert sich daher im weiteren in eine Darstellung der Befunde zum *Winner-Picking-Prozess* und eine sich daran anschließende Vorstellung der Befunde zu den *organisatorischen Voraussetzungen* des Winner-Pickings.

6.1.1.1 Winner-Picking-Prozess

6.1.1.1.1 Analyse der bisherigen Portfoliostrategie

Als wesentlich für die Analyse der bisherigen Portfoliostrategie wurde weiter oben herausgearbeitet, dass die Zentrale auf Basis strategischer Kriterien (Visions-/Strategiefit) und wertorientierter finanzwirtschaftlicher Kriterien (CFROI-Spread) beurteilen muss, ob die bislang geplante Allokation von Kapital auf die Geschäftsbereiche ggf. einer Anpassung bedarf. Auf Basis dieser Betrachtung sowie weiterer Überlegungen zu möglichen strategischen Stoßrichtungen des

Unternehmens sind schließlich den Geschäftsbereichen verbindliche Leitplanken zur Entwicklung von Bereichsstrategien vorzugeben.[1]

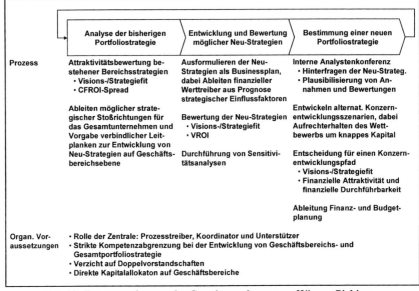

Abb. 29: Zusammenfassung der Gestaltungsthesen zum Winner-Picking.
Quelle: Eigene Darstellung.

Sämtliche Interviewpartner bekräftigten in den Gesprächen, dass eine *Bewertung des bestehenden Portfolios* stets sowohl auf strategischen als auch auf finanzwirtschaftlichen Kennzahlen basieren sollte. Auffällig ist dabei allerdings, dass die für die Analyse der bisherigen Portfoliostrategie als wesentlich herausgearbeitete Verfügbarkeit wertorientierter Kennzahlen bei den befragten Unternehmen nur mit Einschränkungen gegeben ist (vgl. Abb. 30). Drei der befragten Unternehmen haben gar kein Wertmanagementkonzept implementiert und steuern ihr Bestandsportfolio rein mit traditionellen Kennzahlen wie ROI oder Umsatzrendite. Weitere vier Unternehmen nutzen zwar die wertorientierte Renditekennzahl ROCE, nehmen darüber hinausgehend jedoch keine weitere Betrachtung des in den Geschäftsbereichen gebundenen Kapitals im Sinne eines Übergewinn-Konzeptes (z. B. EVA, CVA) vor. Nur zwei der befragten Unternehmen können auch im strengen Sinne als wertorientiert gelten und nutzen mit dem

---

[1] Vgl. nochmals Kap. 4.1.3.1.1.

EVA ein Übergewinnkonzept zur Analyse und Steuerung ihres Bestandsportfolios.

Interessant ist in diesem Zusammenhang weiterhin, dass in allen befragten Unternehmen cashflowbasierte Kennzahlen (mit und ohne Berücksichtigung von Kapitalkosten) nur eine untergeordnete Rolle spielen und grundsätzlich nicht zur Portfoliosteuerung verwendet werden. Dies wurde von den Interviewpartnern damit begründet, dass cashflowbasierte Kennzahlen eine zu geringe "Griffigkeit" für eine Anwendung auf operativer Ebene aufwiesen und nur sehr schlecht in der Organisation kommunizierbar seien.

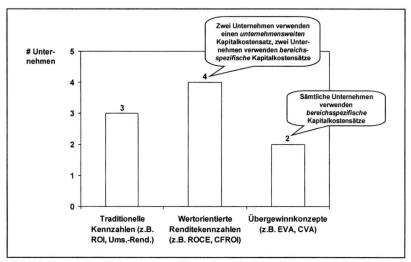

Abb. 30: Verwendete Kennzahlen zur Beurteilung der finanziellen Attraktivität der Geschäftsbereiche in den befragten Unternehmen. Quelle: Eigene Darstellung.

Der Befund einer geringen Verbreitung von Übergewinn-Konzepten deckt sich mit den Ergebnissen anderer Studien zur Implementierung von Wertmanagement-Ansätzen. So stellen PELLENS/TOMASZEWSKI/WEBER (2001) in ihrer Untersuchung von 84 DAX- und MDAX- Unternehmen fest, dass 50,9% der Unternehmen traditionelle Kennzahlen zur Performancemessung von Teileinheiten verwenden. Nur 16,9% der Unternehmen nutzen wertorientierte Übergewinnkonzepte wie EVA oder CVA, weitere 22% steuerten mittels wertorientierter Renditekennziffern wie ROCE oder CFROI.[2] Auch HAPPEL (2001, 2002) kommt

---

[2]   Vgl. Pellens/Tomaszewski/Weber (2001), S. 26f.

zu dem Ergebnis, dass nur in 42,7% der deutschen Unternehmen ein "wertorientiertes Controlling" zur Anwendung kommt.[3]

Bezüglich der *Ermittlung der Kapitalkosten* (vgl. erneut Abb. 30) geben zwei Unternehmen an, die Kapitalkosten lediglich für das Gesamtunternehmen zu bestimmen und an diesem einheitlichen Maßstab die Performance der Geschäftsbereiche zu messen. Demgegenüber bestimmen vier Unternehmen (darunter die beiden Unternehmen, die ein Übergewinn-Konzept implementiert haben), geschäftsbereichsspezifische Kapitalkostensätze. Auf die Frage, warum trotz theoretischer Überlegenheit geschäftsbereichsspezifische Kapitalkosten nicht ermittelt werden, wurden zwei Antwortmuster genannt: Zum einen seien bereichsspezifische Kapitalkosten "schwierig exakt zu bestimmen", zum anderen seien solch unterschiedlich hohe Hürden "in den Geschäftsbereichen politisch nicht durchsetzbar". Demhingegen führte eines der vier Unternehmen, die bereichsspezifische Kapitalkostensätze anwenden, als Motivation hierfür einen starken Kapitalmarktdruck an: "Die geschäftsbereichsspezifischen Kapitalkostensätze bekommen wir von den Analysten mehr oder weniger vorgegeben."

Der empirische Befund zur Verbreitung bereichsspezifischer Kapitalkostensätze stellt sich tendenziell besser dar, als bei anderen empirischen Untersuchungen. So stellen GRAHAM/HARVEY (2001, 2002) in einer Untersuchung von 4440 US-Unternehmen fest, dass fast 60% der Unternehmen einen unternehmensweiten Kapitalkostensatz zur Anwendung bringen.[4] Für Deutschland ermitteln PELLENS/TOMASZEWSKI/WEBER (2001), dass nur in 39,1% der Unternehmen geschäftsbereichsspezifische Kapitalkosten Verwendung finden.[5]

Neben der wertorientierten Betrachtung des Bestandsportfolios wurde mit der *Vorgabe verbindlicher Leitplanken* für die dezentrale Entwicklung von Geschäftsbereichsstrategien ein weiterer wesentlicher Aspekt im Rahmen des Prozessschritts "Analyse der bisherigen Portfoliostrategie" herausgearbeitet. Empirisch fällt in diesem Zusammenhang jedoch auf, dass in fast allen der befragten Unternehmen die Unternehmensplanung mittels eines Bottom-up-Verfahrens erstellt wird (vgl. Abb. 31). Bei diesem Planungsverfahren erstellen die Geschäftsbereiche ohne weitere explizite zentrale Vorgaben ihre Bereichsplanungen, die nach einer Überprüfung durch die Zentrale und ggf. weiterer Abstim-

---

[3]   Ein "wertorientiertes Controlling" macht Happel u. a. von der Implementierung eines Übergewinn-Konzepts abhängig. Vgl. Happel (2002), S. 281; Happel (2001), S. 189ff.

[4]   Vgl. Graham/Harvey (2002), S. 12; Graham/Harvey (2001), S. 187ff.

[5]   Vgl. Pellens/Tomaszewski/Weber (2001), S. 29.

mungsrunden zu einer Gesamtunternehmensplanung zusammengefasst werden.[6] Auf die Frage nach den Gründen für die Nutzung des Bottom-up-Verfahrens wurden von den Interviewpartnern häufig "gute Erfahrungen" genannt. Jedoch klagten einige Unternehmen einschränkend auch über "sehr zähe und langwierige Abstimmungsprozesse" zwischen Zentrale und Geschäftsbereichen bei der "Reduktion von Wunschlisten der Geschäftsbereiche auf ein realistisches Maß" und empfinden das Bottom-up-Verfahren als ineffizient.

Nur zwei der befragten Unternehmen verwenden im Rahmen der Unternehmensplanung das Gegenstromverfahren.[7] Hierbei kommuniziert die Zentrale zunächst strategische Leitlinien und wesentliche Formalziele an die Geschäftsbereiche, auf deren Basis diese dann jeweils ihre Bereichsplanungen erstellen und anschließend mit der Zentrale abstimmen. Die Interviewpartner dieser beiden Unternehmen sahen gerade in der Vorgabe verbindlicher Leitplanken an die Geschäftsbereiche den zentralen Erfolgsfaktor ihrer Planungsprozesse. Der Vollständigkeit halber sei schließlich noch erwähnt, dass ein reines Top-down-Verfahren, bei dem die Zentrale ohne weitere Beteiligung der Geschäftsbereiche Teilpläne für die Bereiche erstellt,[8] von keinem der befragten Unternehmen angewendet wird.

Auch wenn sich angesichts der Dominanz des Bottom-up-Planungsverfahrens der Eindruck aufdrängt, dass keinerlei Beschränkungen zur Entwicklung von Neu-Strategien für die Bereiche bestehen, muss dieser – zumindest nach Meinung einiger Interviewpartner – bei näherer Betrachtung relativiert werden. Denn meist werden in den befragten Unternehmen finanzwirtschaftliche Zielvorgaben kommuniziert, die von den Bereichen langfristig erfüllt werden sollen, und die u. U. eine Leitplankenfunktion für die Entwicklung von Neu-Strategien zumindest teilweise übernehmen können. So haben sämtliche der befragten Unternehmen einheitliche oder spezifische finanzwirtschaftliche Minimalziele für ihre Geschäftsbereiche definiert. In zwei Unternehmen gibt die Zentrale weiterhin allgemeine Richtwerte für die finanzwirtschaftliche Mindestattraktivität von Neu-Strategien vor.

---

[6] Vgl. Pfaff (2002), Sp. 236; Pfohl/Stölzle (1997), S. 134f.
[7] Vgl. Pfaff (2002), Sp. 236f.; Pfohl/Stölzle (1997), S. 135.
[8] Vgl. Pfaff (2002), Sp. 236; Pfohl/Stölzle (1997), S. 134.

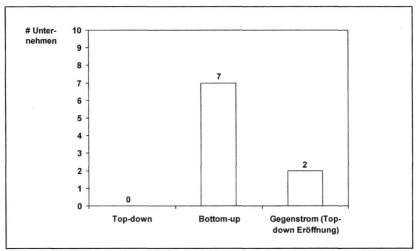

Abb. 31: Planungsverfahren in den befragten Unternehmen.
Quelle: Eigene Darstellung.

6.1.1.1.2 Entwicklung und Bewertung möglicher Neu-Strategien

Bezüglich der Entwicklung und Bewertung möglicher Neu-Strategien wurde
weiter oben die Notwendigkeit postuliert, sämtliche aus Sicht der Geschäftsbereiche interessanten Neu-Strategien als Businesspläne auszuformulieren. Dabei
ist auf Basis einer Prognose strategischer Einflussfaktoren die Entwicklung finanzieller Werttreiber abzuleiten. Die Bewertung sämtlicher Neu-Strategien
sollte schließlich anhand strategischer Kriterien (Visions-/Strategiefit) und finanzwirtschaftlicher Kriterien (VROI) erfolgen und einer Sensitivitätsanalyse
unterzogen werden.[9]

Sämtliche befragte Unternehmen gaben zu Protokoll, dass das geforderte *Ausformulieren von Neu-Strategien in Form von Businessplänen* sowie das *Ableiten
finanzieller Werttreiber aus der Prognose strategischer Einflussfaktoren* wesentlich für eine aussagekräftige Bewertung von Neu-Strategien sei. Auch gaben
alle Unternehmen an, stets eine Strategiebewertung auf Basis von detaillierten
Businessplänen vorzunehmen. Ob und inwieweit jedoch dabei die geforderte
Fundierung der finanziellen Werttreiber auf Einschätzungen zur Entwicklung

---

[9] Vgl. nochmals Kap. 4.1.3.1.2.

strategischer Einflussfaktoren tatsächlich gegeben ist, kann auf Basis der Ergebnisse der geführten Gespräche nicht sicher festgestellt werden.

In Bezug auf die eigentliche *Bewertung von Neu-Strategien* wurde von nahezu allen Interviewpartner unterstrichen, dass in die Entscheidung für oder gegen einen Strategievorschlag neben den prognostizierten finanzwirtschaftlichen Effekten immer auch strategische Überlegungen einfließen. Dabei herrschte bei den Gesprächspartnern die Meinung vor, dass beiden Dimensionen in etwa die gleiche Wichtigkeit für die Entscheidung zukommen sollte.

Auffällig ist, dass im Rahmen der Beurteilung der finanziellen Attraktivität von Neu-Strategien in sämtlichen der hierzu befragten Unternehmen mehrere Verfahren aus einem breiten Methodenspektrum simultan zur Anwendung kommen (vgl. Abb. 32). Nach Auskunft der Interviewpartner werde durch die gleichzeitige Anwendung mehrerer Verfahren beabsichtigt, die finanzielle Attraktivität einer Strategie aus unterschiedlichen Blickwinkeln zu betrachten, um dadurch die Prognoseungewissheit zu reduzieren. Dabei kommt den eher pragmatischen Verfahren, wie statischen Renditekennzahlen, Amortisationszeit oder einfachen Kosten- bzw. Umsatzbetrachtungen, in den befragten Unternehmen eine vergleichsweise hohe Bedeutung zu. Den aufwendigeren und aus theoretischer Sicht überlegenen Verfahren wie IRR, NPV oder VROI wird demhingegen von einigen Interviewpartnern deutliche Skepsis entgegengebracht. Diese begründeten ihre ablehnende Haltung mit der Befürchtung, dass der Anwender dieser Verfahren von einer "Scheingenauigkeit" und "falschen Sicherheit" aufgrund der hohen Prognoseungewissheit getäuscht werde.

Die festgestellte hohe Bedeutung pragmatischer Verfahren steht in teilweisem Widerspruch zu anderen empirischen Arbeiten, die feststellen, dass NPV und IRR die am häufigsten angewendeten Methoden zur Beurteilung der finanziellen Attraktivität von Neu-Strategien darstellen. Dennoch wird auch in diesen Studien betont, dass z. B. der Amortisationsrechnung grundsätzlich eine hohe Bedeutung in der Praxis zuzumessen ist.[10]

Abschließend ist weiterhin festzustellen, dass *Sensitivitätsanalysen* bei der Bewertung von Neu-Strategien in den meisten der hierzu befragten Unternehmen durchgeführt werden. Dabei erfolgt die Anwendung jedoch nicht standardmäßig, sondern nur im Bedarfsfall.

---

[10] Vgl. Alexandre/Sasse/Weber (2004), S. 128; Graham/Harvey (2002), S. 11; Ryan/Ryan (2002), S. 12.

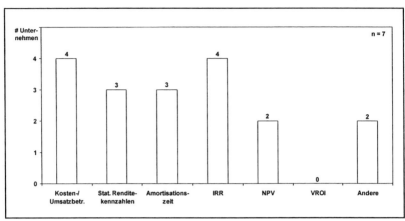

Abb. 32: Verwendete Kennzahlen zur Beurteilung der finanziellen Attraktivität von Neu-Strategien in den befragten Unternehmen (Mehrfachnennungen möglich). Quelle: Eigene Darstellung.

6.1.1.1.3 Bestimmung der neuen Portfoliostrategie

Für die Bestimmung der neuen Portfoliostrategie wurde weiter oben gefordert, dass das Zentralmanagement im Rahmen einer "internen Analystenkonferenz" die vorgeschlagenen Neu-Strategien der Geschäftsbereiche samt Annahmen und Bewertung kritisch hinterfragt und sich auf dieser Basis eine eigenständige Meinung über deren Attraktivität bildet. Die Zentrale sollte dann aus der Menge der als attraktiv bewerteten Neu-Strategien alternative Konzernentwicklungspfade bilden, wobei darauf zu achten ist, dass das Wettbewerbsverhältnis um knappes Kapital zwischen bestehenden Geschäftsbereichsstrategien und Neu-Strategien untereinander und gegeneinander aufrechterhalten bleibt. Abschließend muss sich die Zentrale unter Berücksichtigung strategischer Kriterien (Visions-/ Strategiefit) und finanzwirtschaftlicher Kriterien (Present Value, finanzwirtschaftliche Durchführbarkeit) für den Konzernentwicklungspfad entscheiden, der aus ihrer Sicht den größten Erfolg für das Gesamtunternehmen verspricht. Aus diesem ist dann die weitere Finanz- und Budgetplanung abzuleiten.[11]

Im Rahmen der Experteninterviews konnte erhoben werden, dass nur in etwa der Hälfte der befragten Unternehmen ein mit dem Konzept der *"internen Analystenkonferenz"* vergleichbares Verfahren institutionalisiert ist. Diese Unternehmen äußerten sich jedoch sehr positiv zu den damit gemachten Erfahrungen.

---

[11] Vgl. nochmals Kap. 4.1.3.1.3.

Weiterhin gaben die Interviewpartner sämtlicher Unternehmen an, auf bilateraler Ebene die Planungen der Geschäftsbereiche permanent zu hinterfragen und zu plausibilisieren ("Wenn die Planung abschließend präsentiert wird, kennen wir schon die wesentlichen Zahlen und Hintergründe"). Begründet wird dieses Vorgehen mit der empfundenen Notwendigkeit, frühzeitig unpassende bzw. fehlerhafte Geschäftsbereichsplanungen anzupassen, um Strategie und Budget rechtzeitig fertigstellen zu können. Ein Interviewpartner formulierte diese Ansicht plakativ: "Sie können aus einem schlechten Plan nicht am letzten Tag des Planungsprozesses noch einen guten machen".

Im Zusammenhang mit der Überprüfung der Planungsqualität berichteten zwei Gesprächspartner von einem in ihren Unternehmen mit großem Erfolg angewandten Vorgehen: In beiden Firmen existieren für alle Beschäftigten des Controllings starke Anreize, für eine gewisse Zeit von den Geschäftsbereichen in die Zentrale zu wechseln (Controller-Rotation). Hierdurch könne die Zentrale geschäftsbereichsspezifische Kompetenz akkumulieren, die jeweilige "Denkweise" der Geschäftsbereiche verstehen und so deren Planungen deutlich besser hinterfragen und plausibilisieren. Erst dieser "Stallgeruch" der Zentralcontroller ermögliche es, "auch in Detailfragen mit den Bereichen auf gleicher Augenhöhe zu diskutieren".

Bezüglich des *Entwickelns und Durchspielens möglicher Konzernentwicklungspfade* ist empirisch auffällig, dass sich in allen bis auf einem der befragten Unternehmen das Wettbewerbsverhältnis der Geschäftsbereiche auf dem internen Kapitalmarkt lediglich auf die *erwirtschafteten* Finanzmittel und nicht auch auf die *Assets* der Geschäftsbereiche erstreckt. In nahezu keinem Unternehmen wird somit systematisch ein (Teil-)verkauf von Geschäftsbereichen zugunsten der Durchführung alternativer Strategien erwogen. In den Augen der überwiegenden Mehrzahl der Interviewpartner kommt ein (Teil-)verkauf von Geschäftseinheiten nur in folgenden vier Fällen in Frage:

1. Ein Geschäftsbereich verfehlt dauerhaft seine Performanceziele.
2. Ein Geschäftsbereich ist strategisch schlecht positioniert oder passt strategisch nicht zum Gesamtunternehmen.
3. Ein Geschäftsbereich benötigt für seine weitere Entwicklung ein Finanzmittelvolumen, das das Unternehmen aus eigener Kraft nicht aufbringen kann.
4. Das Gesamtunternehmen befindet sich in einer existenziell bedrohlichen finanziellen Schieflage und benötigt Liquidität zum Überleben.

In Bezug auf die *zu treffende Kapitalallokationsentscheidung* wurde von allen Gesprächspartnern unterstrichen, dass ein aus Gesamtunternehmenssicht optimaler Entwicklungspfad nicht einseitig an strategischen oder einseitig an finanzwirtschaftlichen Kriterien ausgerichtet sein dürfe. So gab beispielsweise ein Unternehmen an, eine finanziell lukrative Geschäftsbereichsstrategie nicht durchgeführt zu haben, weil diese nach Ansicht der Zentrale außerhalb des strategisch gewünschten Tätigkeitsfeldes des Geschäftsbereichs lag ("Schuster bleib bei deinen Leisten"). Ein anderer Gesprächspartner gab dagegen an, dass der baldige Eintritt seines Unternehmens in den chinesischen Markt trotz der damit zunächst verbundenen Kosten "aus strategischen Gründen unabdingbar" sei. Bezüglich der finanziellen Durchführbarkeit wurde schließlich deutlich, dass von den Unternehmen hier vor allem großer Wert auf den Erhalt bzw. das Erreichen eines vorher bestimmten Ziel-Kapitalmarktratings gelegt wird.

Was das Ergebnis der Kapitalallokationsentscheidung anbelangt, wurden von den Interviewpartnern teilweise Suboptimalitäten eingeräumt. So existiert in einigen Unternehmen offenbar eine "Mindestallokationsmenge" an Finanzmitteln, die jedem Geschäftsbereich *grundsätzlich* und ohne Berücksichtigung seiner aktuellen Profitabilität, strategischen Positionierung oder zukünftigen Geschäftsaussichten implizit zusteht. Ein Finanzvorstand gab an, dass er in den Vorstandssitzungen zur Kapitalallokation bei schlecht abschneidenden Einheiten versuche, diese "Mindestallokation" eng an konkrete Restrukturierungsmaßnahmen zu koppeln. Dies gelinge jedoch nicht immer, auch sei der Erfolg der Restrukturierungsmaßnahmen a priori keinesfalls absehbar.

Zur Bestimmung der "Mindestallokationsmenge" scheint sich in zumindest zwei der befragten Unternehmen eine Art Standard herausgebildet zu haben. In diesen Unternehmen erhalten alle Geschäftsbereiche mindestens eine Mittelzuweisung in Höhe ihrer Abschreibungen. Falls weitere Finanzmittel im Unternehmen verfügbar sind, wird die "Mindestallokation" im Rahmen von Verhandlungen zwischen Zentrale und Geschäftsbereich aufgestockt ("Abschreibungen plus/minus X"). Andere Unternehmen nähern sich ihrer Allokationsentscheidung mittels eines Verfahrens, dass als "Gleichbehandlungsgrundsatz" beschrieben werden kann. Bei diesem Verfahren werden alle Allokationsbedarfe der Geschäftsbereiche aufsummiert und bei Überschreiten des maximal verfügbaren Betrags pauschal um einen einheitlichen Prozentsatz gekürzt.

Befragt nach den Gründen für diese offensichtliche Fehlallokation durch "Mindestallokationsmengen" oder "Gleichbehandlungsgrundsätze" kamen zwei Antwortmuster in den Interviews zutage. Ein Gesprächspartner beklagte die hohe Komplexität der Allokationsentscheidung, "die man nicht wie im Lehrbuch durch Ableiten zweiter Kurven" lösen könne und sah in der Mindestallokationsmenge eine zwar fehlerbehaftete, aber pragmatische Vereinfachung der tatsächlichen Entscheidungssituation. Ein weiterer Gesprächspartner gab zu Protokoll, dass aus seiner Sicht häufig in den Vorständen die Schwierigkeit bestehe, den Mut dafür aufzubringen, eigene Fehlentscheidungen (oder die der Vorgänger) zuzugeben und sich dem dann aufkommenden Druck zu stellen. Dies führe dazu, dass häufig "an alten Zöpfen" festgehalten werde und auch schlecht abschneidende Geschäftsbereiche alimentiert würden.

Die beschriebenen Schwierigkeiten bei der Kapitalallokation treten jedoch nicht in allen Unternehmen auf. Zumindest zwei der hierzu befragten Unternehmen konnten zeigen, dass sie ihre Allokationsentscheidung stark an wertorientierten Kriterien festmachen und eine "Mindestallokationsmenge" bzw. ein "Gleichbehandlungsgrundsatz" bei ihnen nicht existiert.[12]

Die sich an die Kapitalallokationsentscheidung anschließende weitere *Ableitung der Finanz- und Budgetplanung* scheint keines der befragten Unternehmen vor größere Probleme zu stellen. Nach Auskunft der Gesprächspartner würden hierzu u. a. Planungen von Bilanz, GuV, Cashflow und Liquidität erstellt. Dabei führen einige Unternehmen auch Sensitivitätsanalysen durch.

6.1.1.2 Organisatorische Voraussetzungen

Nachdem die Befunde zum *Winner-Picking-Prozess* dargestellt worden sind, kann jetzt der Blick auf die Befunde zu den *organisatorischen Voraussetzungen* des Winner-Pickings gelenkt werden. Entsprechend den diesbezüglich abgeleiteten Gestaltungsthesen (vgl. nochmals Abb. 29) soll bei der Darstellung der Befunde im weiteren unterschieden werden in:

- Rolle der Zentrale als Prozesstreiber, Koordinator und Unterstützer
- Strikte Kompetenzabgrenzung bei der Strategieentwicklung
- Verzicht auf Doppelvorstandschaften
- Direkte Kapitalallokation.

---

[12] Vgl. Kap. 6.1.1.1.1.

6.1.1.2.1 Rolle der Zentrale als Prozesstreiber, Koordinator und Unterstützer

Was die Rolle der Zentrale im Prozess des Winner-Pickings anbelangt, wurde weiter oben postuliert, dass der Zentrale die Verantwortung für das termingerechte Voranschreiten und die Koordination des Allokationsprozesses zugewiesen werden sollte. Weiterhin sollte sie in der Lage sein, die Geschäftsbereiche in planungs- und bewertungsmethodischen Fragen bei Bedarf zu unterstützen.[13]

Alle Interviewpartner bestätigten die Notwendigkeit einer treibenden, koordinierenden und unterstützenden Rolle der Zentrale im Prozess der Kapitalallokation. Diese werde auch in der Praxis in dieser Form von den Unternehmenszentralen ausgefüllt. Beispielsweise wache die Zentrale über die Einhaltung von Terminen und Vorgaben, sei die Darstellungsform von Planungsunterlagen unternehmensweit vereinheitlicht, würden Planungs- und Bewertungsspezialisten zentral vorgehalten oder würden wesentliche Planungsprämissen, wie bspw. die erwartete Entwicklung von Löhnen oder Bruttosozialprodukt, zentral vorgegeben.

6.1.1.2.2 Strikte Kompetenzverteilung bei der Strategieentwicklung

Weiter oben wurde argumentiert, dass im Regelfall zwischen Zentrale und Geschäftsbereichen eine strikte Kompetenzabgrenzung bei der Strategieentwicklung erforderlich ist. Dabei sollte die Entwicklung der Geschäftsbereichsstrategien alleinige Aufgabe der Bereiche, die Entwicklung der Portfoliostrategie alleinige Aufgabe der Zentrale sein. Für den Sonderfall von Akquisitionen oder Desinvestitionen von Geschäftsbereichen wurde eine zentrale Strategieentwicklung postuliert.[14]

Im Rahmen der durchgeführten Experteninterviews zeigte sich, dass in sämtlichen Unternehmen die Entwicklung der Geschäftsbereichsstrategien durch die Geschäftsbereiche selbst erfolgt. Ebenfalls in allen der befragten Unternehmen fällt die Entwicklung von Akquisitions- und Desinvestitionsstrategien in den alleinigen Zuständigkeitsbereich der Zentrale.

In Bezug auf die Entwicklung der Portfoliostrategie ist die Aufgabentrennung jedoch deutlich weniger konsequent ausgeprägt. Nur zwei der hierzu befragten Unternehmen gaben an, dass die Portfoliostrategie des Gesamtunternehmens in den alleinigen Aufgabenbereich der Unternehmenszentrale fällt. In allen anderen

---

[13] Vgl. nochmals Kap. 4.1.3.2.1.
[14] Vgl. nochmals Kap. 4.1.3.2.2.

Fällen erfolgt die Entwicklung und Verabschiedung der Portfoliostrategie gemeinschaftlich durch Geschäftsbereiche und Zentrale. Als Gründe für das gemeinschaftliche Vorgehen wurde meist eine "konsensorientierte" bzw. "offene" Unternehmenskultur angegeben, aber auch darauf verwiesen, auf geschäftsbereichsspezifische Expertise bei der Entwicklung der Portfoliostrategie nicht verzichten zu wollen. Ein weiterer wesentlicher Grund ist sicher aber auch in der personellen Zusammensetzung des jeweiligen Zentralvorstands zu sehen, auf die als nächstes eingegangen werden soll.

6.1.1.2.3 Verzicht auf Doppelvorstandschaften

In Bezug auf die Zusammensetzung des Gremiums "Zentralvorstand" wurde weiter oben die These aufgestellt, dass zur Gewährleistung einer effektiven und objektiven Entscheidungsfindung auf jegliche personelle Verflechtungen zwischen Zentralvorstand und Geschäftsbereichsvorständen verzichtet werden sollte.[15]

In den befragten Unternehmen können in sieben von neun Fällen Doppelvorstandschaften im Sinne einer Personalunion zwischen Geschäftsbereichsvorständen und Zentralvorständen festgestellt werden. Nur in zwei Unternehmen existieren keine diesbezüglichen personellen Verflechtungen.

Auf die Frage hin, warum Doppelvorstandschaften im Unternehmen existieren und ob daraus nicht Interessenkonflikte resultieren, wurden unterschiedliche Antworten genannt. Ein Vorstand gab zu, dass im Zentralvorstand "auch hart für die eigenen Projekte gekämpft werde", sich der Vorstand insgesamt aber "am Ende des Tages an der gemeinsam verabschiedeten Strategie messen lassen muss". In Streitfällen müsse der Vorstandsvorsitzende ein Machtwort sprechen. Auch könne durch eine Kopplung der Vergütung des Zentralvorstands an den Erfolg des Gesamtunternehmens einem Ressortegoismus im Wesentlichen vorgebeugt werden. Ein anderer Interviewpartner gab zu Protokoll, dass man zwar als Außenstehender die Meinung vertreten könne, dass jeder Bereichsvorstand nur die Interessen des jeweils eigenen Geschäftsbereichs vertritt, im speziellen Fall seines Unternehmens allerdings der Zentralvorstand vor einigen Jahren das Unternehmen in schwieriger Verfassung übernommen und erfolgreich umgebaut habe, sich dadurch auch persönlich sehr nahe stehe und man sich als Vorstandsteam der gemeinsamen Aufgabe und den gemeinsam geteilten Wert- und Ziel-

---

[15] Vgl. nochmals Kap. 4.1.3.2.3.

vorstellungen verpflichtet fühle. Ein dritter Gesprächspartner gab schließlich an, dass im Zentralvorstand "die Verbindung zu den Divisionen" gehalten werden müsse und die in seinem Unternehmen existierenden Doppelvorstandschaften aus seiner Sicht keine negativen Konsequenzen nach sich ziehen würden.

6.1.1.2.4 Direkte Kapitalallokation

Weiter oben wurde postuliert, dass die Kapitalallokation direkt auf Geschäftsbereiche und nicht etwa über den Umweg hierarchischer Zwischenstufen (z. B. Unternehmensbereiche) erfolgen sollte.[16]

Im Rahmen der geführten Gespräche konnte festgestellt werden, dass in allen befragten Unternehmen die für die Kapitalallokation notwendigen Planungen auf Ebene der Geschäftsbereiche erstellt und nachgehalten werden. Bei den befragten Unternehmen erfolgt somit auch in den Fällen, in denen aus organisatorischen Gründen eine hierarchische Zwischenstufe existiert, die Kapitalallokation direkt auf die Geschäftsbereiche.

6.1.2 Implikationen der empirischen Befunde auf die Gestaltungsthesen

Nach erfolgter Darstellung der aus den Experteninterviews gewonnenen empirischen Befunde zur Ausgestaltung des Winner-Pickings in der unternehmerischen Praxis sollen jetzt die sich hieraus ergebenden Implikationen auf die im theoretischen Teil der Arbeit entwickelten Gestaltungsthesen herausgearbeitet werden. Hierzu erscheint es zweckmäßig, die abgeleiteten Thesen systematisch abzuhandeln (vgl. nochmals für eine zusammenfassende Darstellung aller Gestaltungsthesen Tab. 6).

Implikationen auf Gestaltungsthese 1: *Bewertung der Attraktivität bestehender Bereichsstrategien anhand der Kriterien Visions-/Strategiefit sowie CFROI-Spread (bereichsspezifische Kapitalkostensätze).*

Die grundsätzliche Notwendigkeit, bestehende Geschäftsbereichsstrategien anhand strategischer und finanzwirtschaftlicher Kriterien zu beurteilen, kann durch die Interviewergebnisse als vorläufig bestätigt gelten. Allerdings zeigt sich auch, dass das Spektrum der im Rahmen der Beurteilung in der Praxis verwendeten finanzwirtschaftlichen Kriterien sehr breit angelegt ist. Die in dieser Arbeit vor-

---

[16] Vgl. nochmals Kap. 4.1.3.2.4.

geschlagene Kennzahl CFROI-Spread, die aus theoretischer Sicht als überlegen gelten kann, wird von keinem der befragten Unternehmen verwendet, genauso wie auch die cashflowbasierten Kennzahlen insgesamt kaum angewendet werden. Daher ist die Frage aufzuwerfen, ob nicht auch aus theoretischer Sicht weniger geeignete Kennzahlen eine finanzwirtschaftliche Attraktivitätsbewertung bestehender Bereichsstrategien auf pragmatische Weise ermöglichen können.

Da die vorliegende Arbeit als Unternehmensziel eine "Steigerung des Unternehmenswertes im Sinne einer Maximierung der Überverzinsung" postuliert,[17] erscheint die Einbettung alternativ möglicher Kennzahlen in ein Wertmanagement-Konzept unabdingbar. Von den in den befragten Unternehmen verwendeten Kennzahlen kann daher nur der ROCE-Spread als mögliche Alternative zum vorgeschlagenen CFROI-Spread gelten. Den übrigen in den Unternehmen angetroffenen Kennzahlen ROI und Umsatzrendite ist demhingegen eine Eignung abzusprechen. Die mit einer Anwendung des ROCE-Spreads verbundene pragmatischere Konzeptanwendung wird allerdings stets mit einem Verlust an methodischer Korrektheit und einer geringeren Korrelation zur Wertschaffung erkauft.[18]

Auch bei einer alternativen Verwendung des ROCE-Spreads ist jedoch zu fordern, bereichsspezifische Kapitalkosten als Kalkulationsgrundlage zu verwenden, da die gegen die Bestimmung bereichsspezifischer Kapitalkostensätze in den Gesprächen vorgebrachten Argumente nicht stichhaltig sind. Die Aussage, bereichsspezifische Kapitalkosten seien "schwierig exakt bestimmbar" ist zwar in ihrer Grundtendenz richtig, führt allerdings in einigen der befragten Unternehmen zu dem falschen Schluss, auf ihre Bestimmung komplett zu verzichten. Dass bereichsspezifische Kapitalkosten nämlich sehr wohl mit hinreichender Genauigkeit bestimmbar sind und teilweise sogar "von den Analysten vorgegeben" werden, können zumindest zwei der befragten Unternehmen zeigen.

Auch das zweite vorgebrachte Gegenargument einiger Gesprächspartner, geschäftsbereichsspezifische Kapitalkostensätze seien "in den Geschäftsbereichen politisch nicht durchsetzbar", erscheint bei näherer Betrachtung als nicht überzeugend. Zum einen kann der Einwand als Zeichen einer zu gering ausgeprägten Führungsstärke der Zentrale ausgelegt werden. Zum anderen wohnt der Einführung spezifischer Kapitalkostensätze immer auch die Gefahr für die Zentrale inne, dass sich plötzlich Investments in Geschäftsbereiche, denen die Zentrale

---

[17] Vgl. Kap. 2.1.4.
[18] Vgl. Stelter/Riedl/Plaschke (2001), S. 14 ff.

einstmals zugestimmt hat, im Nachhinein als Fehlinvestition und Wertvernichtung erweisen. Es ist daher durchaus denkbar, dass die Durchsetzung bereichsspezifischer Kapitalkostensätze gegenüber den Geschäftsbereichen zwar politisch möglich, von der Zentrale selbst aber mit Rücksicht auf die Außenwahrnehmung der eigenen Leistung nicht gewollt ist.

Die aufgestellte Gestaltungsthese wird somit zusammenfassend dahingehend modifiziert, dass als finanzielles Beurteilungskriterium für bestehende Bereichsstrategien neben dem CFROI-Spread auch – mit den gemachten Einschränkungen – der ROCE-Spread zugelassen wird.

Implikationen auf Gestaltungsthese 2: *Ableitung möglicher strategischer Stoßrichtungen für das Gesamtunternehmen durch die Zentrale und Vorgabe verbindlicher Leitplanken zur Entwicklung von Neu-Strategien auf Geschäftsfeldebene.*

Die aus theoretischer Sicht empfohlene Vorgabe verbindlicher Leitplanken zur Entwicklung von Neu-Strategien auf Geschäftsfeldebene entspricht dem Planungsverfahren im Gegenstromverfahren. Auch wenn zwei der Interviewpartner den zentralen Erfolgsfaktor ihrer Planungsprozesse in der Verwendung des Gegenstromverfahrens begründet sehen, muss dennoch erörtert werden, ob nicht auch bei dem von der überwiegenden Mehrzahl der Unternehmen verwendeten Bottom-up-Planungsverfahren eine (implizite) Leitplankenfunktion erzielt werden kann. Ein kompletter Verzicht auf die Vorgabe von Leitplanken erscheint demhingegen nicht sinnvoll, da ansonsten die Gefahr bestünde, dass aus zentraler Sicht wichtige Neu-Strategien nicht von den Geschäftsbereichen planerisch ausgestaltet würden und damit der Entscheidungsraum der Zentrale für die Entwicklung der Portfoliostrategie zu stark beschnitten wird.

Eine implizite Leitplankenfunktion könnte vor allem durch die Vorgabe allgemeiner finanzwirtschaftlicher Minimalziele (Beispiel: "ROCE von durchschnittlich 12% über einen Konjunkturzyklus hinweg"), wie sie in den meisten der befragten Unternehmen von der Zentrale an die Geschäftsbereiche gemacht werden, gewährleistet werden. Mittels einer solchen Zielvorgabe könnten die Bereiche dann ggf. selbständig beurteilen, ob sie mit den von ihnen ausgearbeiteten Neu-Strategien den Anforderungen der Zentrale genügen können.

Bei genauerer Betrachtung greift die Vorgabe allgemeiner finanzieller Minimalziele jedoch zu kurz. Denn es besteht dabei zum einen die Gefahr, dass – zumindest bei Erreichen der finanziellen Minimalziele – für die Geschäftsbereiche unattraktive oder schmerzhafte Neu-Strategien (Beispiel: Kapazitätsreduktion um einen hohen Prozentsatz) systematisch vernachlässigt werden und stattdessen vor allem solche Strategieoptionen ausgearbeitet werden, die eine Wachstumskomponente beinhalten. Letzteres scheint in einigen der befragten Unternehmen auch der Fall zu sein, wenn man die Klagen über "Wunschlisten" der Geschäftsbereiche und die damit zusammenhängenden "sehr zähen und langwierigen Abstimmungsprozesse" in Betracht zieht. Weiterhin kann mit der ausschließlichen Vorgabe finanzieller Minimalziele eine strategische Richtungsvorgabe an die Geschäftsbereiche grundsätzlich nicht erfolgen.[19] Die aufgestellte Gestaltungsthese wird daher unverändert beibehalten.

Implikationen auf Gestaltungsthese 3: *Ausformulieren von Neu-Strategien als Businessplan durch die Geschäftsbereiche, dabei Ableiten finanzieller Werttreiber auf Basis einer vorgeschalteten Prognose strategischer Einflussfaktoren.*

Die aufgestellte Gestaltungsthese kann auf Basis der Ergebnisse der Experteninterviews als vorläufig bestätigt gelten. Sie wird daher unverändert beibehalten.

Implikationen auf Gestaltungsthese 4: *Bewertung der Attraktivität von Neu-Strategien anhand der Kriterien Visions-/Strategiefit sowie VROI.*

Das grundsätzliche vorgeschlagene Bewertungsschema für Neu-Strategien anhand einer strategischen und einer finanziellen Dimension kann aufgrund der Ergebnisse der Experteninterviews als vorläufig bestätigt gelten. Zu diskutieren ist allerdings die empirische Tatsache, dass keines der befragten Unternehmen die vorgeschlagene Kennzahl VROI zur finanziellen Bewertung von Neu-Strategien verwendet und stattdessen in allen Unternehmen ein breites Methodenspektrum simultan zur Anwendung kommt, wobei der Schwerpunkt der Anwendung auf eher pragmatischen Verfahren liegt.

---

[19] Beispielsweise ist die Vorgabe an einen Geschäftsbereich, das Wachstum auf dem nordamerikanischen Markt voranzutreiben, um damit Währungsrisiken im Gesamtunternehmen zu reduzieren, mittels der Vorgabe finanzieller Minimalziele nicht möglich.

Offensichtlich wird in der Praxis die Abwägung zwischen methodischer Exaktheit und Handhabbarkeit des Bewertungsverfahrens tendenziell zugunsten der pragmatischen Verfahren gemacht und versucht, die dadurch entstehende Unschärfe durch simultane Anwendung mehrerer Methoden zu kompensieren. Da auch der aus theoretischer Sicht überlegene VROI nicht gänzlich ohne Kritik ist,[20] ist zu überlegen, ob nicht auch das Vorgehen der Praxis letztendlich zu akzeptablen Bewertungsergebnissen führt. Einige Autoren machen in diesem Zusammenhang darauf aufmerksam, dass grobe Daumenregeln (wie bspw. die Amortisationszeit) häufig das Ergebnis der optimalen Entscheidungsregel widerspiegelt, die bspw. auch den Optionswert einer Strategie unter sehr unsicheren Rahmenbedingungen berücksichtigt.[21]

Die aufgestellte Gestaltungsthese soll deswegen dahingehend modifiziert werden, dass anstelle der bisherigen apodiktischen Empfehlung des VROI als alleiniges finanzielles Bewertungskriterium für Neu-Strategien das allgemeinere Kriterium der "finanziellen Attraktivität" tritt, das jeweils einzelfallspezifisch auszugestalten ist. Im Falle einer Verwendung von zum VROI alternativen Kennzahlen ist dabei zu beachten, dass eine damit ggf. verbundene Einfachheit in der Bewertung mit einer geringeren Aussagekraft sowie einer reduzierten Vergleichbarkeit der Neu-Strategien untereinander und gegenüber den bestehenden Bereichsstrategien erkauft wird.

Implikationen auf Gestaltungsthese 5: *Durchführen von Sensitivitätsanalysen im Rahmen der Bewertung.*

Die aufgestellte Gestaltungsthese kann auf Basis der Ergebnisse der Experteninterviews als vorläufig bestätigt gelten. Sie wird daher unverändert beibehalten.

Implikationen auf Gestaltungsthese 6: *Abhalten einer "internen Analystenkonferenz", auf der die Geschäftsbereiche ihre "Story", Planungen und Bewertungen präsentieren und dies von der Zentrale kritisch hinterfragt wird.*

Etwa die Hälfte der befragten Unternehmen führen ein mit dem Konzept der "internen Analystenkonferenz" vergleichbares Verfahren durch und berichteten in diesem Zusammenhang über gute Erfahrungen. Empirisch auffällig ist, dass alle

---

[20] Vgl. nochmals die Diskussion des VROI in Kap. 4.1.1.2.4.
[21] Vgl. Graham/Harvey (2002), S. 12; McDonald (1998).

der befragten Unternehmen eine permanente bilaterale Begleitung der Planungsaktivitäten der Bereiche vornehmen. Zu prüfen ist daher, ob eine permanente Begleitung der Planungsaktivitäten der Bereiche hilfreich sein könnte, die mit der internen Analystenkonferenz angestrebten Ziele zu unterstützen.

Insbesondere bei komplexen Sachverhalten erscheint es sinnvoll, bereits vor der Durchführung einer internen Analystenkonferenz in Rahmen eines Vorabgesprächs wichtige Details im kleinen Kreis und ohne Zeitdruck diskutieren zu können. Dieses sollte auf der Zeitachse so festgesetzt sein, dass eine Modifikation der Planungen auf Basis der Ergebnisse des Vorabgesprächs bis zur internen Analystenkonferenz noch möglich ist. Eine *permanente* Begleitung der Planungsaktivitäten der Bereiche ist allerdings als nicht unkritisch anzusehen, da hierbei leicht Verantwortlichkeiten für die Planung unscharf werden und sich die Zentrale in ineffizientem Mikromanagement verlieren kann. In solchen Fällen drängt sich für Außenstehende der Eindruck auf, dass die permanente Begleitung der Zentrale nicht der Plausibilisierung und dem Hinterfragen der Bereichspläne gilt, sondern vornehmlich das Fehlen von Planungsleitplanken aufgrund des meist vorherrschenden Bottom-up-Verfahrens kompensieren soll.

Die Gestaltungsthese wird daher zusammenfassend dahingehend modifiziert, dass bei Bedarf vor der Durchführung der internen Analystenkonferenz einzelne Vorabgespräche zu den Bereichsplanungen durchgeführt werden sollten.

Aufgegriffen werden soll an dieser Stelle nochmals der Vorschlag zweier Gesprächspartner, die Fähigkeiten der Zentrale zum Plausibilisieren und Hinterfragen der Bereichspläne dadurch zu steigern, dass Anreize für Mitarbeiter des Controllings geschaffen werden, für eine gewisse Zeit von den Geschäftsbereichen in die Zentrale zu wechseln (Controller-Rotation). Vor dem Hintergrund der grundsätzlich bestehenden Informationsasymmetrie zwischen Zentrale und Geschäftsbereichen kann ein solcher Vorschlag als geeignet angesehen werden, die Qualität der Geschäftsbereichsplanungen zu steigern. Der Vorschlag der Praxis soll daher in Form einer neuen Gestaltungsthese aufgenommen werden (Neu-Gestaltungsthese Nr. 14 in Tab. 10).

Implikationen auf Gestaltungsthese 7: *Entwickeln alternativer Konzernentwicklungspfade, dabei Aufrechterhalten eines Wettbewerbsverhältnisses um knappes Kapital (generierter Cashflow und Assets) zwischen bestehenden Geschäftsbereichsstrategien und Neu-Strategien untereinander und gegeneinander.*

Im Zusammenhang mit der Entwicklung alternativer Konzernentwicklungspfade ist das festgestellte empirische Faktum erklärungsbedürftig, warum das Wettbewerbsverhältnis der Geschäftsbereiche um erwirtschaftete Cashflows teilweise sehr intensiv ist, während die Assets der Geschäftsbereiche in nur einem der befragten Unternehmen einem systematischen Wettbewerb unterzogen werden. Einige der aus Wertschaffungsgesichtspunkten möglicherweise interessanten Konzernentwicklungspfade, die einen (Teil-)verkauf einzelner Geschäftsbereiche zur Durchführung von Neu-Strategien beinhalten, befinden sich somit außerhalb des Möglichkeitsraums, der von der Zentrale im Rahmen der Kapitalallokationsentscheidung diskutiert wird.

Auf Basis der geführten Experteninterviews kann über die möglichen Gründe hierfür nur spekuliert werden. Ein Grund mag darin liegen, dass wegen der momentan sehr positiven konjunkturellen Situation und der aktuell niedrigen Zinsen für Fremdkapital die befragten Unternehmen vergleichsweise gut mit Finanzmitteln ausgestattet sind und ein (Teil-)verkauf bestehender Geschäftsbereiche zur Durchführung alternativer Strategien nicht notwendig ist. Eine zweite Erklärungsmöglichkeit ist, dass die Unternehmen gegenüber dem externen Kapitalmarkt eine gewisse Stetigkeit im Verfolgen der Unternehmensstrategie signalisieren wollen und daher gegenüber Verkäufen aus dem Bestandsportfolio zur Durchführung von Neu-Strategien in anderen Bereichen eher skeptisch gegenüberstehen. Ein dritter Grund könnte in einem verhaltenswissenschaftlichen Aspekt begründet liegen. So legen Ergebnisse aus dem Bereich der Behavioral Finance Forschung nahe, dass sich Entscheider häufig am Status quo orientieren (Status quo Bias)[22] und die Aufgabe eines Gutes aufgrund einer gefühlsmäßigen Verbundenheit grundsätzlich schwerer fällt, als ein zusätzliches Gut zu erwerben (Endowment Effekt).[23]

Auch wenn das von der Theorie abweichende Verhalten der unternehmerischen Praxis nicht mit Sicherheit erklärt werden kann, so können auf Basis der geführten Gespräche doch auch keine stichhaltigen Argumente gegen das Ausweiten des Wettbewerbs auf die Assets der Geschäftsbereiche im Rahmen des internen Kapitalmarktes gefunden werden. Die aufgestellte Gestaltungsthese wird daher unverändert beibehalten.

---

[22] Vgl. Bosch (2006), S. 78 sowie die Arbeiten zum Status quo Bias von Tversky (1972) und Samuelson/Zeckhauser (1988).
[23] Vgl. Bosch (2006), S. 78 sowie die Arbeit von Thaler (1980), S. 43ff. zum Endowment Effekt.

Implikationen auf Gestaltungsthese 8: *Entscheidung für einen Konzernentwicklungspfad anhand der Kriterien Visions-/Strategiefit, finanzielle Attraktivität (Present Value) sowie finanzielle Durchführbarkeit.*

Auf Basis der durchgeführten Experteninterviews können die aus der Theorie abgeleiteten Entscheidungskriterien als vorläufig bestätigt angesehen werden. Eine Erklärung verlangt allerdings die empirische Tatsache, warum es trotz Einigkeit in den Entscheidungskriterien in einigen der befragten Unternehmen zu erheblichen Problemen in Bezug auf das Ergebnis der Allokationsentscheidung kommt. Dabei deuten die beobachteten Effekte "Mindestallokationsmenge" und "Gleichbehandlungsgrundsatz" darauf hin, dass in einigen der befragten Unternehmen die Entscheidungsfindung innerhalb des Zentralvorstandes selbst fehlerbehaftet ist. Über mögliche Gründe hierfür kann auf Basis der geführten Gespräche nur spekuliert werden.

Von einem der Gesprächspartner wurde beispielsweise die hohe Komplexität der Allokationsentscheidung beklagt. In dem betreffenden Unternehmen stellte sich der Sachverhalt auch nach Ansicht des Verfassers so dar, jedoch erscheinen aus externer Sicht die Gründe für die hohe Entscheidungskomplexität als eher hausgemacht. So werden nach Auskunft des Gesprächspartners mehrere "Spitzenkennzahlen" zur Kapitalallokation bzw. zur Unternehmenssteuerung parallel angewandt, selbst im Geschäftsbericht finden sich hierzu an mehreren Stellen widersprüchliche Angaben. Dass die Komplexität der Kapitalallokation jedenfalls grundsätzlich handhabbar ist, zeigen insbesondere die beiden in dieser Hinsicht positiv herausstechenden Unternehmen, die eine ausgesprochene Wertorientierung bei der Kapitalallokation demonstrieren können. Für den Extremfall einer tatsächlich nicht mehr handhabbar hohen Entscheidungskomplexität stellt sich schließlich ohnehin die Frage nach der Existenzberechtigung des Unternehmensverbundes.

Ein zweiter in den Gesprächen diskutierter Grund ist die möglicherweise in den Zentralvorständen vorherrschende Schwierigkeit, den Mut dafür aufzubringen, eigene Fehlentscheidungen oder die der Vorgänger zuzugeben bzw. zu korrigieren und sich dem dann in diesem Zusammenhang aufkommenden Druck zu stellen. Existiert eine solche Fehlerkultur nicht bzw. wird diese von den Anspruchsgruppen des Unternehmens nicht honoriert, ist tatsächlich vorstellbar, dass dadurch an "alten Zöpfen" festgehalten wird und schlecht abschneidende Geschäftsbereiche dauerhaft alimentiert werden.

Eine dritte Erklärungsmöglichkeit schließlich könnte in der personellen Zusammensetzung des Zentralvorstandes liegen. Bereits im theoretischen Teil der Arbeit wurde argumentiert, dass die Existenz von Doppelvorstandschaften dazu führen kann, dass u. a. Partikularinteressen der Geschäftsbereiche einer effizienten Kapitalallokationsentscheidung der Zentrale entgegenstehen können.[24]

Auch wenn über die Gründe für die in der Unternehmenspraxis auftretenden Probleme im Zusammenhang mit dem Ergebnis der Kapitalallokationsentscheidung nur Spekulationen angestellt werden können, kann die aufgestellte Gestaltungsthese aufgrund der Interviewergebnisse als vorläufig bestätigt gelten. Sie wird daher in unveränderter Form beibehalten.

Implikationen auf Gestaltungsthese 9: *Ableiten der Finanz- und Budgetplanung aus dem gewählten Konzernentwicklungspfad.*

Die aufgestellte Gestaltungsthese kann auf Basis der Ergebnisse der durchgeführten Experteninterviews als vorläufig bestätigt gelten. Sie wird daher unverändert beibehalten.

Implikationen auf Gestaltungsthese 10: *Rolle der Zentrale als Treiber und Koordinator des Winner-Picking-Prozesses sowie methodischer Unterstützer der Geschäftsbereiche.*

Auch hier kann die aufgestellte Gestaltungsthese auf Basis der Interviewergebnisse als vorläufig bestätigt gelten. Sie wird somit beibehalten.

Implikationen auf Gestaltungsthese 11: *Strikte Kompetenzabgrenzung bei der Entwicklung von Geschäftsbereichs- und Gesamtportfoliostrategie.*

Was die Forderungen nach einer autonomen Verantwortung für die Entwicklung von Bereichsstrategien durch die Geschäftsbereiche und die nach einer zentralen Entwicklung von Strategien für die Akquisition und Desinvestition von Geschäftsbereichen betrifft, kann die aufgestellte Gestaltungsthese als vorläufig bestätigt gelten. Zu diskutieren ist jedoch das empirische Faktum, dass bis auf zwei

---

[24] Vgl. nochmals Kap. 4.1.3.2.3 sowie die Diskussion der Implikationen auf Gestaltungsthese Nr. 12.

in sämtlichen der befragten Unternehmen die Entwicklung der Portfoliostrategie unter Beteiligung der Geschäftsbereiche erstellt wird.

In den Gesprächen wurde als Argument für eine Einbindung der Bereiche in die Allokationsentscheidung eine "offene" bzw. "konsensorientierte" Unternehmenskultur sowie die empfundene Notwendigkeit angegeben, auf geschäftsbereichsspezifische Expertise nicht verzichten zu wollen. Beide Argumente sind plausibel und nicht in Abrede zu stellen. Dennoch ist auch festzustellen, dass gerade das Treffen der Allokationsentscheidung in hohem Maße anfällig für eine Vereinnahmung durch Partikularinteressen der Geschäftsbereiche ist. Die Existenz solcher Beeinflussungsversuche konnte in den Interviews auch bestätigt werden, wurde jedoch in ihrer Bedeutung als weniger schwerwiegend dargestellt.[25] Da jedoch gerade in der Entscheidungsfindung innerhalb des Zentralvorstandes selbst wesentliche Probleme des Allokationsprozesses zu vermuten sind,[26] soll in Abwägung der Vor- und Nachteile einer Beteiligung der Geschäftsbereiche an der Entwicklung der Portfoliostrategie unverändert an der aufgestellten Gestaltungsthese festgehalten werden.

Implikationen auf Gestaltungsthese 12: *Verzicht auf Doppelvorstandschaften.*

Die gerade diskutierte Frage nach einer Beteiligung der Geschäftsbereiche an der Entwicklung der Portfoliostrategie ist von der personellen Zusammensetzung des Zentralvorstandes nicht immer klar zu trennen. In den Gesprächen zeigte sich, dass in sieben von neun Fällen eine Personalunion zwischen Zentralvorständen und Geschäftsbereichen besteht. Es stellt sich daher die Frage, ob die Praxis nicht plausible Argumente dafür vorbringen kann, die Forderung nach einem Verzicht auf Doppelvorstandschaften fallen zu lassen.

Das von einem Gesprächspartner vorgebrachte Argument, dass sich der Vorstand "am Ende des Tages an der gemeinsam verabschiedeten Strategie messen lassen muss" kann nicht als stichhaltig gelten. Der getroffenen Aussage ist zwar grundsätzlich zuzustimmen, jedoch führt die Feststellung nicht automatisch dazu, dass auch tatsächlich strategiekonform gehandelt wird. Außerdem ist ggf. die verabschiedete Strategie bereits selbst das Produkt von Partikularinteressen der Geschäftsbereiche.

---

[25] Vgl. Kap. 6.1.1.2.3.
[26] Vgl. die Ausführungen zu den Implikationen auf Gestaltungsthese Nr. 8.

In den Gesprächen wurde weiterhin auf die besondere Rolle des Vorstandsvorsitzenden als letztendlichen Entscheider, der notfalls auch ein Machtwort sprechen müsse, verwiesen. In den Fällen, in denen der Vorstandsvorsitzende nicht gleichzeitig einem Geschäftsbereich vorsitzt, eine sehr starke Position gegenüber seinen Vorstandskollegen innehat und keinerlei Abhängigkeiten zwischen ihm und seinen Kollegen existieren, ist in der Tat eine effiziente Kapitalallokationsentscheidung vorstellbar. Zu denken ist hier bspw. an einen Manager vom Format des ehemaligen CEOs von GE, Jack Welch, der aufgrund seiner kompromisslosen Haltung auch "Neutron Jack" genannt wurde und als äußerst erfolgreich in der Führung des Konglomerates gilt.[27]

Auch durch eine entsprechende Kultur im Zentralvorstand, wie sie bspw. bei einem "eingeschworenen Vorstandsteam" existieren könnte, das sich gegenseitig auf eine wertschaffende Kapitalallokation verpflichtet hat, ist eine effiziente Allokationsentscheidung trotz Existenz von Doppelvorstandschaften grundsätzlich vorstellbar. Allerdings hängt hier – wie auch im Falle des starken Vorstandsvorsitzenden – der Wille bzw. die Möglichkeit zu rationalen, effizienten Kapitalallokationsentscheidungen von Einzelpersonen ab, die nicht für alle Zeiten im Unternehmen bleiben können. Beide Gestaltungslösungen sind damit nicht zeitstabil und daher der Gestaltungsthese "Verzicht auf Doppelvorstandschaften" aus grundsätzlichen Erwägungen heraus unterlegen.

Ein weiterer Gesprächspartner brachte schließlich das Argument vor, dass durch eine Koppelung der Vergütung des Zentralvorstandes an den Erfolg des Gesamtunternehmens einem Ressortegoismus im Wesentlichen vorgebeugt werden kann. Dieses "Profit-Sharing" wurde bereits im theoretischen Teil dieser Arbeit im Zusammenhang mit der Leistungsmotivation der Geschäftsbereichsmanager[28] sowie im Zusammenhang mit der Anreizsetzung für eine unverfälschte Planung der Geschäftsbereiche diskutiert.[29] Problematisch erscheint im vorliegenden Zusammenhang allerdings, dass nicht klar ist, in welcher Höhe eine Kopplung der Vergütung an den Gesamterfolg des Unternehmens bei einzelnen Vorständen notwendig ist, um eine effiziente Allokationsentscheidung zu induzieren. Der Gesamthöhe des Profit-Sharings ist weiterhin eine Grenze dadurch gesetzt, dass ein individueller Leistungsanreiz bezogen auf den verantworteten Geschäftsbereich in signifikantem Ausmaß bestehen bleiben muss.

---

[27] Vgl. Byrne (1998).
[28] Vgl. Kap. 4.4.1.1.
[29] Vgl. Kap. 4.5.2.2.2.

Aufgrund der identifizierten Probleme, die mit den von der Praxis vorgebrachten alternativen Gestaltungsmöglichkeiten verbunden sind, wird an der aufgestellten Gestaltungsthese in unveränderter Form festgehalten.

Implikationen auf Gestaltungsthese 13: *Direkte Kapitalallokation auf Geschäftsbereiche.*

Die aufgestellte Gestaltungsthese kann auf Basis der Ergebnisse der durchgeführten Experteninterviews als vorläufig bestätigt gelten. Sie wird daher unverändert beibehalten.

6.2 Qualität des Monitorings

6.2.1 Aktuelle Ausgestaltung in der Praxis

Wie bereits dargestellt wird Monitoring in dieser Arbeit als "strategische Kontrolle einer gewählten Portfoliostrategie durch die Zentrale" verstanden, die sich inhaltlich in die drei Bausteine *strategische Prämissenkontrolle, strategische Durchführungskontrolle* sowie *strategische Überwachung* gliedert.[30] Zunächst sollen in diesem Kapitel die empirischen Befunde zu diesen inhaltlichen Aspekten der strategischen Kontrolle vorgestellt werden. Daran anschließend erfolgt eine Darstellung von Befunden zu Aspekten der *Durchführung der strategischer Kontrolle.*

6.2.1.1 Strategische Prämissenkontrolle

Als Aufgabe der strategischen Prämissenkontrolle im Rahmen des Monitoring wurde weiter oben die *Überprüfung der Validität der Auswahl der Geschäftsfeldstrategien* sowie die *Überwachung der ausreichenden Dimensionierung des Cashflowbedarfs der Geschäftsfelder* herausgearbeitet.[31]

Bezüglich der *Überprüfung der Validität der Auswahl der Geschäftsfeldstrategien* kann auf Basis der Ergebnisse der geführten Gespräche festgestellt werden, dass in quartalsweise stattfindenden "Review Meetings" zwischen der Zentrale

---

[30] Vgl. Kap. 4.2.1.
[31] Vgl. nochmals Kap. 4.2.3.

und jeweils einem Geschäftsbereich bzw. spätestens im Rahmen des jährlichen Planungsprozesses eine Diskussion über die grundsätzliche Attraktivität der Branche oder die Folgekosten des Markteintrittes geführt wird.

Die *Überwachung der ausreichenden Dimensionierung des Cashflowbedarfs der Geschäftsbereiche* findet auf kurze Sicht in allen hierzu befragten Unternehmen im Rahmen des Liquiditätsmanagements statt. Laut Auskunft der Interviewpartner werde in diesem Zusammenhang meist eine rollierende Zwölfmonatsplanung zur Liquiditätssicherung erstellt und zentral nachgehalten. Der längerfristige Cashflowbedarf für die nächsten Planungsperioden wird demhingegen üblicherweise in den bereits angesprochenen "Review Meetings" oder im Rahmen des jährlichen Planungsprozesses überprüft. Dort könne die Zentrale dann erkennen, "ob die Pläne in unveränderter Form durchgeführt werden können oder einer Revidierung bedürfen".

6.2.1.2 Strategische Durchführungskontrolle

Als wesentliche Aufgabe der strategischen Durchführungskontrolle im Rahmen des Monitoring wurde weiter oben die Überprüfung der *Erreichung von Rentabilitätszielen* sowie *das Erreichen geplanter Cashflows* identifiziert. Dabei sollte aus einer Feedback-Kontrolle heraus eine Vorausschau dahingehend durchgeführt werden, ob angesichts der erzielten Ergebnisse auf Geschäftsfeldebene die strategische Richtung des Gesamtunternehmens noch beibehalten werden kann.[32]

Die Überprüfung der *Erreichung von buchhaltungsorientierten Rentabilitätszielen* scheint keines der hierzu befragten Unternehmen vor größere Probleme zu stellen. So werden nach Auskunft der Gesprächspartner üblicherweise monatlich oder quartalsweise Bilanz und GuV für sämtliche Geschäftsbereiche sowie das Gesamtunternehmen erstellt und diese mit weiteren Informationen über z. B. Auftragseingänge, Plan-/Ist-Vergleiche und Hochrechnungen auf das Gesamtjahr angereichert. Durch die moderne Informationstechnologie können die meisten Unternehmen "auf Knopfdruck" automatisch Reports über "die gesamte Kaskade der Kennzahlen" generieren und haben "Echtzeit-Zugriff auf sämtliche Buchhaltungsdaten in beliebigem Detailgrad." Was jedoch die *Überprüfung wertorientierter Kennzahlen* (ROCE, CFROI, EVA, CVA) betrifft, ist erneut darauf hinzuweisen, dass immerhin drei der neun befragten Unternehmen auf

---

32 Vgl. nochmals Kap. 4.2.3.

jegliche Wertmanagementansätze verzichten und diese Kennzahlen daher nicht nachhalten können.[33]

Auch die Kontrolle des *Erreichens geplanter Cashflows* erscheint vergleichsweise unproblematisch. Zwar bekannte ein Vorstand, dass er gerne mehr Informationen über die Cashflows seiner Geschäftsbereiche zur Verfügung hätte, diese aber aufgrund der Organisation des Cashpoolings in seinem Unternehmen bislang schwierig zu erhalten seien. Hieran werde aber bereits gearbeitet. Für die Mehrzahl der Gesprächspartner kann demhingegen das folgende Statement als repräsentativ gelten: "Wir schauen sehr genau nach, ob von den Bereichen geplante Cashflows auch tatsächlich kommen. Wenn da auf einmal ein Betrag fehlt, können wir mit unseren Systemen sehr schnell die Ursache identifizieren".

6.2.1.3 Strategische Überwachung

Gemäß der weiter oben gemachten Ausführungen ist unter strategischer Überwachung eine ungerichtete Kontrolle zu verstehen, die ähnlich eines "strategischen Radars" die Umwelt flächendeckend auf strategiegefährdende Informationen hin überwacht.[34]

Nach Auskunft der hierzu befragten Gesprächspartner findet eine strategische Überwachung durch die Zentrale im beschriebenen Sinn jährlich einmal im Rahmen des strategischen Planungsprozesses statt. Unterjährig erfolge die strategische Überwachung nur intuitiv und werde keinesfalls systematisch verfolgt. Dieser festgestellte Befund deckt sich mit den Ergebnissen einer Studie von PISER (2004) zur Praxis der strategischen Kontrolle in deutschen Unternehmen. Auch er stellt fest, dass die strategische Überwachung in den Unternehmen nicht formalisiert abläuft und vornehmlich im Rahmen der jährlichen Neuplanung stattfindet.[35]

6.2.1.4 Durchführungsaspekte strategischer Kontrolle

Weiter oben wurde postuliert, dass zum einen die *Fokussierung der Kontrolle auf für die Durchführung der Portfoliostrategie relevante Größen* und zum anderen die *direkte und enge Erfolgskontrolle des Bereichsmanagements durch die*

---

[33] Vgl. hierzu nochmals Kap. 6.1.1.1.1.
[34] Vgl. nochmals Kap. 4.2.2.3.
[35] Vgl. Piser (2004), S. 90ff.; Becker/Piser (2004), S. 450.

Zentrale bei portfoliostrategiebedrohlichen Fehlentwicklungen zwei wichtige Aspekte im Zusammenhang mit der Durchführung der strategischen Kontrolle darstellen.[36]

Das aufgrund der Verfügbarkeit moderner Informationstechnologien sehr umfangreiche Volumen der zur Verfügung stehenden Informationen führt nach Aussage von etwa der Hälfte der hierzu befragten Interviewpartner teilweise zu Problemen. So würden bisweilen umfangreiche "Zahlenfriedhöfe" generiert, die zwar breit im Unternehmen verteilt, jedoch selten von den Verantwortlichen mehr als nur oberflächlich zur Kenntnis genommen würden. Dennoch gaben alle der hierzu Befragten an, sich bei ihren Aktivitäten zur strategischen Kontrolle der Geschäftsbereiche auf Schwerpunkte (z. B. die im Unternehmen verwendeten Spitzenkennzahlen) zu fokussieren und erst beim Verletzen definierter Toleranzgrenzen in genauere Analysen einzusteigen.

Für den Fall, dass die Zentrale gesamtstrategierelevante Abweichungen in der Zielerreichung der Geschäftsbereiche identifizieren kann, gaben alle hierzu interviewten Gesprächspartner an, ein breites Maßnahmenspektrum zu nutzen. Dieses reiche von Telefonanrufen des Vorstandes über außerordentliche Review-Meetings mit dem betroffenen Geschäftsbereich bis hin zu persönlichen Reports der verantwortlichen Geschäftsbereichsleiter vor dem Zentralvorstand im zweiwöchentlichen Rhythmus. Welches Instrument jeweils zur Anwendung gebracht werde, richte sich nach den spezifischen Gegebenheiten des Einzelfalles.

6.2.2 Implikationen auf die abgeleiteten Gestaltungsthesen

Nach erfolgter Darstellung der aus den Experteninterviews gewonnenen empirischen Befunde zum Monitoring sollen jetzt die sich hieraus ergebenden Implikationen auf die im theoretischen Teil der Arbeit entwickelten Gestaltungsthesen herausgearbeitet werden. Hierzu wird eine systematische Diskussion der abgeleiteten Thesen durchgeführt (vgl. nochmals für eine zusammenfassende Darstellung aller Gestaltungsthesen Tab. 6).

Implikationen auf Gestaltungsthese 14: *Durchführen einer strategischen Prämissenkontrolle: Überwachung der Validität der Auswahl der Geschäftsfeld-*

---

[36] Vgl. nochmals Kap. 4.2.3.

strategien sowie der ausreichenden Dimensionierung der Cashflowbedarfe der Bereiche.

Die aufgestellte Gestaltungsthese kann auf Basis der Ergebnisse der durchgeführten Experteninterviews als vorläufig bestätigt gelten. Sie wird daher unverändert beibehalten.

Implikationen auf Gestaltungsthese 15: *Durchführen einer strategischen Durchführungskontrolle: Überwachung der Höhe der erwirtschafteten Cashflows der Geschäftsbereiche und des Erreichens von Rentabilitätszielen.*

Das festgestellte empirische Faktum, dass einige der befragten Unternehmen keinerlei Wertkennzahlen zur Steuerung des Unternehmens bzw. zur Kapitalallokation ermitteln, ist aus Sicht der strategischen Durchführungskontrolle als bedenklich einzustufen. Die sich so verhaltenden Unternehmen riskieren eine Kapitalallokation "im Blindflug" und laufen Gefahr, eine Wertvernichtung mit ggf. gravierenden Konsequenzen für das Gesamtunternehmen zu spät zu erkennen.

Aufgrund der bei den Gesprächspartnern bestehenden Einigkeit bezüglich der Notwendigkeit einer strategischen Durchführungskontrolle kann die aufgestellte Gestaltungsthese als vorläufig bestätigt gelten.

Implikationen auf Gestaltungsthese 16: *Durchführen einer strategischen Überwachung im Sinne einer ungerichteten Kontrolle (strategisches Radar).*

Auch wenn eine strategische Kontrolle nach Auskunft der Gesprächspartner im Rahmen des jährlichen strategischen Planungsprozesses stattfindet, wäre eine unterjährige strategische Überwachung, wie sie in der Praxis bislang nur unsystematisch und intuitiv erfolgt, in systematischerer Weise wünschenswert. In diesem Defizit scheinen sich die im Rahmen dieser Arbeit befragten Unternehmen jedoch nicht von der Allgemeinheit der deutschen Unternehmen insgesamt zu unterscheiden, wie die Ergebnisse der zitierten Studie von PISER (2004) belegen.

Die Notwendigkeit einer strategischen Überwachung im Rahmen des Monitorings kann auf Basis der Ergebnisse der Gespräche als vorläufig bestätigt gelten.

Die aufgestellte Gestaltungsthese wird daher in ihrer bisherigen Form beibehalten.

Implikationen auf Gestaltungsthese 17: *Fokussierung der Kontrolle auf für die Portfoliostrategie relevante Größen und Definition von Toleranzgrenzen.*

Auf Basis der Ergebnisse der geführten Gespräche ergeben sich keine Anhaltspunkte, die aufgestellte These zu verwerfen. Sie wird daher in unveränderter Form beibehalten.

Implikationen auf Gestaltungsthese 18: *Direkte und enge Erfolgskontrolle des Geschäftsbereichsmanagements durch die Zentrale bei portfoliostrategiebedrohlichen Fehlentwicklungen.*

Auch hier kann die aufgestellte Gestaltungsthese auf Basis der Ergebnisse der Experteninterviews als vorläufig bestätigt gelten und wird daher unverändert beibehalten.

6.3 Reduktion des Interessenkonfliktes zwischen Eigentümern und Zentralmanagement

Zur Lösung des sich im Falle von Konglomeraten verstärkt auswirkenden Agency-Konfliktes zwischen Eigentümern und Zentralmanagement wurden als grundsätzliche Möglichkeiten eine *Anreizsetzung mittels Gestaltung der Vergütung des Zentralmanagements* sowie eine *effektive Aufsichtsratskontrolle* identifiziert. Die empirischen Befunde zu beiden Lösungsmöglichkeiten sollen im Folgenden diskutiert werden. Anschließend werden Implikationen auf die diesbezüglich abgeleiteten Gestaltungsthesen erörtert.

6.3.1 Aktuelle Ausgestaltung in der Praxis

6.3.1.1 Anreizsetzung mittels Gestaltung der Vergütung d. Zentralmanagements

Weiter oben wurde herausgearbeitet, dass eine Kopplung der Interessen von Eigentümern und Zentralmanagement dadurch erreicht werden kann, dass *anreiz-*

konform ausgestaltete Aktien(options)programme oder eine Vergütung auf Basis *interner Wertkennzahlen* (insb. CVA bzw. Delta-CVA) eingeführt werden.[37]

Im Rahmen der durchgeführten Experteninterviews konnte festgestellt werden, dass in allen der befragten Unternehmen die Zentralvorstände (neben Fixgehalt, Sachbezügen und Pensionszusagen) einen signifikanten variablen Gehaltsbestandteil erhalten. Dieser betrug im Geschäftsjahr 2005 je nach Unternehmen zwischen 40 und 75 Prozent der Gesamtbezüge. Dabei gliedert sich das variable Gehalt üblicherweise in einen kurzfristigen Bestandteil, der sich auf die Leistung des vergangenen Geschäftsjahres bezieht, und einen mittel- bzw. langfristigen Vergütungsbestandteil (vgl. Abb. 33).

	Kurzfristige variable Vergütungskomponente	Mittel-/Langfristige variable Vergütungskomponente
Unternehmen 1	f (ROCE, EBT)	f (Delta-EVA, Aktienkurs)
Unternehmen 2	f (EVA)	f (Aktienkurs)
Unternehmen 3	f (Dividende, pers. Zielerreichung)	f (Aktienkurs)
Unternehmen 4	f (ROCE, EBT, pers. Zielerreichung)	f (Aktienkurs)
Unternehmen 5	f (ROCE, pers. Zielerreichung)	keine
Unternehmen 6	f ("Unternehmenserfolg", pers. Zielerr.)	f ("Ergebnissteigerung über drei Jahre")
Unternehmen 7	f ("Unternehmenskennzahlen", pers. Zielerr.)	f (Aktienkurs)
Unternehmen 8	f (ROCE, EBIT, Dividende, pers. Zielerr.)	Aktienoptionen
Unternehmen 9	f ("Nachh. Wertsteigerung", "Erreichung von persönlichen u. Unternehmenszielen")	f ("Nachh. Wertsteigerung", "Erreichung von persönlichen u. Unternehmenszielen")

☐ = Gestaltungsthesen der vorliegenden Arbeit zur variablen Vergütung des Zentralvorstands weitgehend erfüllt

Abb. 33: Bemessungsgrundlagen der variablen Vergütung der Zentralvorstände.
Quelle: Eigene Darstellung.

Als Bemessungsgrundlage der *kurzfristigen* variablen Gehaltskomponente dient in vier Fällen die Kennzahl ROCE (teilweise in Verbindung mit dem EBT bzw. dem EBIT und der Dividende), in einem Fall der EVA, in einem die Dividende sowie in drei weiteren Fällen nicht näher spezifizierte Unternehmenskennzahlen. In fast allen befragten Unternehmen sind über unternehmensbezogene Kennzahlen hinaus noch weitere persönliche Ziele definiert, deren Erreichung die Höhe der kurzfristigen variablen Gehaltskomponente der Zentralvorstände beeinflusst.

---

[37] Vgl. nochmals Kap. 4.3.3.

Als Bemessungsgrundlage der *mittel- bzw. langfristigen* variablen Gehaltskomponente wird in der Mehrzahl der Fälle (fünf Unternehmen) der Aktienkurs eingesetzt,[38] in einem Unternehmen existiert ein Aktienoptionsprogramm, in zwei weiteren Fällen werden nicht weiter spezifizierte Kennzahlen als Bemessungsgrundlage verwendet. In einem Unternehmen wird dem Zentralvorstand gar keine langfristige variable Vergütungskomponente angeboten.

Die bereits zitierte Studie von HAPPEL (2001, 2002) kommt in einigen Aspekten zu ähnlichen, in anderen jedoch auch zu abweichenden Ergebnissen. Vergleichbar mit dem vorliegenden Befund ermittelt er mit 87,3% in den von ihm untersuchten Unternehmen einen sehr starken Einsatz von Tantiemen als Bestandteil der variablen Vergütung von Top-Managern. Die von ihm festgestellte Anwendungshäufigkeit von Aktienoptionsprogrammen von 27,3% lässt sich mit den vorliegenden Befunden demhingegen nicht bestätigen. Auch ist der Einsatz von (Phantom)aktienprogrammen als Grundlage der variablen Vergütung mit 26,4% in den von ihm untersuchten Firmen deutlich niedriger als bei den im Rahmen dieser Arbeit befragten Unternehmen.[39]

6.3.1.2 Überwachung durch den Aufsichtsrat

Die weiter oben angestellten Überlegungen bezüglich der Überwachungsaktivitäten des Aufsichtsrates orientierten sich stark an der Arbeit von GROTHE (2006), der für eine effiziente Gestaltung der Aufsichtsratsüberwachung folgende Gestaltungsempfehlungen ableitet:[40]

- Nutzung strategischer Kontrollarten und unternehmensexterner Informationsquellen
- Nutzung wertorientierter Kennzahlen
- Kontrolle im zeitlichen Gleichlauf mit den Entscheidungen des Vorstandes
- Aktives Mitwirken bei der Festlegung der Unternehmensziele
- Aufnahme der strategischen Planung in den Katalog zustimmungspflichtiger Geschäfte

---

[38] In einem Unternehmen wird neben der Entwicklung des Aktienkurses auch die Entwicklung des Delta-EVA als Bemessungsgrundlage herangezogen.
[39] Vgl. Happel (2001), S. 128f.; Happel (2002), S. 277f.
[40] Vgl. nochmals Kap. 4.3.3.

- Verstärkte Ausübung des Fragerechtes und Erlass einer Informationsordnung
- Einrichtung eines entscheidungsvorbereitenden Strategieausschusses.

Im Rahmen der Experteninterviews wurden insbesondere die Aspekte "Strategieausschuss" und "Zustimmungsvorbehalt" vertieft sowie eine generelle Einschätzung der Qualität der Aufsichtsratsarbeit eingeholt.

Nur zwei der befragten Unternehmen gaben an, einen Strategieausschuss im Aufsichtsrat eingesetzt zu haben. Ein weiteres Unternehmen besaß zwar vor einiger Zeit einen Strategieausschuss, um "das Know-how eines Hauptgesellschafters in aktienrechtlich saubere Bahnen zu lenken". Nach dessen Ausscheiden sei aber der Strategieausschuss wieder aufgelöst worden, "weil die verbliebenen Aufsichtsräte nur wenig zur strategischen Ausrichtung des Unternehmens zu sagen hatten." Zwei weitere in den Gesprächen genannte Gründe gegen die Einrichtung eines Strategieausschusses waren "Wir wollen die Gewerkschaften nicht an der Strategiediskussion beteiligen" und "Unsere Strategie ändert sich nicht – wir haben ein sehr konstantes Geschäftsmodell". Sämtliche Gesprächspartner waren sich darüber einig, dass nicht so sehr die bloße Existenz eines Strategieausschusses die Qualität der Aufsichtsratsarbeit steigern helfe, sondern vor allem wesentlich sei, dass die im Aufsichtsrat vertretenen Personen das verfolgte Geschäftsmodell verstehen und kritisch hinterfragen können.

Ein Zustimmungsvorbehalt zur strategischen Planung existiert in keinem der hierzu befragten Unternehmen. Jedoch werde die strategische Planung "ohnehin ständig im Aufsichtsrat diskutiert". In drei Unternehmen besitzt der Aufsichtsrat allerdings einen Zustimmungsvorbehalt zum jährlichen Budget.

Die Antworten auf die Frage, wie die Überwachungsarbeit des Aufsichtsrates in qualitativer Hinsicht einzuordnen sei, fielen sehr unterschiedlich aus. In etwa der Hälfte der Unternehmen wird der Aufsichtsrat als "ernstzunehmender Sparringspartner", der "das verfolgte Geschäftsmodell hervorragend kennt und zu beurteilen weiß", wahrgenommen. In anderen Fällen "schaut der Aufsichtsrat nur sehr selten genauer hin", "ist einfach nicht professionell genug besetzt" bzw. "hört sich die strategische Planung nur interessiert an – hinterfragen kann er sie nicht". Ein Gesprächspartner aus einem Unternehmen der letztgenannten Gruppe betonte, dass trotz der seiner Meinung nach ineffizienten Aufsichtsratskontrolle der Vorstand die Situation nicht missbrauche, um die eigene Reputation und Glaubwürdigkeit nicht zu gefährden.

6.3.2 Implikationen auf die abgeleiteten Gestaltungsthesen

Nachdem die empirischen Befunde in Bezug auf die Lösung des Interessenkonfliktes zwischen Zentrale und Eigentümern dargestellt worden sind, soll nun auf Implikationen bezüglich der zwei im theoretischen Teil der Arbeit entwickelten Gestaltungsthesen eingegangen werden (vgl. für eine zusammenfassende Darstellung sämtlicher Gestaltungsthesen nochmals Tab. 6).

Implikationen auf Gestaltungsthese 19: *Enge Kopplung der Interessen des Zentralmanagements an diejenigen der Eigentümer durch anreizkonform ausgestaltete Aktien(options)programme oder durch Anreizsysteme auf Basis interner Wertkennzahlen (insb. CVA, Delta-CVA).*

Die grundsätzliche Notwendigkeit, die Interessen des Zentralmanagements an diejenigen der Eigentümer mittels einer variablen Vergütung zu koppeln, kann auf Basis der geführten Gespräche als vorläufig bestätigt gelten. Jedoch bleibt die empirische Tatsache erklärungsbedürftig, dass nur eines der befragten Unternehmen sowohl für die kurzfristige als auch für die mittel-/langfristige Komponente der variablen Vergütung eine Ausgestaltung gewählt hat, die mit der in dieser Arbeit entwickelten Gestaltungsthese – mit Einschränkungen – vereinbar ist (vgl. nochmals Abb. 33).[41]

In Bezug auf die kurzfristige variable Vergütungskomponente ist insbesondere zu bemängeln, dass die relativ häufig als Bemessungsgrundlage verwendete Kennzahl ROCE nicht den zur Erzielung der Rendite eingesetzten Kapitaleinsatz berücksichtigt. Die Zentralvorstände dieser Unternehmen werden daher in Fällen, in denen z. B. die Kapitalbasis bei konstant über den Kapitalkosten liegendem ROCE sinkt, trotz Wertvernichtung belohnt. Der in einem der Unternehmen verwendete EVA berücksichtigt zwar den Kapitaleinsatz, gilt aber aufgrund seiner buchhaltungsorientierten Grundlage als vergleichsweise leicht manipulierbar. Bei Betrachtung der in den Unternehmen verwendeten Spitzenkennzahlen[42] liegt die Vermutung nahe, dass sich die der variablen Vergütung zugrunde gelegte Kennzahl stark an der jeweils im Unternehmen implementierten Spitzenkennzahl orientiert. Ohne Vorhandensein einer adäquaten Wertorien-

---

[41] Nur Unternehmen 2 (vgl. Abb. 33) verwendet ein Übergewinnkonzept bzw. den Aktienkurs als Bemessungsgrundlage der variablen Vergütung. Der als Übergewinnkonzept gewählte EVA wird jedoch aus theoretischer Sicht aufgrund seiner relativ leichten Manipulierbarkeit als Bemessungsgrundlage nicht empfohlen. Vgl. Kap. 4.3.1.2.

[42] Vgl. Abb. 30.

tierung in den Unternehmen ist daher auch keine adäquate Anreizsetzung mittels wertorientierter Kennzahlen zu erwarten.

In Bezug auf die mittel- bzw. langfristige Komponente der variablen Vergütung wird die abgeleitete Gestaltungsthese deutlich besser erfüllt. Dabei scheint sich in Anbetracht der Ergebnisse der Studie von HAPPEL (2001, 2002) und derjenigen der eigenen Befragung in den letzten Jahren ein Trend weg von Aktienoptionsprogrammen hin zu rein aktienkursbasierten Anreizprogrammen vollzogen zu haben.

Da die grundsätzliche Notwendigkeit einer Interessenverknüpfung von Zentralvorstand und Eigentümern als vorläufig bestätigt gelten kann und weiterhin die Vermutung plausibel erscheint, dass die geringe Nutzung wertorientierter Übergewinnkennzahlen als Bemessungsgrundlage für die (kurzfristige) variable Vergütung auf ein grundsätzliches Implementierungsdefizit von Wertmanagementkonzepten zurückzuführen ist, wird die vorliegende Gestaltungsthese unverändert beibehalten.

Implikationen auf Gestaltungsthese 20: *Effiziente Gestaltung der Überwachungsaktivitäten des Aufsichtsrates beispielsweise durch a) Nutzung strategischer Kontrollarten und unternehmensexterner Informationsquellen, b) Nutzung wertorientierter Kennzahlen, c) Kontrolle im zeitlichen Gleichlauf mit den Entscheidungen des Vorstandes, d) aktives Mitwirken bei der Festlegung der Unternehmensziele, e) Aufnahme der strategischen Planung in den Katalog zustimmungspflichtiger Geschäfte, f) verstärkte Ausübung des Fragerechts und den Erlass einer Informationsordnung, g) Einrichtung eines entscheidungsvorbereitenden Strategieausschusses.*

Die im Rahmen der Experteninterviews erhaltenen Befunde entsprechen im Wesentlichen denjenigen von GROTHE (2006), der feststellen konnte, dass die Aufsichtsratsarbeit in Deutschland zu vergangenheitsorientiert, zu stark nach innen gerichtet und zu passiv ist.[43] Die vorliegende Gestaltungsthese, die sich stark an den Empfehlungen von GROTHE orientiert, kann daher als vorläufig bestätigt gelten.

Über diese Gestaltungsempfehlungen hinausgehend konnte jedoch auch festgestellt werden, dass die befragten Experten in Bezug auf die Überwachungsarbeit

---

[43] Vgl. Grothe (2006), S. 361.

des Aufsichtsrates insbesondere der fachlichen Eignung der Aufsichtsratsmit-
glieder eine sehr hohe Bedeutung beimessen. Die vorliegende Gestaltungsthese
soll daher um diesen Punkt ergänzt werden.

6.4 Reduktion von Motivationsproblemen auf Divisionsebene

6.4.1 Aktuelle Ausgestaltung in der Praxis

Die bloße Möglichkeit zur zentralen Umverteilung finanzieller Mittel im Rahmen des internen Kapitalmarktes kann zu Motivationsproblemen auf Divisionsebene führen.[44] Auf Basis theoretischer Überlegungen wurden weiter oben zur
Lösung dieser Probleme die Gestaltungsthesen abgeleitet, individuelle *Leistungsanreize für die Geschäftsbereichsleiter auf Basis bereichsspezifischer
Wertkennzahlen* einzusetzen bzw. eine *Kontrolle der Leistungserbringung der
Geschäftsbereichsmanager unter strikter Beachtung ihrer Entscheidungsautonomie* durchzuführen.[45]

In den geführten Gesprächen zeigte sich, dass die unternehmerische Praxis die
beiden identifizierten Mechanismen "Anreizsetzung" und "Kontrolle" parallel
zur Anwendung bringt. In Bezug auf die *Anreizsetzung* ist dabei zu konstatieren,
dass die konkrete Ausgestaltung des variablen Vergütungssystems in den Unternehmen stark variiert. Nur zwei der hierzu befragten Unternehmen verwenden
als Bemessungsgrundlage mit dem Bereichs-Delta-EVA eine wertorientierte
Übergewinngröße. Drei weitere Unternehmen nutzen hierfür den ROCE, zwei
andere verwenden rein buchhalterische Kennzahlen.[46] Neben der Entwicklung
bestimmter Bereichs-Kennzahlen geht in fast allen Fällen auch das Erreichen in-
dividuell vereinbarter Ziele in die Berechnung der variablen Vergütungskomponente mit ein. In etwa der Hälfte der Fälle existiert weiterhin ein langfristiges
Anreizprogramm, in das die Entwicklung des Aktienkurses maßgeblich einfließt.

Eine *Kontrolle* der Leistungserbringung der Geschäftsbereichsmanager durch
die Zentrale wird erwartungsgemäß in allen der befragten Unternehmen durchgeführt. Dabei gab es im Rahmen der geführten Gespräche keine Anhaltspunkte
dafür, dass die Entscheidungsautonomie der Geschäftsbereichsleiter nicht ge-

---

[44] Vgl. Kap. 4.4.
[45] Vgl. nochmals Kap. 4.4.2.
[46] Zwei Unternehmen wurden hierzu nicht befragt.

wahrt würde. Die Kontrolleffektivität schätzten die Gesprächspartner durchgehend als hoch ein.

Der festgestellte Befund einer geringen Verbreitung wertorientierter Übergewinngrößen als Bemessungsgrundlage der variablen Vergütung steht im Einklang mit anderen empirischen Arbeiten. So stellen BASSEN/KOCH/WICHELS (2000) fest, dass wertorientierte Kennzahlen in diesem Zusammenhang "noch nahezu ohne Bedeutung" sind.[47] HAPPEL (2001) kommt in seiner bereits zitierten Untersuchung ebenfalls zu dem Schluss, dass "auf Unternehmenswerte ausgerichtete Bemessungsgrundlagen (...) faktisch nicht verwendet werden"[48] und "eine Wertorientierte Personalführung erhebliches Verbesserungspotenzial besitzt".[49] PELLENS/TOMASZEWSKI/WEBER (2001) schließlich können feststellen, dass in den Vergütungssystemen deutscher Großunternehmen noch vielfach traditionelle Bezugsgrößen als zentrale Bezugsgröße verwendet werden. Lediglich 15,3% der von ihnen untersuchten Unternehmen verwenden ein Residualgewinnkonzept (z. B. EVA, CVA), weitere 10,2% eine wertorientierte Renditekennziffer (z. B. CFROI, ROCE) als Bemessungsgrundlage der variablen Vergütung des dezentralen Managements.[50]

6.4.2 Implikationen auf die abgeleiteten Gestaltungsthesen

Nach erfolgter Darstellung der aus den Experteninterviews gewonnenen empirischen Befunde sollen nun die sich hieraus ergebenen Implikationen auf die beiden im theoretischen Teil der Arbeit entwickelten Gestaltungsthesen herausgearbeitet werden (vgl. nochmals für eine zusammenfassende Darstellung aller Gestaltungsthesen Tab. 6).

Implikationen auf Gestaltungsthese 21: *Setzen individueller Leistungsanreize für die Geschäftsbereichsleiter durch Anreizsysteme auf Basis bereichsspezifischer Wertkennzahlen (insb. CVA, Delta-CVA).*

Auf Basis der erhaltenen empirischen Ergebnisse kann die grundsätzliche Notwendigkeit einer Anreizsetzung für die Bereichsmanager als vorläufig bestätigt angesehen werden. Weiter einzugehen ist jedoch auf das festgestellte Faktum, dass wertorientierte Übergewinnkennzahlen nur in zwei Fällen (Delta-EVA) als

---

[47] Bassen/Koch/Wichels (2000), S. 12.
[48] Happel (2002), S. 278.
[49] Ibid., S. 278. Vgl. ähnlich auch Happel (2001), S. 129ff.
[50] Vgl. Pellens/Tomaszewski/Weber (2001), S. 33f.

Bemessungsgrundlage verwendet werden und die aus theoretischer Sicht aufgrund ihrer geringeren Gestaltbarkeit als optimal identifizierten Übergewinnkennzahlen CVA bzw. Delta-CVA in gar keinem Fall zur Anwendung kommen.
Analog zu den gemachten Ausführungen bezüglich der Implikationen auf These
19 liegt auch hier die Vermutung nahe, dass sich die der variablen Vergütung
zugrunde gelegte Kennzahl stark an der jeweils im Unternehmen implementierten Spitzenkennzahl orientiert. Ohne Implementierung eines geeigneten Wert-
managementkonzeptes in den Unternehmen ist daher auch keine adäquate Anreizsetzung mittels wertorientierter Kennzahlen zu erwarten. Die aufgestellte
Gestaltungsthese wird daher unverändert beibehalten.

Implikationen auf Gestaltungsthese 22: *Kontrolle der Leistungserbringung
der Geschäftsbereichsmanager, dabei strikte Wahrung ihrer Entscheidungsautonomie.*

Aufgrund der Ergebnisse der Experteninterviews kann die aufgestellte Gestaltungsthese als vorläufig bestätigt gelten. Sie wird daher in unveränderter Form
beibehalten.

6.5 Reduktion von Influence Costs

6.5.1 Aktuelle Ausgestaltung in der Praxis

Wenn Geschäftsbereichsleiter den Versuch unternehmen, sich durch Beeinflussung der Kapitalallokationsentscheidung der Zentrale private Vorteile zu ver-
schaffen, so entstehen dem Unternehmen Influence Costs.[51] Auf Basis theoretischer Überlegungen konnte weiter oben herausgearbeitet werden, dass insbesondere zwei Mechanismen geeignet erscheinen, die Entstehung von Influence
Costs zu reduzieren: Erstens eine regelmäßige *Rotation der Geschäftsbereichsmanager (Job Rotation)* sowie zweitens der *Einsatz von Profit-Sharing (auf Basis von Bereichs-Residualgewinnen und unter Verwendung eines erhöhten Kapitalkostensatzes für den jeweils betrachteten Geschäftsbereich).*[52]

Ein *regelmäßiger Austausch der Geschäftsbereichsmanager* wird in keinem der
befragten Unternehmen vorgenommen. Vielmehr stellten die Gesprächspartner
einmütig fest, dass die Verweildauer der Bereichsmanager in ihren Unternehmen

---

[51] Vgl. Kap. 4.5.
[52] Vgl. nochmals Kap. 4.5.2.

"eher lange" sei. Ein Gesprächspartner quantifizierte diese Angabe mit "fünf bis neun Jahren". Befragt nach den Gründen für den Verzicht ihrer Unternehmen auf Job Rotation gaben die Interviewpartner unterschiedliche Argumente zu Protokoll. So bestünden beispielsweise "Sprachbarrieren", würden "sehr spezifische Kenntnisse und Erfahrungen" für die Führung der Geschäftsbereiche benötigt, sei es erforderlich "den Kunden gegenüber Kontinuität in der Führung zu zeigen", oder seien ganz allgemein "die mit einem regelmäßigen Manageraustausch verbundenen Eingewöhnungskosten trotz standardisierter Managementinstrumente zu hoch".

Keines der befragten Unternehmen gab an, ein monetäres *Anreizschema für wahrheitsgemäße Planungen* der Geschäftsbereiche implementiert zu haben. Nur ein Gesprächspartner konnte sich dies zumindest grundsätzlich vorstellen. Ganz im Gegenteil waren die meisten Interviewpartner der Einführung derartiger Anreizschemata gegenüber äußerst reserviert eingestellt, einige lehnten die Idee kategorisch als zu praxisfern ab. Stattdessen wurde in den Gesprächen einhellig betont, dass im Zusammenhang mit der Planungswahrheit für die Bereichsmanager eine existenzielle Notwendigkeit bestünde, sich eine gute Reputation für eine wahrheitsgemäße Planung aufzubauen. Ein Finanzvorstand formulierte diese Notwendigkeit pointiert: "Sie können mich sicher ein- oder zweimal mit ihrer Planung täuschen. Aber wenn sie dann auch noch beim dritten Mal mit einer geschönten Planung zu mir kommen, haben sie Ihren Kredit bei mir endgültig verspielt. Dann sollten sie sich nach einem neuen Job umsehen."

Im Zusammenhang mit dem Setzen von Anreizen für eine wahrheitsgemäße Planung stellte ein Interviewpartner einen alternativen Ansatz vor, der in seinem Unternehmen bereits seit längerer Zeit praktiziert werde: Durch Veröffentlichung einer "Top-10"- und "Bottom-10"-Liste der Planungsabweichungen werde der "sportliche Ehrgeiz" aller Bereichsmanager geweckt, sich möglichst weit oben auf der Liste zu positionieren. Seit Einführung der Liste habe sich "die Planungsgenauigkeit ganz dramatisch verbessert, weil niemand seinen Geschäftsbereich auf der zweiten Liste entdecken möchte."

6.5.2 Implikationen auf die abgeleiteten Gestaltungsthesen

Nach Darstellung der empirischen Befunde sollen nun Implikationen auf die beiden entwickelten Gestaltungsthesen zur Reduktion von Influence Cost diskutiert werden (vgl. für eine zusammenfassende Darstellung sämtlicher Gestaltungsthesen nochmals Tab. 6).

Implikationen auf Gestaltungsthese 23: *Regelmäßige Rotation der Geschäfts-bereichsmanager.*

Da in keinem der befragten Unternehmen eine regelmäßige Rotation der Ge-schäftsbereichsmanager praktiziert wird und offensichtlich aus Sicht der Praxis die mit Job Rotation verbundenen Kosten den daraus zu erwartenden Nutzen übersteigen, wird die aufgestellte Gestaltungsthese verworfen.

Implikationen auf Gestaltungsthese 24: *Einsatz von Profit-Sharing (auf Basis von Bereichs-Residualgewinnen unter Verwendung eines erhöhten Kapitalko-stensatzes für den jeweils betrachteten Geschäftsbereich).*

Die Ergebnisse der geführten Gespräche legen nahe, dass monetäre Anreiz-schemata zur Induzierung einer wahrheitsgemäßen Planung der Geschäftsbe-reichsmanager für eine Anwendung in der Praxis deutlich zu komplex und un-geeignet sind. Stattdessen scheint es in der Unternehmenspraxis in vielen Fällen – wenn auch nicht in allen – bereits aufgrund der Notwendigkeit zum Aufbau einer guten Reputation für die Bereichsmanager zu gelingen, geeignete Anreize für eine wahrheitsgemäße Planung zu setzen.[53]

Zu prüfen ist in diesem Zusammenhang, ob der Vorschlag der Praxis geeignet ist, mittels einer "Top-Liste der Planungsabweichungen" die Planungsgenauig-keit der Bereiche zu verbessern. Hierzu ist festzustellen, dass durch den Aufbau von Gruppendruck mit einer solchen "Top-Liste" zwar grundsätzlich Anreize zur Minimierung von Planabweichungen gesetzt werden können. Jedoch werden mit Einführung der Liste gleichzeitig neue Anreize geschaffen, z.B. eine absehbar mögliche Planübererfüllung künstlich zu verringern, um nicht mit einer zu großen Abweichung auf der Liste aufgeführt zu werden. Der Vorschlag der Pra-xis ist somit nicht geeignet, wirksam Influence Costs zu verringern.

Aufgrund der einhellig ablehnenden Haltung der Gesprächspartner zum Inhalt der vorliegenden Gestaltungsthese wird diese verworfen. Als geeignete (wenn auch aus theoretischer Sicht nicht hinreichende) Mechanismen zur Reduktion von Influence Costs können somit nur die Notwendigkeit zum Aufbau von Re-putation sowie das kritische Hinterfragen und Plausibilisieren der Geschäftsbe-reichsplanungen durch die Zentrale gelten.[54]

---

[53] Zur Reputation als Mittel der Motivation vgl. auch Kap. 3.1.2.3.1.
[54] Vgl. Kap. 4.5.2.2.1.

6.6 Zusammenfassung

6.6.1 Aktuelle Ausgestaltung in der Praxis

Die folgende Tab. 9 fasst nochmals die wesentlichen empirischen Befunde zur Ausgestaltung interner Kapitalmärkte in der Praxis zusammen.

Empirische Befunde	Bewertung
Winner-Picking	
• Kaum wertorientiertes Winner-Picking aufgrund mangelnder Implementierung geeigneter Wertmanagement-Konzepte (Übergewinngrößen, bereichsspezifische Kapitalkosten, cashflowbasierte Kennzahlen)	–
• Kaum Vorgabe verbindlicher Leitplanken zur Entwicklung dezentraler Bereichsstrategien sowie Dominanz des Bottom-up-Planungsverfahrens	–
• Wettbewerbsverhältnis auf dem internen Kapitalmarkt ist auf erwirtschaftete Finanzmittel beschränkt, Assets der Geschäftsbereiche stehen nicht zur Disposition	–
• Häufig Existenz von Doppelvorstandschaften sowie (dadurch zumeist bedingte) Beteiligung der Geschäftsbereiche an der Entwicklung der Portfoliostrategie.	–
Monitoring	
• Strategische Prämissen- und Durchführungskontrolle zumeist gut ausgeprägt	+
• Strategische Überwachung grundsätzlich vorhanden, jedoch unsystematisch verfolgt	+ / –
• Monitoring selten wertorientiert.	–
Lösung des Agency-Konfliktes zwischen Eigentümern und Zentralmanagement	
• Signifikanter variabler Vergütungsanteil	+
• Kurzfristige Anreize für Zentralmanagement meist nicht adäquat wertorientiert	–
• Langfristige Anreize für Zentralmanagement meist an Aktienkurse gekoppelt	+
• Fachliche Eignung der Aufsichtsräte schwankt stark und damit einhergehend die Qualität der Aufsichtsratskontrolle.	+ / –
Reduktion von Motivationsproblemen auf Divisionsebene	
• Variable Vergütungskomponenten in allen Unternehmen	+
• Anreizsetzung selten adäquat wertorientiert.	–
Reduktion von Influence Costs	
• Aus Theorie entwickelte Gestaltungsthesen für Anwendung in Praxis nicht geeignet.	n.a.

Tab. 9: Zusammenfassende Darstellung der wesentlichen empirischen Befunde zur Gestaltung interner Kapitalmärkte. Quelle: Eigene Darstellung.

6.6.2 Zusammenfassung der modifizierten Gestaltungsthesen

In Tab. 10 werden zusammenfassend die ursprünglichen Gestaltungsthesen jeweils ihrer ggf. neuen Form, die sich aus der Diskussion von Implikationen aus den Experteninterviews ergeben hat, gegenübergestellt.

Qualität des Winner-Pickings		
Gestaltungsthesen (ursprünglich) ⇨		**Gestaltungsthesen (neu)**
1. Bewertung der Attraktivität bestehender Bereichsstrategien anhand der Kriterien Visions-/Strategiefit sowie CFROI-Spread (bereichsspezifische Kapitalkostensätze).		1. Bewertung der Attraktivität bestehender Bereichsstrategien anhand der Kriterien Visions-/Strategiefit sowie CFROI-Spread **(bzw. mit Einschr. auch ROCE-Spread)** (bereichsspezifische Kapitalkostensätze). *(modifiziert)*
2. Ableitung möglicher strategischer Stoßrichtungen für das Gesamtunternehmen durch die Zentrale und Vorgabe verbindlicher Leitplanken zur Entwicklung von Neu-Strategien auf Geschäftsfeldebene.		2. *(beibehalten)*
3. Ausformulieren von Neu-Strategien als Businessplan durch die Geschäftsbereiche, dabei Ableiten finanzieller Werttreiber auf Basis einer vorgeschalteten Prognose strategischer Einflussfaktoren.		3. *(beibehalten)*
4. Bewertung der Attraktivität von Neu-Strategien anhand der Kriterien "Visions-/Strategiefit" sowie "VROI".		4. Bewertung der Attraktivität von Neu-Strategien anhand der Kriterien "Visions-/Strategiefit" sowie **"Finanzielle Attraktivität"** (theoretisch ideal: VROI). *(modifiziert)*
5. Durchführen von Sensitivitätsanalysen im Rahmen der Bewertung.		5. *(beibehalten)*
6. Abhalten einer "internen Analystenkonferenz", auf der die Geschäftsbereiche ihre "Story", Planungen und Bewertungen präsentieren und dies von der Zentrale kritisch hinterfragt wird.		6. Abhalten einer "internen Analystenkonferenz", auf der die Geschäftsbereiche ihre "Story", Planungen und Bewertungen präsentieren und dies von der Zentrale kritisch hinterfragt wird. **Bei Bedarf sollten zur Vorbereitung der internen Analystenkonferenz einzelne Vorabgespräche zu den Bereichsplanungen durchgeführt werden.** *(modifiziert)*

Qualität des Winner-Pickings		
Gestaltungsthesen (ursprünglich)	⇨	**Gestaltungsthesen (neu)**

7. Entwickeln alternativer Konzernentwicklungspfade, dabei Aufrechterhalten eines Wettbewerbsverhältnisses um knappes Kapital (generierter Cashflow und Assets) zwischen bestehenden Geschäftsbereichsstrategien und Neu-Strategien untereinander und gegeneinander.

7. *(beibehalten)*

8. Entscheidung für einen Konzernentwicklungspfad anhand der Kriterien Visions-/ Strategiefit, finanzielle Attraktivität (Present Value) sowie finanzielle Durchführbarkeit.

8. *(beibehalten)*

9. Ableiten der Finanz- und Budgetplanung aus dem gewählten Konzernentwicklungspfad.

9. *(beibehalten)*

10. Rolle der Zentrale als Treiber und Koordinator des Winner-Picking-Prozesses sowie methodischer Unterstützer der Geschäftsbereiche.

10. *(beibehalten)*

11. Strikte Kompetenzabgrenzung bei der Entwicklung von Geschäftsbereichs- und Gesamtportfoliostrategie.

11. *(beibehalten)*

12. Verzicht auf Doppelvorstandschaften.

12. *(beibehalten)*

13. Direkte Kapitalallokation auf Geschäftsbereiche.

13. *(beibehalten)*

14. Schaffen von Anreizen für einen befristeten Wechsel von Bereichscontrollern in das Zentralcontrolling (Controller-Rotation). *(neu aufgenommen)*

14. Durchführen einer strategischen Prämissenkontrolle: Überwachung der Validität der Auswahl der Geschäftsfeldstrategien sowie der ausreichenden Dimensionierung der Cashflowbedarfe der Bereiche.

15. *(beibehalten)*

Qualität des Winner-Pickings

Gestaltungsthesen (ursprünglich) ⇒	Gestaltungsthesen (neu)
15. Durchführen einer strategischen Durchführungskontrolle: Überwachung der Höhe der erwirtschafteten Cashflows der Geschäftsbereiche und des Erreichens von Rentabilitätszielen.	16. *(beibehalten)*
16. Durchführen einer strategischen Überwachung im Sinne einer ungerichteten Kontrolle (strategisches Radar).	17. *(beibehalten)*
17. Fokussierung der Kontrolle auf für die Durchführung der Portfoliostrategie relevante Größen und Definition von Toleranzgrenzen.	18. *(beibehalten)*
18. Direkte und enge Erfolgskontrolle des Geschäftsbereichsmanagements durch die Zentrale bei portfoliostrategiebedrohlichen Fehlentwicklungen.	19. *(beibehalten)*
19. Enge Kopplung der Interessen des Zentralmanagements an diejenigen der Eigentümer durch – anreizkonform ausgestaltete Aktien-(options)programme – Anreizsysteme auf Basis interner Wertkennzahlen (insb. CVA, Delta-CVA).	20. *(beibehalten)*
20. Effektive Gestaltung der Überwachungsaktivitäten des Aufsichtsrates beispielsweise durch – Nutzung strategischer Kontrollarten und unternehmensexterner Informationsquellen – Nutzung wertorientierter Kennzahlen – Kontrolle im zeitlichen Gleichlauf mit den Entscheidungen des Vorstandes – Aktives Mitwirken bei der Festlegung der Unternehmensziele – Aufnahme der strategischen Planung in den Katalog zustimmungspflichtiger Geschäfte	21. Effektive Gestaltung der Überwachungsaktivitäten des Aufsichtsrates beispielsweise durch – Nutzung strategischer Kontrollarten und unternehmensexterner Informationsquellen – Nutzung wertorientierter Kennzahlen – Kontrolle im zeitlichen Gleichlauf mit den Entscheidungen des Vorstandes – Aktives Mitwirken bei der Festlegung der Unternehmensziele – Aufnahme der strategischen Planung in den Katalog zustimmungspflichtiger Geschäfte

Qualität des Winner-Pickings		
Gestaltungsthesen (ursprünglich)	⇒	Gestaltungsthesen (neu)
– Verstärkte Ausübung des Fragerechts und Erlass einer Informationsordnung – Einrichtung eines entscheidungsvorbereitenden Strategieausschusses.		– Verstärkte Ausübung des Fragerechts und Erlass einer Informationsordnung – Einrichtung eines entscheidungsvorbereitenden Strategieausschusses – **Besetzen des Aufsichtsrates mit fachlich in besonderer Weise geeigneten Persönlichkeiten.** *(modifiziert)*
21. Setzen individueller Leistungsanreize für die Geschäftsbereichsleiter durch Anreizsysteme auf Basis bereichsspezifischer Wertkennzahlen (insb. CVA, Delta-CVA).		22. *(beibehalten)*
22. Kontrolle der Leistungserbringung der Geschäftsbereichsmanager, dabei strikte Wahrung ihrer Entscheidungsautonomie.		23. *(beibehalten)*
23. Regelmäßige Rotation der Geschäftsbereichsmanager.		*(verworfen)*
24. Einsatz von Profit-Sharing (auf Basis von Bereichs-Residualgewinnen und unter Verwendung eines erhöhten Kapitalkostensatzes für den jeweils betrachteten Geschäftsbereich).		*(verworfen)*

Tab. 10: Zusammenfassende Darstellung ursprünglicher und neuer Gestaltungsthesen. Quelle: Eigene Darstellung.

6.7 Erste – thesenartige – Handlungsempfehlungen an die Praxis

Die explorative Ausrichtung der Arbeit bringt es mit sich, dass die in ihrem Rahmen entstandenen Thesen zur Gestaltung effizienter interner Kapitalmärkte nicht im POPPER'schen Sinne als geprüft gelten können.[55] Nichtsdestotrotz soll bereits zu diesem frühen Zeitpunkt im Forschungsprozess der Versuch gewagt werden, der Praxis thesenartig erste Handlungsempfehlungen zur Gestaltung effizienter interner Kapitalmärkte an die Hand zu geben. Dies erscheint vor allem deshalb sinnvoll, damit ein Dialog zwischen Forschung und Praxis in Gang ge-

---

[55] Vgl. Kubicek (1977), S. 12f.; Wollnik (1977), S. 42f. sowie grundlegend Popper (2005).

setzt werden kann, der sich auf einer Kritik der Handlungsempfehlungen begründet.

Die Handlungsempfehlungen zur weiteren Optimierung der Gestaltung effizienter interner Kapitalmärkte ergeben sich im Wesentlichen aus einer Differenzbetrachtung zwischen den (neuen) Gestaltungsthesen der Arbeit und der empirisch
festgestellten Ausgestaltung interner Kapitalmärkte in den Unternehmen. Sie
sollen aus Gründen der Übersicht in drei Bereiche untergliedert werden:

1. Schaffen von Voraussetzungen für effiziente Kapitalallokationsentscheidungen
2. Aktive Steuerung der Geschäftsbereichsplanungen durch die Zentrale
3. Aktive Rolle des Aufsichtsrates.

Ad 1.)
Als wesentliche Voraussetzung effizienter interner Kapitalmärkte ist die Implementierung eines geeigneten *Wertmanagement-Konzeptes* zu sehen. Nur wenn
transparent ist, womit in einem Unternehmen unter Berücksichtigung bereichsspezifischer Kapitalkostensätze Wert geschaffen bzw. Wert vernicht wird, kann
eine wertmaximierende Kapitalallokationsentscheidung überhaupt erst getroffen
werden. Mit den entwickelten Portfolios zur Unterstützung des Winner-Picking
hat die vorliegende Arbeit einen Vorschlag gemacht, wie auf pragmatische Weise in der Praxis Transparenz über Allokationsalternativen geschaffen werden
kann.[56] Wichtig ist in diesem Zusammenhang, dass bei der Entwicklung der Allokationsentscheidung das *Bestandsportfolio der Geschäftsbereichsstrategien
regelmäßig und systematisch infragegestellt wird* und sich die Allokationsentscheidung nicht nur auf das Verteilen von in einer Periode erwirtschafteten Finanzmitteln beschränkt. Über das Ermöglichen einer wertmaximierenden Kapitalallokationsentscheidung hinaus ist die Verfügbarkeit wertorientierter Kennzahlen die wesentliche Voraussetzung für ein *effektives Monitoring* sowie für
das *Setzen wertorientierter Anreize für das Zentral- und das Bereichsmanagement.*

Eine weitere Voraussetzung zur Erreichung effizienter Allokationsentscheidun-
gen im Rahmen interner Kapitalmärkte betrifft die Fähigkeit der Zentrale, Planungen der Geschäftsbereiche zu hinterfragen und zu plausibilisieren. In diesem
Zusammenhang kann es hilfreich sein, durch eine Rotation von Controllingmit-

---

[56] Vgl. Kap. 4.1.3.1.

arbeitern zwischen Geschäftsbereichen und Zentrale *(Controller-Rotation)*, eine Akkumulation geschäftsbereichsspezifischen Wissens in der Zentrale zu fördern.

Nach hier vertretener Auffassung ist auch der *Verzicht auf Doppelvorstand-schaften* und der *Verzicht auf eine Beteiligung der Geschäftsbereiche an der Kapitalallokationsentscheidung* eine wesentliche notwendige Voraussetzung für die Effizienz interner Kapitalmärkte. Nur wenn die Portfolioentscheidung der Zentrale ohne Berücksichtigung von Partikularinteressen der Geschäftsbereiche getroffen werden kann, können konsensgetriebene Allokationsergebnisse ver-hindert werden und sind wertmaximierende Entscheidungen im Zentralvorstand zu erwarten.

Ad 2.)

Die Notwendigkeit, die Kapitalallokationsentscheidung an den Interessen des Gesamtunternehmens auszurichten, macht es erforderlich, dass die Zentrale den Geschäftsbereichen *verbindliche Leitplanken zur Entwicklung von Geschäftsbe-reichsstrategien vorgibt*. Nur so kann sichergestellt werden, dass die Geschäfts-bereiche auch Neu-Strategien planerisch ausgestalten, die von diesen als unat-traktiv oder schmerzhaft empfunden werden, jedoch bei Einnahme einer Ge-samtportfoliosicht eine Wertsteigerung versprechen. Die Vorgabe verbindlicher Leitplanken impliziert damit eine Planung im *Gegenstromverfahren* und eine Abkehr vom bislang offenbar üblichen Bottom-up-Verfahren.

Ad 3.)

Da es in Konglomeraten bisweilen auch über längere Zeiträume hinweg zu z. T. gravierenden Ineffizienzen auf den internen Kapitalmärkten kommen kann, ist – unabhängig von den hierfür verantwortlichen Gründen im Einzelfall – von star-ken organisationalen Beharrungskräften zur Beibehaltung des Status quo auszu-gehen. Nach hier vertretener Meinung kann es daher als Aufgabe des Aufsichts-rates angesehen werden, in diesen Fällen durch den Aufbau eines entsprechen-den Drucks auf den Zentralvorstand die notwendigen Veränderungen zu initiie-ren. Grundvoraussetzung für diese aktive Rolle des Aufsichtsrates ist jedoch ei-ne *effektive Gestaltung der Aufsichtsratskontrolle* sowie die *Besetzung des Auf-sichtsrates mit fachlich in besonderer Weise qualifizierten Persönlichkeiten*.

7 Schlussbetrachtung

7.1 Zusammenfassung zentraler Ergebnisse der Arbeit

Die vorliegende Arbeit hat die identifizierte Forschungslücke aufgegriffen, dass die Effizienz interner Kapitalmärkte von Konglomeraten bereits zwar als einer der wesentlichen Treiber des Conglomerate Discounts/Premium identifiziert worden ist, die Frage nach der konkreten Gestaltung effizienter interner Kapitalmärkte bislang jedoch noch nicht zufriedenstellend beantwortet werden konnte. Das übergeordnete Ziel der Arbeit bestand daher darin, weiterführende Erkenntnisse zur Gestaltung interner Kapitalmärkte zu gewinnen. Dieses Globalziel differenzierte sich in drei Teilziele:

1. **Theoretisches Ziel:** Entwicklung eines forschungsleitenden konzeptionellen Bezugsrahmens zur Gestaltung interner Kapitalmärkte, der die bestehenden Ansätze im Schrifttum integriert, sowie Ableitung konkreter Thesen zur effizienten Gestaltung interner Kapitalmärkte
2. **Empirisches Ziel:** Bestandsaufnahme der betrieblichen Praxis interner Kapitalmärkte in deutschen Konglomeraten sowie Gewinnung von Erfahrungswissen und Einschätzungen aus Sicht der Unternehmenspraxis
3. **Praxeologisches Ziel:** Ableitung thesenartiger Handlungsempfehlungen zur Gestaltung effizienter interner Kapitalmärkte.

Ad 1.)
Auf theoretischer Seite konnte zunächst auf Basis einer umfassenden Diskussion und Systematisierung des aktuellen theoretischen und empirischen Forschungsstandes ein in sich geschlossener konzeptioneller Bezugsrahmen entwickelt werden, der die bislang in der Literatur bestehenden Erklärungsmodelle der Funktion bzw. Fehlfunktion interner Kapitalmärkte integriert. Aus der Herleitung des Bezugsrahmens ergaben sich schließlich fünf Gestaltungshebel für das Management, den internen Kapitalmarkt effizient zu gestalten: Qualität des Winner-Pickings, Qualität des Monitorings, Reduktion des Interessenkonfliktes zwischen Eigentümern und Zentralmanagement, Reduktion von Motivationsproblemen auf Divisionsebene sowie Reduktion von Influence Costs.

Entlang dieser fünf Faktoren wurden unter Bezugnahme auf das bestehende Schrifttum systematisch Thesen zur Gestaltung effizienter interner Kapitalmärkte abgeleitet. Bestehende Lücken in der Literatur konnten dabei durch eigene konzeptionelle Überlegungen geschlossen werden. In diesem Zusammenhang ist insbesondere auf den Gestaltungsvorschlag zum Winner-Picking-Prozess hinzuweisen, mit dem die vorliegende Arbeit dazu beitragen möchte, auf pragmatische Art und Weise die Herbeiführung effizienter Kapitalallokationsentscheidungen in der Unternehmenspraxis zu unterstützen.

Ad 2.)

Aufgrund der Ausrichtung der Arbeit auf den Entdeckungszusammenhang wurde eine explorative empirische Forschungsstrategie gewählt. Im Rahmen von leitfadengestützten Interviews mit Experten für interne Kapitalmärkte – unter ihnen Finanzvorstände namenhafter deutscher Konglomerate – konnte entlang des Bezugsrahmens eine systematische Bestandsaufnahme der praktischen Ausgestaltung interner Kapitalmärkte erhoben werden. Weiterhin wurden fruchtbare Einschätzungen der Praxis zu den aus der Theorie abgeleiteten Gestaltungsthesen gewonnen, so dass einzelne Thesen – in Abwägung ihrer theoretischen Effektivität und ihrer Praxistauglichkeit – modifiziert, verworfen oder neu aufgenommen werden konnten. Bei rückblickender Betrachtung kann das gewählte offene Forschungsdesign somit als sehr gut bewährt bezeichnet werden.

Ad 3.)

Aus einer Differenzbetrachtung zwischen den um die Einschätzungen der Praxis angereicherten Gestaltungsthesen und der empirisch festgestellten Ausgestaltung interner Kapitalmärkte wurden abschließend thesenartig Handlungsempfehlungen an die Praxis zur weiteren Optimierung der Gestaltung effizienter interner Kapitalmärkte abgeleitet.

7.2 Ausblick auf weiteren Forschungsbedarf

Ausgehend von den Ergebnissen der vorliegenden Arbeit ergibt sich an mehreren Punkten weiterer Forschungsbedarf:

Auf *theoretisch/konzeptioneller Ebene* sollte untersucht werden, welche Auswirkungen die empirisch häufig festgestellte Personalunion zwischen Bereichs- und Zentralvorständen (Doppelvorstandschaften) auf den z. B. im Modell von SCHARFSTEIN/STEIN (2000) angenommenen doppelten Agency-Konflikt besitzt. Offenbar existiert der doppelte Agency-Konflikt in der Praxis nicht so trennscharf, wie in den entsprechenden Modellen angenommen, weswegen die Frage nach dem Prozess der Entscheidungsfindung innerhalb des Zentralvorstands mehr in den Mittelpunkt des Interesses rücken sollte.

Auch bezüglich der Anreizmechanismen zur Erreichung einer wahrheitsgemäßen Planung der Geschäftsbereiche (z.B. Weitzman-Schema, Profit-Sharing, Groves-Schema) ist von der Theorie zu fordern, einfachere und praxistauglichere Instrumente zu entwickeln. In ihrer jetzigen Form jedenfalls erscheinen sämtliche aus theoretischer Sicht geeigneten Mechanismen ohne Aussicht auf breitere Akzeptanz in der Praxis.

Auf *empirischer Ebene* sollte insbesondere über ein hypothesenprüfendes Forschungsdesign geklärt werden, inwieweit die Erfüllung der in dieser Arbeit entwickelten Gestaltungsthesen tatsächlich eine Verbesserung der Effizienz der internen Kapitalallokation zur Folge hat und wie groß der Einfluss einzelner Gestaltungsthesen auf das Allokationsergebnis ist. Weiterhin könnten mittels einer länderübergreifenden Studie Unterschiede in der Ausgestaltung interner Kapitalmärkte herausgearbeitet werden und die Gestaltungsthesen der vorliegenden Arbeit auf ihre länderspezifische Erklärungskraft hin untersucht werden.

Angesichts des hohen Wertschaffungspotenzials der Gestaltung effizienter interner Kapitalmärkte sowie des starken Interesses von Seiten der Praxis an diesem Thema wäre es wünschenswert, wenn die vorliegende Arbeit zu weiteren Forschungsbemühungen in den aufgezeigten Feldern anregen würde.

Anhang

Dipl.-Wirtsch.-Ing. Christian Funk
[Adresse, Mobiltelefon, Email]

[Adressat]

Ort, Datum

Promotion: Persönliche Bitte

Sehr geehrter Herr [NAME],

ich möchte mich mit einer persönlichen Bitte an Sie wenden.

Gegenwärtig promoviere ich zum Thema "Gestaltung interner Kapitalmärkte" am Lehrstuhl für Unternehmensführung der Universität Dortmund. Die Anlage gibt hierzu eine Kurzübersicht.

Nach Abschluss des theoretischen Teils der Arbeit suche ich nun die Gesprächsmöglichkeit mit ausgewählten Finanzvorständen deutscher Aktiengesellschaften.

Für die Qualität meiner wissenschaftlichen Untersuchung wäre es von sehr großem Wert, wenn Sie sich zu einem ca. einstündigen persönlichen Gespräch mit mir bereit erklärten.

Zeitlich würde ich mich innerhalb der nächsten vier Monate völlig nach Ihnen richten.

Mit freundlichen Grüßen

Christian Funk

Anlage

GESTALTUNG INTERNER KAPITALMÄRKTE – KURZEXPOSÉ
Ansatzpunkte zur Effizienzverbesserung der internen Kapitalallokation

Kurzdarstellung des Forschungsprojekts

a) Ausgangslage
Unter einem "internen Kapitalmarkt" wird die geschäftsbereichsübergreifende Allokation von Finanzmitteln verstanden. Mehrere internationale Studien haben festgestellt, dass in der Unternehmenspraxis die interne Kapitalallokation mehrheitlich nicht effizient erfolgt und dies eine signifikante Unterbewertung der betreffenden Unternehmen am Kapitalmarkt nach sich zieht. Der bisherige Forschungsschwerpunkt zielte vornehmlich auf die Entwicklung theoretischer Ansätze zur Erklärung von Fehlfunktionen interner Kapitalmärkte ab. Praxistaugliche Hinweise zur *Gestaltung* interner Kapitalmärkte fehlen jedoch bislang.

b) Ziel
Das Forschungsprojekt verfolgt das Ziel, praktisch anwendbare Gestaltungshinweise zu entwickeln, mit denen die Effizienz der internen Kapitalallokation verbessert und eine ggf. bestehende Unterbewertung am Kapitalmarkt reduziert werden kann.

c) Theoretischer Teil
Auf Basis der bestehenden Literatur wurden Hypothesen zu insgesamt fünf Ansatzpunkten der Gestaltung interner Kapitalmärkte abgeleitet.

d) Empirischer Teil
Durch Experteninterviews mit ausgewählten Finanzvorständen deutscher Aktiengesellschaften wird die tatsächliche Ausgestaltung interner Kapitalmärkte in Deutschland erhoben. Anschließend werden durch einen Vergleich der Erhebungsergebnisse mit den abgeleiteten Hypothesen konkrete Hinweise zur Gestaltung interner Kapitalmärkte abgeleitet. Die Datenauswertung erfolgt anonym, sämtliche Daten werden vertraulich behandelt. Allen Interviewpartnern werden die Ergebnisse des Forschungsprojektes zugänglich gemacht.

Angaben zu meiner Person
Abschluss des Studiums zum Wirtschaftsingenieur an der TU Darmstadt in 2002. Danach Einstieg als Berater bei der Boston Consulting Group (BCG) in Frankfurt. Mehrere Projekte im Bereich Kapitalallokation und Portfoliomanagement, Kernmitglied der Praxisgruppe Corporate Development. Seit 2005 Promotion am Lehrstuhl für Unternehmensführung von Univ.-Prof. Dr. Martin K. Welge an der Universität Dortmund.

Themenblock	Unterpunkte	Wesentliche zu berücksichtigende (Gegen-)argumente

Grundsätzliches	• Existenz IKM und Beteiligte
	• Probleme/Erfahrungen
	• Umfang:
	  – Assets vs. Cashflows?
	  – Bestehende Strategien vs.
	    Neustrategien?
	• Knappheit von Kapital im Unternehmen?	

Winner-Picking • Prozess	• Allokationsprozess, Rolle Zentrale, Attraktivitätsbewertung? Langfristige Minimalziele?	• Vorgabe von Leitplanken • Attraktivitätsbewertung für neue und bestehende Strategien (Kennzahlen, Kapitalkostensatz, CFROI, VROI) • Ausformulierung der strat. Planung als Businessplan • Werttreiberprognose • Sensitivitätsanalysen • Interne Analysenkonferenz • Durchspielen alternativer Konzernentwicklungsszen.
• Organisatorische Voraussetzungen	• Aufgabenteilung Zentrale/GB bzw. Teilhabe an Entscheidung • Doppelvorstandschaften • Direkte vs. indirekte Allokation	• Aquisitions-, Desinvestitionsvorhaben

Monitoring	• Wie erfolgt Gesamtsteuerung der GB bzgl. IKM?
	  – Organisatorisch
	  – Kennzahlen
		• Wer? Häufigkeit? Form?
		• Prämissenkontrolle 1: Validität der GF-Strategieauswahl
		• Prämissenkontrolle 2: Ausreichende Dimensionierung der Cashflow-Bedarfe
		• Durchführungskontrolle: Höhe erwartete CF und Erreichen Rentabilitätsziele

	• Fokussierung des Monitorings	• Toleranzgrenzen, wesentliche Größen
	• Reaktion bei Erkennen von Fehlentwicklungen	

PA-Konflikt Eigentümer/Zentralmanagement		
• Anreize	• Wie erfolgt Anreizsetzung für Vorstände?	• Aktien(optionen), Interne Wertkennzahlen
• AR-Kontrolle	• Wie erfolgt Kontrolle der Kapitalallokation durch den AR?	• Kennzahlen
		• Strategieausschuss, Zustimmungspflichtiges Geschäft

Motivationsprobleme auf GB-Ebene		
• Anreize	• Wie werden individuelle Leistungsanreize gesetzt?	• Interne Wertkennzahlen
• Kontrolle	• Wie erfolgt die Kontrolle der GB-Manager?	• Ziele aus strategischer Planung abgeleitet?
		• Entscheidungsautonomie GB?

Influence Costs		
• Job Rotation	• Erfolgt Wechsel der GB-Manager nach 2-3 Jahren?	• Warum (nicht)?
• Anreiz für unverzerrte Pläne	• Verwendung spezieller Anreizschemata?	• Profit Sharing, Groves Schema

Literaturverzeichnis

Ahn, S. und Denis, D. J. (2004): Internal capital markets and investment policy: evidence from corporate spinoffs. In: Journal of Financial Economics 71, S. 489-516.

AK-Finanzierung (1994): Investitions-Controlling - Zum Problem der Informationsverzerrung bei Investitionsentscheidungen in dezentralisierten Unternehmen. In: Zeitschrift für betriebswirtschaftliche Forschung 46(11), S. 899-925.

AK-Finanzierung (1996): Wertorientierte Unternehmenssteuerung mit differenzierten Kapitalkosten. In: Zeitschrift für betriebswirtschaftliche Forschung 48(6), S. 543-578.

Akerlof, G. A. (1970): The Market for "Lemons": Quality Uncertainty and the Market Mechanism. In: Quarterly Journal of Economics 84, S. 488-500.

Alchian, A. A. (1969): Corporate Management and Property Rights. In: Manne, H. (Hrsg.), Economic Policy and the Regulation of Corporate Securites. Washington DC 1969. S. 337-360.

Alexandre, P.; Sasse, A. und Weber, K. (2004): Steigerung der Kapitaleffizienz durch Investitions- und Working Capital Management - Parallel Kapitalkosten senken und Liquidität erhöhen. In: Controlling 16(3), S. 125-131.

Amihud, Y. und Lev, B. (1981): Risk Reduction as a Managerial Motive for Conglomerate Mergers. In: Bell Journal of Economics 12, S. 605-617.

Atteslander, P. (1995): Methoden der empirischen Sozialforschung. Berlin 1995. 8. Auflage.

Atteslander, P. (2006): Methoden der empirischen Sozialforschung. Berlion 2006. 11. Auflage.

Bamberg, G. und Spremann, K. (1989): Agency Theory, Information, and Incentives. Berlin 1989.

Barnea, A.; Haugen, R. A. und Senbet, L. W. (1985): Agency Problems and Financial Contracting. New York 1985.

Bassen, A.; Koch, M. und Wichels, D. (2000): Variable Entlohungssysteme in Deutschland - Eine empirische Studie. In: Finanzbetrieb 2(1), S. 9-17.

Baum, H.-G.; Coenenberg, A. G. und Günther, T. (2004): Strategisches Controlling. Stuttgart 2004. 3. Auflage.

Bea, F. X. und Haas, J. (2001): Strategisches Management. Stuttgart 2001. 3. Auflage.

Becker, W. und Piser, M. (2004): Strategische Kontrolle in der Unternehmenspraxis. In: Controlling 16(8/9), S. 445-450.

Beckmann, P. (2006): Der Diversification Discount am deutschen Kapitalmarkt. Wiesbaden 2006.

Behrens, G. (1993): Wissenschaftstheorie und Betriebswirtschaftlsehre. In: Wittmann, W. (Hrsg.), Handwörterbuch der Betriebswirtschaft. Stuttgart 1993. 5. Auflage. S. 4763-4772.

Berg, N. (2003): Public Afairs Management. Wiesbaden 2003.

Berger, P. und Ofek, E. (1995): Diversification's effect on firm value. In: Journal of Financial Economics 37, S. 39-65.

Berle, A. und Means, G. (1932): The Modern Corporation and Private Property. New York 1932.

Bernardo, A. E.; Cai, H. und Luo, J. (2004): Capital Budgeting in Multidivision Firms: Information, Agency, and Incentives. In: The Review of Financial Studies 17(3), S. 739-767.

Billett, M. und Mauer, D. (2000): Diversification and the Value of Internal Capital Markets: The Case of Trading Stock. In: Journal of Banking and Finance 24, S. 1457-1490.

Billett, M. und Mauer, D. (2003): Cross-Subsidies, External Financing Constraints, and the Contribution of the Internal Capital Market to Firm Value. In: Review of Financial Studies 16, S. 1167-1201.

Bogner, A.; Littig, B. und Menz, W. (2005): Das Experteninterview: Theorie, Methode, Anwendung. Wiesbaden 2005. 2. Auflage.

Bolton, P. und Scharfstein, D. S. (1998): Corporate Finance, the Theory of the Firm, and Organizations. In: Journal of Economic Perspectives 12(4), S. 95-114.

Borchers, S. (1999): Beteiligungscontrolling in der Management-Holding: Ein integratives Konzept. Wiesbaden 1999.

Bosch, F. (2006): Behavioral Finance an der Börse. Saarbrücken 2006.

Bosse, C. (2000): Investitionsmanagement in divisionalen Unternehmen. Chemnitz 2000.

Boston Consulting Group (2006a): Managing for Value: How the World's Top Diversified Companies Produce Superior Shareholder Returns. o.O. 2006a.

Boston Consulting Group (2006b): What Public Companies Can Learn from Private Equity. In: Opportunities for Action (www.bcg.com/subscribe), S. 1-4.

Brealey, R. A. und Meyers, S. C. (2003): Principles of Corporate Finance. New York 2003.

Breid, V. (1994): Erfolgspotentialrechnung. Stuttgart 1994.

Brusco, S. und Panunzi, F. (2005): Reallocation of corporate resources and managerial incentives in internal capital markets. In: European Economic Review 49, S. 659-681.

Buermeyer, M. (2000): Corporate Capital Efficiency. Bamberg 2000.

Bühner, R. (1990): Das Management-Wert-Konzept. Stuttgart 1990.

Bühner, R. (1994): Mehr Schlagkraft im Controlling und höhere Ergebnisse - Shareholder-Value-Management: Unternehmensführung am Kapitalmarkt ausrichten. In: Blick durch die Wirtschaft 37(12), S. 7.

Bühner, R. (1995): Strategie und Organisation: Analyse und Planung der Unternehmensdiversifikation mit Fallbeispielen. Wiesbaden 1995.

Bullinger, H. J. (1994): Einführung in das Technologiemanagement: Modelle, Methoden, Praxisbeispiele. Stuttgart 1994.

Burger, A. und Ulbrich, P. R. (2005): Beteiligungscontrolling. München 2005.

Byrne, J. A. (1998): Jack - A Close-up Look at How America's #1 Manager Runs GE. In: Business Week 90(8. Juni).

Campa, J. M. und Kedia, S. (2002): Explaining the Diversification Discount. In: The Journal of Finance 62(4), S. 1731-1762.

Campello, M. (2002): Internal Capital Marekts in Financial Conglomerates: Evidence from Small Bank Responses to Monetary Policy. In: The Journal of Finance 62(6), S. 2773-2805.

Chevalier, J. (2004): What Do We Know About Cross-subsidization? Evidence from Merging Firms. In: Advances in Economic Analysis and Policy 4(1), S. Article 3.

Chmielewicz, K. (1993): Forschungskonzeptionen der Wirtschaftswissenschaft. Stuttgart 1993. 3. Auflage.

Coenenberg, A. G. und Baum, H.-G. (1984): Strategisches Controlling - DFG Abschlußbericht. In: DBW-Depot 1986(86-1-6).

Coenenberg, A. G. und Salfeld, R. (2003): Wertorientierte Unternehmensführung. Stuttgart 2003.

Collier, D. (1982): Strategic Management in Diversified, Decentralized Companies. In: Journal of Business Strategy 3, S. S. 85-89.

Comment, R. und Jarrell, G. A. (1995): Corporate focus and stock returns. In: Journal of Financial Economics 37, S. 67-87.

Copeland, T.; Koller, T. und Murrin, J. (1990): Measuring and Managing the Value of Companies. New York 1990.

Copeland, T.; Koller, T. und Murrin, J. (1993): Unternehmenswert. Frankfurt 1993.

Day, G. S. und Fahey, L. (1990): Putting Strategy into Shareholder Value Analysis. In: Harvard Business Review 68, S. 156-163.

De Motta, A. (2003): Managerial Incentives and Internal Capital Markets. In: The Journal of Finance 58(3), S. 1193-1220.

Diekmann, A. (2005): Empirische Sozialforschung. Reinbek bei Hamburg 2005. 12. Auflage.

Dietrich, D. (2005): Wie treffen Multis Investitionsentscheidungen: Das Fallbeispiel General Motors. In: Wirtschaft im Wandel(10), S. 314-321.

Dittmar, A. und Shivdasani, A. (2003): Divestitures and Divisional Investment Policies. In: The Journal of Finance 58(4), S. 2711-2744.

Dittmar, T. (2001): Interne Märkte in Banken : dezentrale Koordination im Controlling von Kreditinstituten. Wiesbaden 2001.

Donaldson, D. (1984): Managing Corporate Wealth. New York 1984.

Dundas, K. N. M. und Richardson, P. R. (1982): Implementing the Unrelated Product Strategy. In: Strategic Management Journal 3, S. 287-301.

Ewert, R. und Wagenhofer, A. (2005): Interne Unternehmensrechnung. Berlin ; Heidelberg ; New York 2005.

Fama, E. F. (1980): Agency Problems and the Theory of the Firm. In: Journal of Political Economy 88, S. 288-307.

Fauver, L.; Houston, J. und Naranjo, A. (1999): Capital Market Development, Legal Systems and the Value of Corporate Diversification: A Cross-Country Analysis. In: CIBER Working Paper 02-10, University of Florida.

Fechtel, A. (2001): Wertorientiertes, strategisches Management von Mehrgeschäfts-Unternehmungen. Wiesbaden 2001.

Fent, P. (1996): Dynamische Ressourcenallokationsmechanismen für divisionalisierte Unternehmungen : eine Erweiterung der Groves-Schemata 1996.

Fischer, M. (1995): Agency-Theorie. In: Wirtschaftswissenschaftliches Studium 24, S. 320-322.

Flick, U. (2004): Qualitative Sozialforschung - Eine Einführung. Reinbek bei Hamburg 2004. 2. Auflage.

Flick, U., et al. (1995): Handbuch qualitative Sozialforschung - Grundlagen, Konzepte, Methoden und Anwendungen. Weinheim 1995. 2. Auflage.

Flick, U.; von Kardorff, E. und Steinke, I. (2004): Qualitative Forschung - Ein Handbuch. Reinbek bei Hamburg 2004. 3. Auflage.

Franke, G. (1993): Agency-Theorie. In: Wittmann, W. und Grochla, E. (Hrsg.), Handwörterbuch der Betriebswirtschaft. Stuttgart 1993. 4. Auflage. S. 37-49.

Frese, E. und Lehmann, P. (2000): Outsourcing und Insourcing: Organisationsmanagement zwischen Markt und Hierarchie. In: Frese, E. (Hrsg.), Organisationsmanagement. Stuttgart 2000. S. 199-238.

Freygang, W. (1994): Kapitalallokation in diversifizierten Unternehmen. Wiesbaden 1994.

Fruhan, W. E. (1979): Financial Strategy - Studies in the creation, transfer, and destruction of shareholder value. Homewood 1979.

Gabler (2004): Gabler Wirtschaftslexikon. Wiesbaden 2004. 16. Auflage.

Gälweiler, A. (2005): Strategische Unternehmensführung. Frankfurt 2005.

Gautier, A. und Heider, F. (2005): The benefit and cost of winner-picking: Redistribution vs. Incentives. In: Working Paper.

Gerken, A. (1994): Optimale Entscheidungen in Banken : ein neues Planungs- und Steuerungskonzept. Wiesbaden 1994.

Gertner, R. H.; Powers, E. und Scharfstein, D. S. (2002): Learning about Internal Capital Markets from Corporate Spinoffs. In: Journal of Finance 57(2002), S. 2479-2506.

Gertner, R. H.; Scharfstein, D. S. und Stein, J. C. (1994): Internal versus External Capital Markets. In: Quarterly Journal of Economics 109, S. 1211-1230.

Gocke, C. (1993): Effiziente Kapitalallokation zu Investitionszwecken als Problem im divisionalen Unternehmen. Köln 1993.

Gomber, P. (1996): Elektronische Märkte für die dezentrale Transportplanung. Gießen 1996.

Götze, U. und Bloech, J. (1995): Investitionsrechnung: Modelle und Analysen zur Beurteilung von Investitionsvorhaben. Berlin 1995.

Graham, J. und Harvey, C. (2002): How Do CFOs Make Capital Budgeting and Capital Structure Decisions? In: Journal of Applied Corporate Finance 15(1), S. 8-23.

Graham, J.; Lemmon, M. L. und Wolf, J. (2002): Does Corporate Diversification Destroy Value? In: The Journal of Finance 57(2), S. 695-720.

Graham, J. R. und Harvey, C. R. (2001): The theory and practice of corporate finance: Evidence from the field. In: Journal of Financial Financial Economics 60(2-3), S. 187-243.

Greiner, O. (2004): Strategiegerechte Budgetierung. München 2004.

Grochla, E. (1978): Einführung in die Organisationstheorie. Stuttgart 1978.

Grothe, P. (2006): Unternehmensüberwachung durch den Aufsichtsrat. Frankfurt am Main 2006.

Groves, T. (1973): Incentives in Teams. In: Econometrica 41, S. 617-632.

Groves, T. und Loeb, M. (1979): Incentives in a Divisionalized Firm. In: Management Science 25, S. 221-230.

Gugler, K. (2001): Corporate Governance and Performance: The Research Questions. In: Gugler, K. (Hrsg.), Corporate Governance and Economic Performance. Oxford 2001. S. 1-67.

Günther, T. (1997): Unternehmenswertorientiertes Controlling. München 1997.

Hahn, D. und Willers, H. G. (2005): Unternehmensplanung und Führungskräftevergütung. In: Hahn, D. und Taylor, B. (Hrsg.), Strategische Unternehmensplanung - Strategische Unternehmensführung. Berlin 2005. S. 365-374.

Happel, M. (2001): Wertorientiertes Controlling in der Praxis - Eine empirische Überprüfung. Lohmar 2001.

Happel, M. (2002): Shareholder-Value-Ansatz: Implementierungslücke im Controlling deutscher Unternehmen? In: Controlling 14(4/5), S. 275-282.

Hasselberg, F. (1989): Strategische Kontrolle im Rahmen strategischer Unternehmensführung. Frankfurt 1989.

Hasselberg, F. (1991): Strategische Kontrolle von Gesamtunternehmensstrategien. In: Die Unternehmung 45(1), S. 16-31.

Hax, A. C. und Majluf, N. S. (1988): Strategisches Management. Frankfurt/New York 1988.

Holmstrom, B. (1982): Moral hazard in teams. In: The Bell Journal of Economics 13, S. 324-340.

Holmström, B. (1979): Moral hazard and observability. In: The Bell Journal of Economics 10, S. 74-91.

Holmstrom, B. und Ricart i Costa, J. (1986): Managerial Incentives and Capital Management. In: Quarterly Journal of Economics 101, S. 835-860.

Hopfenbeck, W. (1998): Allgemeine Betriebswirtschafts- und Managementlehre. Landsberg/Lech 1998. 12. Auflage.

Houston, J.; James, C. und Marcus, D. (1997): Capital market frictions and the role of internal capital markets in banking. In: Journal of Financial Economics 46, S. 135-164.

Hubbard, G. und Palia, D. (1999): A Re-Examination of the Conglomerate Merger Wave in the 1960s: An Internal Capital Markets View. In: Journal of Finance 54(3), S. 1131-1174.

Hungenberg, H. (2005): Anreizsysteme für Führungskräfte - Theoretische Grundlagen und praktische Ausgestaltungsmöglichkeiten. In: Hahn, D. und Taylor, B. (Hrsg.), Strategische Unternehmensplanung - Strategische Unternehmensführung. Berlin 2005. S. 353-364.

Inderst, R. und Laux, C. (2005): Incentives in Internal Capital Markets: Capital Constraints, Competition, and Investment Opportunities. In: Rand Journal of Economics 36(1), S. 215-228.

Inderst, R. und Müller, H. M. (2003): Internal versus External Financing: An Optimal Contracting Approach. In: The Journal of Finance 58(3), S. 1033-1062.

Jennergren, L. P. (1980): On the desgin of incentives in business firms - a survey of some research. In: Management Science 26, S. 180-201.

Jensen, M. C. (1986): Agency costs of free cash flow, corporate finance and takeovers. In: American Economic Review 76, S. 323-329.

Jensen, M. C. und Meckling, W. H. (1976): Theory of the Firm: Managerial Behavior, Agency Costs and Ownership Structure. In: Journal of Financial Economics 3, S. 305-360.

Khanna, N. und Tice, S. (2001): The Bright Side of Internal Capital Markets. In: Journal of Finance 56, S. 1489-1528.

Klein, S. P. (1999): Interne elektronische Kapitalmärkte in Banken : eine Analyse marktlicher Mechanismen zur dezentralen Ressourcenallokation. Wiesbaden 1999.

Klien, W. (1995): Wertsteigerungsanalyse und Messung von Managementleistungen: Technik, Logik und Anwendung. Wiesbaden 1995.

Kohlberg Kravis Roberts (1989): Leveraged Buy-Outs. In: Journal of Applied Corporate Finance 2, S. 64-70.

Kräkel, M. (1993): Auktionstheorie und interne Organisation. Wiesbaden 1993.

Krammer, C. (2000): Logik und Konzeption eines strategischen Anreizsystems auf Basis des Wertsteigerungsansatzes. München 2000.

Kretschmann, J. (1990): Die Diffusion des Kritischen Rationalismus in der Betriebswirtschaftslehre. Stuttgart 1990.

Kubicek, H. (1975): Empirische Organisationsforschung. Stuttgart 1975.

Kubicek, H. (1977): Heuristische Bezugsrahmen und heuristisch angelegte Forschungsdesigns als Elemente einer Konstruktionsstrategie empirischer Forschung. In: Köhler, R. (Hrsg.), Empirische und handlungstheoretische Forschungskonzeptionen in der Betriebswirtschaftslehre. Stuttgart 1977. S. 3-36.

Kuckartz, U. (2005): Einführung in die computergestützte Analyse qualitativer Daten. Wiesbaden 2005.

Kuckartz, U.; Grunenberg, H. und Lauterbach, A. (2004): Qualitative Datenanalyse: computergestützt - Methodische Hintergründe und Beispiele aus der Forschungspraxis. Wiesbaden 2004.

Laatz, W. (1993): Empirische Methoden - Ein Lehrbuch für Sozialwissenschaftler. Frankfurt 1993.

Lamnek, S. (2005): Qualitative Sozialforschung. Weinheim ; Basel 2005. 4. Auflage.

Lamont, O. (1997): Cash Flow and Investment: Evidence from Internal Capital Markets. In: The Journal of Finance 52(1), S. 83-109.

Lamont, O. und Polk, C. (2000): Does Diversification Destroy Value? Evidence from Industry Shocks. In: Center for Research in Security Prices. Working Paper Nr. 521.

Lang, L. und Stulz, R. (1994): Tobin's q, corporate diversification, and firm performance. In: Journal of Political Economy 102, S. 1248-1280.

Laucher, S. (2005): Erfolgsfaktoren von Konglomeraten. Wiesbaden 2005.

Laux, V. (2003): Capital Budgeting, Incentives and Information. Frankfurt 2003.

Lehmann, P. (2002): Interne Märkte : Unternehmungssteuerung zwischen Abwanderung und Widerspruch. Wiesbaden 2002.

Leontiades, M. (1980): Strategies for Diversification and Change. Boston, Toronto 1980.

Lewellen, W. G. (1971): A pure financial rationale for the conglomerate merger. In: Journal of Finance 26, S. 521-537.

Lewis, T. G. (1994): Steigerung des Unternehmenswertes. Landsberg/Lech 1994.

Lewis, T. G. (1995): Steigerung des Unternehmenswertes: Total Value Management. Landsberg/Lech 1995. 2. Auflage.

Lewis, T. G. und Lehmann, S. (1992): Überlegene Investitionsentscheidungen durch CFROI. In: Betriebswirtschaftliche Forschung und Praxis 44(1), S. 1-13.

Lewis, T. G. und Stelter, D. (1993): Mehrwert schaffen mit finanziellen Ressourcen. In: Harvard Business Manager o.Jg.(4), S. 107-114.

Liebeskind, J. P. (2000): Internal Capital Marktets: Benefits, Costs, and Organizational Arrangements. In: Organization Science 11(1), S. 58-76.

Liebhold, R. und Trinczek, R. (2002): Experteninterview. In: Kühl, S. und Strodtholz, P. (Hrsg.), Methoden der Organisationsforschung - Ein Handbuch. Reinbek bei Hamburg 2002. S. 33-71.

Loeb, M. und Magat, W. A. (1978): Soviet Success Indicators and the Evaluation of Divisional Management. In: Journal of Accounting Research 16(1), S. 103-121.

Löffler, E. (1991): Der Konzern als Finanzintermediär. Wiesbaden 1991.

Lorange, P. (1984): Strategic Control. In: Lamb, R. B. (Hrsg.), Competitive Strategic Management. Englewood Cliffs 1984. S. 247-271.

Lücke, W. (1991): Investitionslexikon. München 1991. 2. Auflage.

Maksimovic, V. und Phillips, G. (2002): Do Conglomerate Firms Allocate Resources Inefficently Accross Industries? Theory and Evidence. In: The Journal of Finance 57(2), S. 721-767.

Malone, T. W. (2004): Den Markt ins Unternehmen holen. In: Harvard Business Manager o.Jg.(Juli), S. 25-37.

Martin, A. (1989): Die empirische Forschung in der Betriebswirtschaftslehre. Stuttgart 1989.

Matsusaka, J. und Nanda, V. (2002): Internal Capital Markets and Corporate Refocusing. In: Journal of Financial Intermediation 11, S. 176-211.

Maug, E. (2001) Konzerne im Kontext der Kapitalmärkte. Manuskript der Antrittsvorlesung in der Humboldt-Universität zu Berlin, 10. Mai 2001, DOI:

Mazer, M. A. (1988): Are Stock Option Plans Still Viable? In: Personell Journal 67(7), S. 48-50.

McDonald, R. L. (1998): Real options and rules of thumb in capital budgeting. In: Brennan, M. J. und Trigeorgis, L. (Hrsg.), Innovation, Infrastructure, and Strategic Options. London 1998.

Mensch, G. (1999): Grundlagen der Agency-Theorie. In: Das Wirtschaftsstudium 28, S. 686-688.

Meuser, M. und Nagel, U. (1991): ExpertInneninterviews - vielfach erprobt, wenig bedacht. In: Garz, D. und Kraimer, K. (Hrsg.), Qualitativ-Empirische Sozialforschung: Konzepte, Methoden, Analysen. Opladen 1991. S. 441-471.

Meyer, M.; Milgrom, P. und Roberts, J. (1992): Organizational Prospects, Influence Costs, and Ownership Changes. In: Journal of Economics and Management Strategy 1(1), S. 9-35.

Mikus, B. (1998): ZP-Stichwort: Prinzipal-Agent-Theorie. In: Zeitschrift für Planung 9, S. 451-458.

Milgrom, P. (1988): Employment Contracts, Influence Activities, and Efficient Organization Design. In: Journal of Political Economy 96(1), S. 42-60.

Milgrom, P. und Roberts, J. (1988): An Economic Approach to Influence Activites in Organizations. In: The american journal of sociology 94(Supplement), S. 154-179.

Milgrom, P. und Roberts, J. (1990): The Efficiency of Equity in Organizational Decision Processes. In: The american economic review 80, S. 154-159.

Milgrom, P. und Roberts, J. (1992): Economics, Organization & Management. Upper Saddle River 1992.

Milgrom, P. und Roberts, J. (1999): Bargaining costs, influence costs, and the organization of economic activity. In: Alt, J. und Shepsle, K. A. (Hrsg.), Perspectives on political economy. Cambridge u.a. 1999. S. 57-89.

Möller, H. P. (1983): Probleme und Ergebnisse kapitalmarktorientierter empirischer Bilanzforschung in Deutschland. In: Betriebswirtschaftliche Forschung und Praxis 35, S. 285-302.

Neus, W. (1989): Ökonomische Agency-Theorie und Kapitalmarktgleichgewicht. Wiesbaden 1989.

Nuber, W. (1995): Strategische Kontrolle - Konzeption, Organisation und kontextspezifische Differenzierung. Wiesbaden 1995.

Ozbas, O. (2005): Integration, organizational processes, and allocation of resources. In: Journal of Financial Economics 75, S. 201-242.

Pape, U. (1997): Wertorientierte Unternehmensführung und Controlling. Sternenfels 1997.

Pape, U. (2003): Wertorientierte Unternehmensführung und Controlling. Sternenfels 2003. 3., überarb. und erw. Auflage.

Pavlik, E. L.; Scott, T. W. und Tiessen, P. (1993): Executive Compensation: Issues and Research. In: Journal of Accounting Literature 12, S. 131-189.

Pellens, B.; Tomaszewski, C. und Weber, N. (2001): Beteiligungscontrolling in Deutschland - Eine empirische Untersuchung der DAX 100 Unternehmen. Arbeitsbericht Nr. 85, Ruhr-Universität Bochum. Bochum 2001.

Peschke, M. A. (1997): Wertorientierte Strategiebewertung. Wiesbaden 1997.

Peschke, M. A. (2000): Strategische Ziele im Value Management. In: Welge, M. K.; Al-Laham, A. und Kajüter, P. (Hrsg.), Praxis des strategischen Manangements. Wiesbaden 2000. S. 95-112.

Pfaff, D. (2002): Budgetierung. In: (Hrsg.), Handwörterbuch Unternehmensrechnung und Controlling. Stuttgart 2002. 4. Auflage. S. 231-241.

Pfohl, H.-C. und Stölzle, W. (1997): Planung und Kontrolle. München 1997. 2. Auflage.

Piser, M. (2004): Strategisches Performance Management. Wiesbaden 2004.

Pistor, K. (2003): Corporate Governance durch Mitgestimmung und Arbeitsmärkte. In: Hommelhoff, P.; Hopt, K. J. und v. Werder, A. (Hrsg.), Handbuch Corporate Governance. Stuttgart 2003. S. 157-175.

Plaschke, F. (2003): Wertorientierte Management-Incentivesysteme auf Basis interner Wertkennzahlen. Wiesbaden 2003.

Popper, K. R. (2005): Logik der Forschung. Tübingen 2005. 11. Auflage.

Porter, M. E. (1986): Wettbewerbsvorteile. Frankfurt/Main 1986.

Porter, M. E. (1987): From Competitive Advantage to Corporate Strategy. In: Harvard Business Review (May-Jun), S. 43-59.

Pümpin, C., et al. (2005): Der Private-Equity-Investor als Strategie-Coach. Bern 2005.

Rajan, R. G.; Servaes, H. und Zingales, L. (2000): The Cost of Diversity: The Diversification Discount and Inefficient Investment. In: The Journal of Finance 55(1), S. 35-80.

Rappaport, A. (1986): Creating Shareholder Value. New York 1986.

Rappaport, A. (1994): Shareholder Value - Wertstegierung als Maßstab für die Unternehmensführung. Stuttgart 1994.

Rappaport, A. (1999): Shareholder Value. Stuttgart 1999.

Reichelstein, S. (2002): Responsibility Accounting. In: Küpper, H.-U. und Wagenhofer, A. (Hrsg.), Handwörterbuch Unternehmensrechnung und Controlling. Stuttgart 2002. 4. Auflage. S. 1703-1713.

Reichmann, T. (2006): Controlling mit Kennzahlen und Managementberichten. München 2006. 7. Auflage.

Reitz, M. (1996): Optimale Allokation von Entscheidungsrechten : eine institutionenökonomische Analyse. Wiesbaden 1996.

Riedel, J. B. (2000): Unternehmungswertorientiertes Performance Measurement. Wiesbaden 2000.

Rieg, R. (2004): Strategische Steuerung und Budgetierung - Notwendigkeit oder Widerspruch? In: Controlling 16(8/9), S. 473-479.

Ross, S. A. (1973): The Economic Theory of Agency: The Principal's Problem. In: American Economic Review 63(2), S. 134-139.

Roth, E. (1995): Sozialwissenschaftliche Methoden. München 1995. 4. Auflage.

Ryan, P. A. und Ryan, G. P. (2002): Capital Budgeting Practices of the Fortune 1000: How Have Things Changed? In: Journal of Business and Management 8(4), S. 1-15 (forthcoming).

Samuelson, W. und Zeckhauser, R. (1988): Status Quo Bias in Decision Making. In: Journal of Risk and Uncertainty 1, S. 7-59.

Sandbiller, K. (1998): Dezentralität und Markt in Banken : innovative Organisationskonzepte auf der Basis moderner Informations- und Kommunikationssysteme. Heidelberg 1998.

Schäffer, U. und Künkele, J. (2006): Budgetkontrolle in deutschen Unternehmen. In: Controlling 18(1), S. 5-12.

Scharfstein, D. S. (1998): The Dark Side of Internal Capital Markets II: Evidence from Diversified Conglomerates. In: Working Paper.

Scharfstein, D. S. und Stein, J. C. (2000): The Dark Side of Internal Capital Markets: Divisional Rent-Seeking and Inefficient Investment. In: The Journal of Finance 55(6), S. 2537-2564.

Schmidt, G. (1990): Anreiz und Steuerung in Unternehmenskonglomeraten. Wiesbaden 1990.

Schneck, O. (2006): Handbuch Alternative Finanzierungsformen. Weinheim 2006.

Schnell, R.; Hill, P. B. und Esser, E. (1995): Methoden der empirischen Sozialforschung. München 1995. 5. Auflage.

Schoar, A. (2002): Effects of Corporate Diversification on Productivity. In: The Journal of Finance 57, S. 2379-2404.

Schreyögg, G. und Steinmann, H. (1985): Strategische Kontrolle. In: Zeitschrift für betriebswirtschaftliche Forschung 37(5), S. 391-410.

Schulte-Zurhausen, M. (1995): Organisation. München 1995.

Schweickart, N. und Töpfer, A. (2005): Wertorientiertes Management. Berlin 2005.

Servaes, H. (1996): The value of diversification during the conglomerate merger wave. In: The Journal of Finance 51(4), S. 1201-1225.

Shaw, G.; Brown, R. und Bromiley, P. (1998): Strategic Stories: How 3M Is Rewriting Business Planning. In: Harvard Business Review (Mai-Juni), S. 41-50.

Shin, H.-H. und Stulz, R. M. (1998): Are Internal Capital Markets Efficient? In: Quarterly Journal of Economics 113, S. 531-552.

Shleifer, A. und Vishny, R. W. (1989): Management Entrenchment: The Case of Manager-Specific Investments. In: Journal of Financial Economics 25(1), S. 123-140.

Spremann, K. (1990): Asymmetrische Information. In: Zeitschrift für Betriebswirtschaft 60(5-6), S. 561-586.

Spremann, K. (1991): Investition und Finanzierung. München 1991. 4. Auflage.

Spremann, K. (1998): Finanzielle Führung und interner Kapitalmarkt. In: Die Unternehmung 52(5/6), S. 339-347.

Stein, J. C. (1997): Internal Capital Markets and the Competition for Corporate Resources. In: The Journal of Finance 52(1), S. 111-133.

Stein, J. C. (2002): Information Production and Capital Allocation: Decentralized versus Hierarchical Firms. In: The Journal of Finance 62(5), S. 1891-1921.

Stein, J. C. (2003): Agency, Information and Corporate Investment. In: Constantinides, G.; Harris, M. und Stulz, R. (Hrsg.), Handbook of the Economics of Finance. Amsterdam 2003. S. 111-163.

Steinmann, H. und Schreyögg, G. (2005): Management : Grundlagen der Unternehmensführung. Wiesbaden 2005.

Stelter, D. (1999): Wertorientierte Anreizsysteme. In: Bühler, W. und Siegert, T. (Hrsg.), Unternehmenssteuerung und Anreizsysteme. Stuttgart 1999.

Stelter, D. und Plaschke, F. (2001): Rentabilität und Wachstum als Werthebel. In: Achleitner und Thoma (Hrsg.), Handbuch Corporate Finance. Köln 2001. 2. Auflage, Loseblattausgabe. S. 1-32.

Stelter, D.; Riedl, J. und Plaschke, F. (2001): Wertschaffungskennzahlen und Bewertungsverfahren. In: Achleitner und Thoma (Hrsg.), Handbuch Corporate Finance. Köln 2001. 2. Auflage, Loseblattausgabe. S. 1-40.

Stelter, D., et al. (2001): Grundzüge und Ziele wertorientierter Unternehmensführung. In: Achleitner und Thoma (Hrsg.), Handbuch Corporate Finance. Köln 2001. 2. Auflage, Loseblattausgabe. S. 1-33.

Strack, R.; Bacher, A. und Engelbrecht, C. (2002): Konzeption wertorientierter Planungsprozesse in deutschen Großkonzernen. In: Controlling 14(11), S. 623-630.

Stulz, R. (1990): Managerial discretion and optimal financing policies. In: Journal of Financial Economics 26, S. 3-27.

Thaler, R. (1980): Toward a Positive Theory of Consumer Choice. In: Journal of Economic Behavior and Organization 1, S. 39-60.

Theisen, M. R. (2003): Zur Reform des Aufsichtsrats - Eine betriebswirtschaftliche Bestandsanalyse und Perspektive. In: Dörner, D. et al (Hrsg.), Reform des Aktienrechts, der Rechnungslegung und der Prüfung. Stuttgart 2003. S. 431-522.

Töpfer, A. und Duchmann, C. (2006): Das Dresdner Modell des Wertorientierten Managements: Konzeption, Ziele und integrierte Sicht. In: Schweickart, N. und Töpfer, A. (Hrsg.), Wertorientiertes Management. Berlin 2006. S. 3-63.

Trinczek, R. (2005): Wie befrage ich Manager? Methodische und methodologische Aspekte des Experteninterviews als qualitativer Methode empirischer Sozialforschung. In: Bogner, A.; Littig, B. und Menz, W. (Hrsg.), Das Experteninterview - Theorie, Methode, Anwendung. Wiesbaden 2005. 2. Auflage. S. 209-222.

Tversky, A. (1972): Elimination of Aspects: A Theory of Choice. In: Psychological Review 79, S. 281-299.

Ulrich, H. (1981): Die Betriebswirtschaftslehre als anwendungsorientierte Sozialwissenschaft. In: Geist, M. und Köhler, R. (Hrsg.), Die Führung des Betriebs. Stuttgart 1981. S. 1-25.

Ulrich, P. und Hill, W. (1979): Wissenschaftstheoretische Aspekte ausgewählter betriebswirtschaftlicher Konzeptionen. In: Raffee, H. und Abel, B. (Hrsg.), Wissenschaftstheoretische Grundfragen der Wirtschaftswissenschaften. München 1979. S. 161-190.

Villalonga, B. (2004): Does Diversification Cause the Diversification Discount? In: Financial Management 33(2), S. 5-26.

Völker, R. und Kasper, E. (2004): Interne Märkte in Forschung und Entwicklung. Heidelberg ; New York 2004.

Wagner, H. F. (2001): Der Wert interner Kapitalmärkte - empirische Überprüfung theoretischer Ansätze. In: Münchener betriebswirtschaftliche Beiträge Nr. 2001-10.

Waller, W. S. und Bishop, R. A. (1990): An Experimental Study of Incentive Pay Schemes, Communication, and Intrafirm Resource Allocation. In: The Accounting Review 65, S. 812-836.

Weitzman, M. L. (1976): The New Soviet Incentive Model. In: Bell Journal of Economics 7, S. 251-257.

Welge, M. K. (1975): Profit-Center-Organisation. Wiesbaden 1975.

Welge, M. K. und Al-Laham, A. (1992): Planung: Prozesse - Strategien - Maßnahmen. Wiesbaden 1992.

Welge, M. K. und Al-Laham, A. (2003): Strategisches Management. Wiesbaden 2003. 4. Auflage.

Weston, J. F. (1970): Diversification and merger trends. In: Business Economics 5, S. 50-57.

Weston, J. F. und Mansinghka, S. K. (1971): Tests of the Efficiency Performance of Conglomerate Firms. In: The Journal of Finance 26, S. 919-936.

Whited, T. M. (2001): Is it Inefficient Investment that Causes the Diversification Discount? In: The Journal of Finance 56(5), S. 1667-1691.

Williamson, O. (1975): Markets and Hierarchies: Analysis and Antitrust Implications. New York 1975.

Winter, S. (1996): Prinzipien der Gestaltung von Managementanreizsystemen. Wiesbaden 1996.

Winter, S. (1999): Optionspläne als Instrument wertorientierter Managementvergütung. Frankfurt am Main 1999.

Winter, S. (2001): Empirische Untersuchungen zur Managemententlohnung. In: Jost, P.-J. (Hrsg.), Die Prinzipal-Agenten-Theorie in der Betriebswirtschaftslehre. Stuttgart 2001. S. 491-539.

Winter, S. (2003): Management- und Aufsichtsratsvergütung unter besonderer Berücksichtigung von Stock Options - Lösung eines Problems oder zu lösendes Problem? In: Hommelhoff, P.; Hopt, K. J. und v. Werder, A. (Hrsg.), Handbuch Corporate Governance. Stuttgart 2003. S. 335-358.

Wollnik, M. (1977): Die explorative Verwendung systematischen Erfahrungswissens - Plädoyer für einen aufgeklärten Empirismus in der Betriebswirtschaftslehre. In: Köhler, R. (Hrsg.), Empirische und handlungstheoretische Forschungskonzeptionen in der Betriebswirtschaftslehre. Stuttgart 1977. S. 37-64.

Wulf, J. (2002): Internal Capital Markets and Firm-Level Compensation Incentives for Division Managers. In: Journal of Labor Economics 20(2), S. 219-262.

Wulf, J. (2005): Influence and Inefficiency in the Internal Capital Market. In: Working Paper.

Zettelmeyer, B. (1984): Strategisches Management und strategische Kontrolle. Darmstadt 1984.

SCHRIFTEN ZUM CONTROLLING

Herausgegeben von Prof. Dr. Thomas Reichmann

Band   20 Burkhard Fritz: DV-gestützte Führungsinformationssysteme. Konzeptionelle Anforderungen und Gestaltungsmöglichkeiten. 1999.

CONTROLLING SCHRIFTEN

Herausgegeben von Prof. Dr. Thomas Reichmann

Band   21 Ralph Neukirchen: Controlling-Konzeption zur wertorientierten Ressourcenallokation innerhalb strategischer Geschäftseinheiten. Am Beispiel der Industriegüterbranche. 2000.

Band   22 Dietmar Schön: Neue Entwicklungen in der DV-gestützten Kosten- und Leistungsplanung. Methoden, Instrumente und branchenbezogene Weiterentwicklungen. 1999.

Band   23 Uwe Stremme: Internationales Strategisches Produktionsmanagement. 2000.

Band   24 Dirk Nölken: Controlling mit Intranet- und Business Intelligence Lösungen. 2002.

Band   25 Herbert Daldrup: Externes Umweltschutz-Reporting im Rahmen eines stakeholderorientierten Controlling. 2002.

CONTROLLING UND MANAGEMENT

Herausgegeben von Prof. Dr. Thomas Reichmann und
Prof. Dr. Martin K. Welge

Die Reihe "Controlling und Management" ist auf das Spannungsfeld zwischen Theorie und Praxis gerichtet. Es sollen Entwicklungen aus den Bereichen Rechnungswesen und Controlling aufgegriffen und kritisch diskutiert werden.

Band   26 Mathias Baer: Kooperationen und Konvergenz. 2004.

Band   27 Klaus Wienhold: Prozess- und controllingorientiertes Projektmanagement für komplexe Projektfertigung. 2004.

Band   28 Mark Jehle: Wertorientiertes Supply Chain Management und Supply Chain Controlling. Modelle, Konzeption und Umsetzung. 2005.

Band   29 Olaf Sonnenschein: Einsatzmöglichkeiten moderner Informations- und Kommunikationstechnologien im Rahmen der strategischen Früherkennung. 2005.

Band   30 Stephan Form: Chancen- und Risiko-Controlling. Erklärungsansatz zur Wirkungsweise von Chancen und Risiken im Controlling sowie dem unternehmensspezifischen Aufbau seiner Instrumente. 2005.

Band   31 Silke Bellwon: Strategische Wissensportale im Geschäftskundenvertrieb. 2005.

Band   32 Boris Wernig: Inhaltliche Ausrichtung und organisatorische Institutionalisierung von Corporate Universities. Ein wissenstheoretischer Ansatz. 2005.

Band   33 Philip Grothe: Unternehmensüberwachung durch den Aufsichtsrat. Ein Beitrag zur Corporate Governance-Diskussion in Deutschland. 2006.

Band   34 Thomas Burgartz: Kennzahlengestütztes Kundenbeziehungs-Controlling. Ein konzeptioneller Ansatz zur entscheidungsorienterten Planung und Kontrolle von Kundenbeziehungen. 2008.

Band   35 Andreas Hoffjan / Annehild Bramann / Stefan Kentrup: Folgekosten von Gesetzen. Beispiel AGG. 2008.

Band   36 Christian Funk: Gestaltung effizienter interner Kapitalmärkte in Konglomeraten. 2008.

www.peterlang.de

Patrick Halfpap

Kapitalmarktaufsicht in Europa und den USA

Ein institutioneller Vergleich

Frankfurt am Main, Berlin, Bern, Bruxelles, New York, Oxford, Wien, 2008.
XVI, 260 S.
Europäische Hochschulschriften: Reihe 2, Rechtswissenschaft. Bd. 4659
ISBN 978-3-631-57556-7 · br. € 54.70*

Kapitalmärkte erfüllen im Idealfall wichtige volkswirtschaftliche Funktionen. Ein mögliches Marktversagen hat daher gravierende Auswirkungen auf die Volkswirtschaft eines Landes, weshalb ein regulatorischer Rahmen zur Sicherung der Funktionseffizienz eines Kapitalmarktes erforderlich erscheint. Die nationale Kapitalmarktregulierung konkretisiert sich insbesondere in der jeweiligen Kapitalmarktaufsicht. Durch die Globalisierung und den technischen Fortschritt stehen die verschiedenen nationalen Kapitalmärkte jedoch zunehmend in Konkurrenz zueinander. In Anbetracht der Bedeutung eines nationalen Kapitalmarktes stellt die Qualität und Effektivität des Aufsichtsregimes gleichsam einen wichtigen Wettbewerbsparameter unter den konkurrierenden Kapitalmärkten dar. Diese Arbeit unternimmt es, die wesentlichen Strukturmerkmale einer optimalen Kapitalmarktaufsicht aus einer rechtsvergleichenden Betrachtung des deutschen, britischen und US-amerikanischen Kapitalmarktes und der jeweiligen Aufsichtsinstitution zu ermitteln. Auf dieser Basis werden Vor- und Nachteile der existierenden Lösungen diskutiert und Reformvorschläge in Bezug auf die deutsche Aufsicht formuliert.

Aus dem Inhalt: Rechtsvergleichende Betrachtung der Kapitalmarktaufsichtsbehörden Deutschlands, Großbritanniens und der USA · Funktionen und Regulierung von Kapitalmärkten · Darstellung der Kapitalmarktaufsicht durch die BaFin, die FSA und die SEC · Gemeinsame Strukturmerkmale einer Kapitalmarktaufsicht · Reformbedarf des deutschen Kapitalmarktaufsichtsregimes · Rechtliche und politische Umsetzbarkeit der Reformvorschläge

Frankfurt am Main · Berlin · Bern · Bruxelles · New York · Oxford · Wien
Auslieferung: Verlag Peter Lang AG
Moosstr. 1, CH-2542 Pieterlen
Telefax 00 41 (0) 32 / 376 17 27

*inklusive der in Deutschland gültigen Mehrwertsteuer
Preisänderungen vorbehalten
Homepage http://www.peterlang.de